国家出版基金项目
NATIONAL PUBLICATION FOUNDATION

U0871840

"十三五"国家重点图书出版物出版规划项目

面向未来的交通出版工程·交通大数据系列

城市交通大数据挖掘与应用实践

周 涛 唐小勇 / 著

同济大学出版社·上海

图书在版编目(CIP)数据

城市交通大数据挖掘与应用实践/周涛,唐小勇著.—上海:同济大学出版社,2022.6

面向未来的交通出版工程.交通大数据系列 “十三五”国家重点图书出版物出版规划项目

ISBN 978-7-5765-0114-8

Ⅰ.①城… Ⅱ.①周… ②唐… Ⅲ.①数据处理—应用—城市道路—交通运输管理—研究—中国 Ⅳ.①U491-39

中国版本图书馆CIP数据核字(2022)第005237号

“十三五”国家重点图书出版物出版规划项目
国家出版基金资助
上海市新闻出版专项资金资助
面向未来的交通出版工程·交通大数据系列

城市交通大数据挖掘与应用实践

周 涛 唐小勇 著

丛书策划: 高晓辉
责任编辑: 宋 立
责任校对: 徐春莲
封面设计: 王 翔

出版发行 同济大学出版社 www.tongjipress.com.cn
(地址:上海市四平路1239号 邮编:200092 电话:021-65985622)
经 销 全国各地新华书店、建筑书店、网络书店
排版制作 南京文脉图文制作有限公司
印 刷 上海安枫印务有限公司
开 本 787mm×1092mm 1/16
印 张 15.5
字 数 387 000
版 次 2022年6月第1版
印 次 2022年6月第1次印刷
书 号 ISBN 978-7-5765-0114-8
定 价 128.00元

内容提要

本书围绕交通大数据在城市规划及交通规划研究领域的分析挖掘与应用实践展开，重点阐述了如何通过建模分析，从各种交通大数据中提取有价值的交通特征指标，用以支撑交通研究与分析。结合重庆市的实际情况，介绍了作者近十年来关于交通大数据在城市及交通规划编制、城市交通运行监测、综合交通预测模型和交通运行管理等方面的探索与实践。本书对大数据分析模型的介绍基本反映了国内当前行业的真实水平，给出的案例也都出于政府部门的真实需求，具有很强的实操性。

大数据赋能城市交通的道路还很漫长，尚未形成完善的交通大数据分析标准体系和统一的分析方法，本书也仅反映了重庆市特定数据和需求背景下的尝试经历。

本书可为城市交通规划与管理等专业技术人员开展大数据分析应用提供参考借鉴，亦可作为高校交通及规划专业学生了解大数据的入门书籍。

第一作者简介

周涛，重庆市交通规划研究院副院长，二级正高级工程师，享受国务院政府特殊津贴，重庆市工程勘察设计大师，重庆市学术技术带头人，重庆市有突出贡献的中青年专家，重庆英才计划名家名师，重庆市专家工作室领衔专家，重庆交通大学兼职教授，西南交通大学硕士生导师，山地城市交通系统与安全重庆市重点实验室学术带头人，重庆市城市交通大数据工程技术研究中心学术带头人。从事城市综合交通规划与研究工作30余年，主持省部级科研课题6项，主编或参编国家及地方规范6部，在核心期刊发表论文20余篇。荣获全国优秀城乡规划设计一、二、三等奖7项，全国优秀工程勘察设计银奖1项，重庆市科技进步奖3项，重庆市优秀城乡规划设计一、二、三奖50余项。

唐小勇，重庆市交通规划研究院副总工程师，工学博士，正高级工程师。第三批重庆市学术技术带头人、重庆"交通大数据应用技术研发"创新创业示范团队(2017)负责人。牵头建成全国领先的重庆市交通综合信息平台，解决了系列大数据工程化应用难题，研发了重庆人口活动监测等"人、车、路、轨、公交"全方位覆盖的交通大数据分析产品体系，在推动重庆市交通领域大数据工程化应用方面成效显著。主持或参与8项国家、部级或市级重大科技项目，20余项重大市级交通规划。先后27次获全国优秀城乡规划设计奖、重庆市科技进步奖等国家、市级成果奖励和个人荣誉称号。授权发明专利及软著15项，参编专著、地方标准4部，发表论文10余篇。

“面向未来的交通出版工程·交通大数据系列”

丛书编委会

总 序

FOREWORD

城市交通领域正在发生一系列深刻的变化。在管理体制变革、相关技术领域创新以及社会发展目标变化的背景下，城市交通战略与对策规划方法、技术支持系统务必作出相应的调整。如何将与交通相关的大数据资源转变为决策支持，进而提升相关的行动效果，正是在此背景下提出的重要课题。

当前，正值交通规划与战略决策体系变革的热潮，我非常高兴地看到"面向未来的交通出版工程·交通大数据系列"丛书的编写稿。这套丛书涵盖了基础分析理论、实践经验总结、平台构建实操以及领域场景应用思考等各个环节，为城市交通规划、设计和管理领域大数据技术的应用推广提供了宝贵的理论依据和实践范例。丛书的作者们长期致力于交通大数据分析领域的研究与实践，字里行间蕴藏着他们的不懈努力和辛勤付出。

在生态文明的前提下，强调以人为本的城市交通，面临着通过技术与政策解决社会问题的巨大挑战，是一个需要体系化作战才能取得胜利的战场，也是一个存在诸多未知和不确定性的领域。经过多年努力，尽管我们已经在交通网络连接方面取得了巨大的成功，在构建健康社会和经济空间结构方面不断取得进展，却依然面临社会治理模式、城市生活模式和经济发展模式转型的挑战。因此，突破原有经验和理论的束缚，通过创新决策方式、创新服务模式、创新对策方法，探寻城市交通可持续发展的路径，显得尤为重要。

交通大数据技术所展现出的应用前景，对于城市交通复杂系统的可持续发展具有重要的意义。它能够帮助管理者和研究人员更加及时、准确地认识城市交通自身属性，乃至认识所关联的社会经济环境发生的变化，更快地掌握演化进程中的各种规律，更好地适时响应外界环境变化对城市交通系统生存发展的调控需求。交通大数据已经成为科学决策不可或缺的基础资源与技术支持手段。

对于处在变革和创新时代的城市交通来说，交通大数据技术绝非信息技术的简单应用，而是推动管理和决策模式变革的一种技术手段。正因如此，对于应用场景的深入理解，对于管理和决策科学的融会贯通，是交通大数据研究的精髓，也是这套丛书的独到之处。在领略大数据应用逻辑的基础上研究数据处理方法，是这套丛书向读者传递的重要学术内容。

尽管我们在交通大数据技术研究和应用方面取得了可喜的进展，但若想真正进入“自由王国”还需付出更大的努力。希望这套丛书的出版，能够帮助更多人进入这一富有挑战和希望的领域，从而更好地推动城市交通领域的技术进步。

（全永燊）

2021年11月

前言
PREFACE

2010年,上海市在世博会期间利用手机信令数据开展了交通运营组织工作,效果十分显著。受此启发,2011年1月,在重庆市财政专项资金支持下,由重庆市规划和自然资源局牵头,重庆市交通规划研究院承担了“重庆市交通综合信息平台试点工程”项目,目标是在重庆市中心城区约90平方千米范围内构建交通综合信息平台框架雏形。项目的主要工作内容包括两大部分:一是制定统一标准,建成试点范围内交通基础设施数据库和交通规划数据库;二是应用多种技术融合处理道路交通检测数据(线圈、视频检测器等)、手机信令数据、浮动车数据(出租车与公交车GPS数据),建成试点范围内道路运行状态数据库和动态监测系统,试点工程于2012年5月完成。随后,在市政府支持下继续开展“重庆市交通综合信息平台拓展工程”,将覆盖范围扩大到整个重庆市中心城区,并推动该平台在全市各部门应用。

经过十年多的持续建设,“重庆市交通综合信息平台”已基本建成,平台主要包括以下几个功能板块:一是交通行业数据中心,汇聚各类现状及规划交通基础设施信息、动态交通信息,形成一个完整的交通专业数据仓库;二是城市与交通综合分析平台,长期监测城市交通变化,跟踪研究城市交通热点和难点问题,向政府提供对策方案;三是城市与交通规划决策支持平台,与交通预测模型结合,对城市规划、建设、管理方案或交通政策进行评估,编制服务规划,管理交通建设和城市交通。根据国家大数据发展战略及交通强国建设纲要,重庆市政府提出了实施以大数据智能化为引领的创新驱动发展战略行动计划,要在全市范围内建设“三库四平台”,即以自然人、法人和地理空间三大信息数据库为基础,以各部门业务管理信息系统为支撑,以现代信息技术为手段,构建政务共享、信息惠民、信用建设和社会治理四大应用平台,“交通综合信息平台”是其中的重要组成部分,为智慧交通建设提供交通综合信息共享服务,为交通强国建设提供信息化支撑。

本书主要依托近十年来,重庆市交通规划研究院开展“重庆市交通综合信息平台”建设过程中,在交通大数据领域持续的研究和实践探索成果,重点介绍了交通大数据工程化建设与应用，包括数据汇集、分析建模技术、平台建设、指标监测、多源数据融合和项目应用等内容。特别是在大数据模型构建技术方面，重庆市交通规划研究院通过关键技术自主研发，结合重庆市交通大数据特点，建立了一系列较为严谨的数据分析和建模流程，特别重视数据理解、业务需求场景、模型验证、模型评价等非常重要却容易被忽略的环节。

本书一共包含8章，第1章介绍了交通大数据应用现状、存在问题，以及未来发展的趋势；第2章对十类典型交通大数据的数据采集、数据结构以及重庆本地数据的基本情况进行了介绍；第3章系统论述了基于交通大数据构建的交通特征指标提取技术，即指标建模分析，是本书的重点和亮点之一；第4章介绍了交通综合信息平台的系统架构设计，包括基础平台架构、数据仓库以及应用服务架构；第5章介绍了基于大数据的交通运行监测系统，包括人口、车辆、道路、公共交通等方面，是交通大数据在重庆交通运行监测方面的实际应用案例；第6章基于交通大数据对传统交通预测模型中涉及的交通调查、公交线网、延误函数、需求分析等进行改进探索，是将交通大数据与四阶段模型的融合尝试；第7章基于交通指标建模分析技术，在重庆城乡规划和交通规划领域开展了广泛的应用与实践，几乎涵盖了城市交通规划与研究的各个方面，取得了较好的技术、经济和社会效益；第8章对交通大数据的挖掘与应用进行了总结，对未来的发展进行了展望。

本书在编写过程中，得到了重庆市交通规划研究院各位领导和众多同仁的鼎力支持，书中的数据分析挖掘和应用实践成果绝大部分来自重庆市交通规划研究院近十年的众多规划项目和研究成果。同时，本书的编写也得到了西南交通大学杨飞教授团队和重庆交通大学蔡晓禹教授团队的大力支持。唐小勇博士是重庆市交通规划院交通大数据工作的主要参与者，主持和参与了大部分数据建模和分析应用工作，在本书的撰写工作中付出了大量精力。按照章节顺序，参与编写的人有：杨飞、王利雷、刘立、唐小勇、赵必成、俞博、蔡晓禹、彭博、陈易林、戴许浩、姚振兴、吴祥国、张建嵩、刘晏霖、丁千峰、程坦、刘海洲、钱卫力、曾康琼、毛建民、胡义良、周进军以及研究生李毅军、罗紫宇等，编写联络协调工作由翟长旭、但媛负责完成。在此，对所有提供支持和帮助的领导、同仁、朋友，一并致谢！

由于笔者学术水平的局限，书中难免存在疏漏和不足之处，敬请读者批评指正。

周涛

2021年7月于重庆

目 录

CONTENTS

1 交通大数据应用现状及发展趋势

1.1 交通大数据应用发展概述

在全球信息化浪潮下，大数据已成为国家基础性战略资源，正引领着新一轮的科技创新。《促进大数据发展行动纲要》（国发〔2015〕50 号）和《交通强国建设纲要》（中发〔2019〕39 号）等提出，要坚持创新驱动，深化大数据应用，推进数据资源赋能交通发展，发掘和释放数据资源的潜在价值，更好提升城市交通治理能力和管理水平。

推动交通大数据与云计算、5G、车联网、人工智能等新一代信息技术融合发展，探索交通大数据与智能交通协同发展的新业态、新模式，促进传统交通技术升级和综合应用发展，已成为国内外交通行业研究与应用的前沿热点。目前，国内大部分城市规划和自然资源、交通运输、公安交通管理等部门积累了大量与交通相关的行业监管数据，为交通大数据的发展和应用打下了一定的基础，交通大数据拥有较好的发展潜力以及良好的市场前景。

从交通大数据的数据类型、分析技术、应用场景等方面进行梳理，可将交通大数据的发展历程总结为以下四个阶段：一是小样本量的定点监测技术阶段，二是车辆移动监测和个体出行信息提取阶段，三是广域大样本交通大数据分析阶段，四是交通大数据多源融合技术阶段。

第一个阶段即小样本量的定点监测技术阶段。自 20 世纪 90 年代起，为克服传统人工交通调查的数据采集缺陷，国内外专家学者和研究机构开始将注意力放在定点监测器上，如线圈（将感应线圈埋入路面层以测量车辆通过数）、视频监测器（将录像设备放置在路段合适位置以采集车辆信息）、无线射频识别（RFID，Radio Frequency Identification，主要通过无线电信号识别机动车内置电子标签）等。定点监测器较好地解决了传统问卷数据存在的质量低、实时动态性差等问题，是交通调查中车辆数据获取方面的一大突破。但定点监测器容易损坏、维护成本高，且数据采集点有限、硬件建设投入大等缺陷也大大影响了监测器的布局使用和调查效率。

第二个阶段即车辆移动监测和个体出行信息提取阶段。该阶段研究者的重点主要在道路交通数据采集的研究，包括获取车流量、行程时间、车辆行程车速等交通参数，以支撑城市交通的实际应用。21 世纪以来，由于 RFID 成本的不断降低，RFID 技术开始被广泛应用于道路交通运输，车辆自动识别、集装箱运输等 RFID 技术逐步得到了普及。浮动车 GPS、公交 IC 卡等设备相继得到普及，其定位精度高、实时动态性好的特点逐渐被科学家重视，在车速提取、OD 分析等领域受到了广泛的研究和关注。同一时期，由于手持 GPS 设备能够更精确地获取持有者的出行轨迹等信息，很多机构也尝试利用手持 GPS 数据识别出行 OD、出行时间和出行距离，进一步识别交通方式和出行目的。

第三个阶段即广域大样本交通大数据分析阶段。经过十余年的长期研究和实证，RFID 技术已经从车辆数、车速识别逐渐向大规模的城市道路网交通状态判别和预测、车辆路径诱导的研究转变。同时,学者们开始尝试将 IC 卡数据与其他多种数据进行融合使用来提升调查居民出行的准确性。随着研究的不断深入,国内外专家学者逐渐意识到,精细化交通规划和管理离不开交通出行本源“人”的信息。为了更准确地提取居民出行规律,包括居民个体的出行目的、出行时长和出行方式等,在手机通信技术有长足发展的基础上,很多研究机构逐渐将目光转向基于手机定位的居民出行信息提取技术。一方面,基于手机信令数据(手机用户在发生通话、发短信或移动位置等事件时,运营商的通信基站可以捕获并记录的数据,既包括收发短信,主、被叫等计费数据,还包括开关机、小区切换、位置更新等数据,能够较全面地反映出行者的连续出行轨迹)和话单数据(依托移动运营商的话单计费系统,获取的匿名手机用户在产生计费数据时的位置信息,通常可以认为话单数据是信令数据的子集,如收发短信和主、被叫功能)的中宏观交通出行特征和规律分析技术迅速发展。另一方面,利用手机传感器数据(主要通过手机内置的 GPS、加速度传感器、陀螺仪传感器等获取其位置和运动信息,定位精度更高)的个体交通出行信息提取技术已经能够支撑更准确、更大范围的个体出行交通信息提取和相关应用。

第四个阶段即交通大数据多源融合技术阶段。随着交通需求日益复杂,仅仅依靠单一数据源的分析结果已经不能满足现阶段城市交通管理策略的精细化、实时性和全面性要求。为解决单一数据覆盖不全面、交通特性表征有缺失等问题,进一步提高数据分析质量,多源交通大数据的融合互补应用受到各大研究机构的青睐。通过多源数据融合,有望形成面向多领域需求的综合交通分析研究体系。

1.1.1 小样本量的定点监测技术阶段

在交通信息采集的初期阶段,主要进行传统的居民出行调查,调查方式主要包括纸质问卷调查、电话询问、邮件访问等。但随着居民出行活动频率的增加,传统调查方式的调查数据精度低、调查成本较高等缺点日益突出,越来越难以满足交通规划与研究在数据精度、可靠性及实时动态性等方面的要求。

随着科学技术的进步,自 20 世纪 90 年代开始,越来越多的国家开始尝试使用定点监测设备来监测路段车辆,如线圈、视频卡口、RFID 等。美国 ISS 公司研发了基于视频图像处理技术的 AUTOSCOPE 系统[1],该系统通过分析处理视频卡口数据来获得车速、车距等交通信息,最终监测该路段是否发生事故。美国相关研究利用 RFID 的优势,在载重货车上安装 RFID,与高速路口的安检收费系统进行兼容,保证货车快速通过,并对货物在途中的情形进行监控,监控货车是否超载[2]。德国柏林利用 RFID 系统,识别车辆数、平均车速以及车辆的类型,引导居民出行[3]。与传统的问卷调查方式相比,这些技术可以实现长期连续的调查,获取的数据体量也更大。

早期的线圈技术、视频图像处理技术、RFID 识别技术等车辆定点监测方法在交通信息采集上有较多的应用,但这些技术只能采集有限的数据内容,应用范围相对较小,探测到的对象也较为单一(通常只有车辆运行信息),且存在线圈易损坏、视频卡口和

RFID 系统的前期建设投入大等问题，尤其对资金来源有限的欠发达地区来说，难以支撑大规模的投资建设。本阶段的代表性研究如图 1-1 所示。

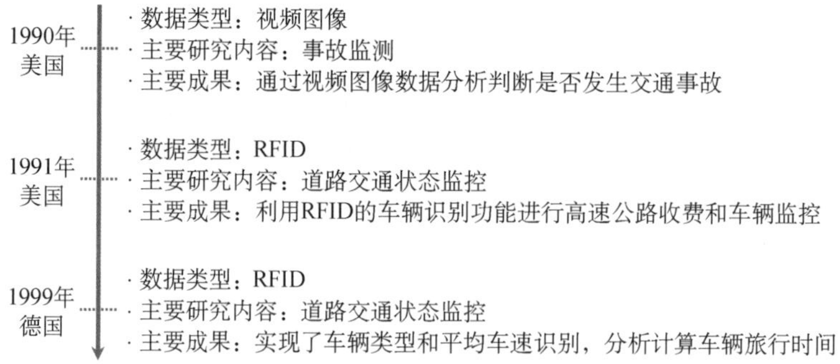

图 1-1　早期小样本量的定点监测技术探索阶段代表性研究

1.1.2　车辆移动监测和个体出行信息提取阶段

与传统问卷调查相比，20 世纪 90 年代兴起的定点交通数据采集技术虽然有一定的优势，但对道路交通状态仍然无法实现实时、动态、广域范围内监测，且建设成本较高，维护的难度和成本也很高。随着 RFID 成本的不断降低，道路交通运输方面开始广泛应用 RFID 技术，同时利用浮动车 GPS 监测、公交 IC 卡、手持 GPS 和手机信令等新兴手段进行交通信息监测，也吸引了国内外学者的研究目光。与定点监测技术相比，这些新兴的移动监测技术能够实时、动态地采集车辆或行人的位置、速度、停留时间等出行特征，其数据的精度和质量也得到进一步提升。

1. RFID 数据分析技术

21 世纪以来，RFID 成本不断降低，且无须与被测车辆接触，可同时识别多个目标和移动目标等优势凸显，RFID 技术开始被广泛应用于道路交通运输，车辆自动识别、集装箱运输等 RFID 技术逐步得到普及，国内外学者对 RFID 技术展开了相关研究。该阶段研究者的重点主要在于道路交通数据采集的研究，包括获取车辆行程车速、行程时间、车流量等交通参数。

2006 年，东南大学肖维等[4]将 RFID 技术融入公交定位系统，并进一步设计了公交信息系统的智能采集和发布功能。江苏大学王刚等[5]利用 RFID 技术主动发送 ID 的特点，以实时计算的车速数据为基础，实现了综合交通管理系统的构建。2007 年，张丽珍等[6]研究 RFID 技术在采集和处理交通信息领域的应用，对道路上如何分布 RFID 读写器的方法进行了优化，探索如何优化数据处理，缩减收集单元的数量，并进行了可行性分析。2008 年，中国台湾研究者 Wen 等[7]利用 RFID 技术进行城市交通数据采集、信号调控以及违法犯罪车辆的追踪应用。2009 年，美国 Kwong 等[8]探索研究了多交叉口路段行驶时间实时估计方法，该方法将车载 RFID 与读写器进行匹配，得到两个读写器范围内的车辆行驶时间，进而得到路段行程车速分布规律，实现了路段行驶时间的实时估计。2010 年,西班牙研究者 Perez 等[9]提出了一种基于 RFID 技术的智能车速控制系统,通过霍尔技术进行车速的精密测量,并将车速数据与 RFID 监测的道路信号数据进行融合,提出了车路协同的框架,试验证明该系统性能较好。

2. 浮动车 GPS 数据分析技术

随着 GPS 数据的发展,其在定位精度、应用可靠性方面逐渐凸显优势,越来越多的公交车、出租车公司开始将 GPS 设备安装到服务车辆上,浮动车数据就是这些车辆行驶时所产生的轨迹数据。浮动车数据的应用价值较高,因此诸多学者对其开展了大量研究与应用。相较于国外较早开展了浮动车数据的研究,我国相应研究起步较晚,但发展速度较快。

20 世纪 90 年代,美国芝加哥[10]启动 ADVANCE 项目,以浮动车 GPS 设备采集的交通数据为基础,然后对数据进行分析处理,识别道路上是否发生交通事故,预测车辆在该路段的出行时长,实时判断该道路是否处于拥堵状态。2001 年,德国宇航中心[11]建立了交通信息采集系统,该系统以浮动车 GPS 数据为数据基础,在 2 300 辆出租车上安装 GPS 设备,利用其收集数据,然后对数据进行分析处理,用于判断所在道路的交通运行情况。从 2003 年起,日本[12]开始对 P-DRGS 系统展开研究,基于采集浮动车数据,该系统可以实现对道路交通状态的判断,以及发布动态路径的诱导信息,从而能够将科技成果真正应用到实际道路网中,提高路网运行效率。2005 年,科技部[13]确定启动杭州市的浮动车技术示范工程项目,此项目对杭州市浮动车 GPS 的信息进行收集,实现了交通运行数据的实时采集,建立数据库,用以存储和预处理交通数据。基于浮动车数据,学者们后续逐步研究了车辆运行信息的提取、交通状态判别以及不同算法的对比分析。2005 年,西南交通大学郑芳芳等人[14]探讨了浮动车采集交通信息涉及的相关问题,探讨需求交通参数不同时所需要的浮动车样本数据量。2007 年,重庆大学孙棣华[15]对目前典型的估计交通参数的模型(如神经网络、多元回归、模糊推理等)进行对比分析,并利用浮动车数据来估计道路交通状态。

3. 公交 IC 卡数据分析技术

公交 IC 卡数据具有时空信息丰富、覆盖面广、获取成本低等特点,可获取刷卡者所持卡的编号、乘坐线路和站点、乘坐时间等信息。早期由国外率先建立 IC 卡收费系统并应用公交 IC 卡数据进行公交客流信息的相关研究,随后国内学者也逐渐开始应用 IC 卡数据研究公交客流特征,进行公交 OD 推算。受限于数据源的单一性,公交 IC 卡难以得到相应位置信息和下车信息,因此,需要将 IC 卡数据与其他数据进行融合研究。

2002 年,英国学者 Barry 等[16]融合纽约地铁刷卡数据与轨道线路数据反推居民出行 OD,刷卡数据包括卡号、上车站点、出行时长等。2005 年,朱从坤等学者[17]探索基于公交站点用地性质推算出行 OD 的方法,分析居民的下车行为。2005 年,戴霄等[18]采用单条公交线路的 IC 卡数据对线路客流、站点客流、断面客流等运营指标与居民出行规律进行分析。2006 年,郭捷[19]运用通勤者的公交 IC 卡数据,确定在车辆两种不同状态下出行者的上车站点。2006 年,戴霄[20]对上车刷卡时间进行聚类,通过车辆在中间站的停靠时间,判断居民的上车站点。2007 年,刘翠等[21]利用 IC 卡数据推算居民在公交出行中的出行 OD,以此对居民的公共交通出行规律进行分析。

4. 手持 GPS 数据分析技术

手持 GPS 数据采集技术依靠手机内置 GPS 芯片、Wi-Fi、加速度计和陀螺仪等传感器进行数据采集,可获取 GPS 定位数据、加速度与 Wi-Fi 连接数据、陀螺仪转向角数据等。手持 GPS 数据采集技术定位精度高、尺度小,可支撑交通出行参数的精细化提取,实现出行时间、出行距离、出行 OD、交通方式和出行目的等信息的提取和识别。

2001 年,根据 19 名被调查者的 GPS 出行数据和出行日志,美国学者在美国佐治亚理工学院对传统出行日志能否被 GPS 调查技术完全替换展开研究,并利用 GPS 位置数据及 GIS 数据识别居民的出行目的[22]。2004 年,丹麦学者通过手持 GPS 定位数据,挖掘居民出行的时空变化特征及出行链信息[23]。2006 年,美国学者结合基于 GPS 数据识别的停留地点信息与 GIS 数据,预测居民出行活动类型[24]。2007 年,美国学者以 10 天为周期,对雷克辛顿城市中 12 组个体手持 GPS 的出行数据进行采集,尝试应用轨迹点方向改变幅度、路网拓扑结构、停留时间、GPS 路径等参数识别个人的出行端点[25]。2008 年,荷兰学者采集手持 GPS 数据后结合 GPS 日志、GIS 数据和手机的个人出行特征对出行方式进行识别[26]。2010 年,美国麻省理工学院研发了一款手机 GPS 数据采集软件,通过设计规则算法,成功识别小汽车、公交车、地铁、步行和自行车 5 种交通方式[27]。

5. 手机信令数据分析技术

手机信令数据由通信运营商提供,包括用户 ID、事件类型、时间戳、基站编号、位置区编号等。在通信领域中,通话中的手机会随机地与周边通信基站发生信息交互,然后将信息传达至通信网络管理中心,据此记录通信网络中手机用户的位置变化信息。并以此为基础,构建通信-交通位置反推模型,获得用户在实际路网中位置变化信息。从 20 世纪末到 21 世纪初,已有大量实地项目和仿真试验对该技术在道路交通状态识别及个体出行信息获取方面进行了探索。

1997 年,美国开展的 CAPITAL 项目研究了移动手机能否提供成本效益高的广域监控手段,如何通过手机通信传播实时获取全域交通信息[28]。2005 年,英国 ITIS 公司通过手机服务提供商的信息,开展交通速度和行驶测量操作系统相关研究,比较了手机数据和线圈探测器数据的测量结果,并在以色列城市特拉维夫 Ayalon 快速路上开展实地测试,通过对手机切换发生位置的估算以及对切换区域范围的序列变化进行追踪,获取手机探测车的移动速度[29]。2006 年,美国麻省理工学院和意大利米兰市合作了“Mobile Landscapes”项目,通过手机基站收集米兰市民电话或短信数据,将其与地理数据融合,记载下每位居民的行驶轨迹,将米兰市城市活动强度及其时空变化进行热成像地图可视化,有效反映了城市内外流量的变化、市民在工作日的出行情况,以及通勤和非通勤时的居民活动[30]。2006 年,麻省理工学院和意大利通信运营商合作开展了实时罗马项目，项目数据包括手机信令、公交车、出租车等多种实时数据，利用融合数据实现了罗马市民日常出行的可视化，较好地反映了人口与城市间的相互作用[31]。

车辆移动监测和个体出行信息提取技术探索阶段代表性研究如图 1-2 所示。

	RFID数据分析技术	浮动车GPS数据分析技术	公交IC卡数据分析技术	手持GPS数据分析技术	手机信令数据分析技术
1997年					探索了手机作为移动探针进行广域道路交通运行状态监测的可行性 （美国）
2001年		通过安装有GPS的出租车收集车辆数据并判断道路的交通运行情况 （德国）		测试GPS调查技术完全替换传统出行日志的可行性，推断个体出行目的 （美国）	
2002年			基于卡号、出行线路、上下车站点等计算OD矩阵 （英国）		
2003年		P-DRGS系统通过收集浮动车数据判断道路交通状态，并进一步发布动态路径诱导信息 （日本）			
2004年				挖掘个体出行时空运动特征及出行链信息的可行性 （丹麦）	
2005年		建立数据库实现对交通数据的存储和预处理 （中国） 进行车辆运行信息的提取、交通状态判别以及不同算法的对比分析 （中国）	通过分析出行者下车行为，提出基于公交站点的用地性质吸引度推算线路OD的方法 （中国） 运用单条公交线路IC卡数据分析运营指标与居民出行规律 （中国）		开展实地测试，基于手机在通话过程中发生的切换数据，估算切换位置，追踪切换区域范围的序列变化获取手机探测车的移动速度 （英国）
2006年	在公交定位系统中融入RFID技术，对公交信息系统的智能采集与发布功能进行设计 （中国） 设计综合信息管理系统，利用RFID主动发送ID号的特点实现实时测速 （中国）		以通勤者为对象，基于IC卡数据，确定出行者的上车站点 （中国） 采用将上车刷卡时间聚类和车辆在中间站停靠时间来推算出行者上车站点 （中国）	将基于GPS数据识别的停留地点信息与GIS数据相结合，预测出行活动类型 （丹麦）	以热成像地图的形式可视化了米兰市一天中不同时段、不同地区的居民活动强度，反映城市内外流量变化、市民日常通勤及活动情况 （意大利） 通过融合手机信令、公交车、出租车等多种实时数据来可视化罗马市民日常生活，反映人口与城市间的相互作用 （意大利）
2007年	优化RFID读写器在道路上的分布方法，探讨了如何减少采集信息单元的数量，并设计了数据优化处理方法 （中国）	对比分析了通过GPS浮动车进行道路参数的估计模型与算法，并对道路交通状态进行估计 （中国）	基于公交线路客流OD调查数据，分析居民公交出行规律 （中国）	尝试应用轨迹点方向改变幅度、停留时间、GPS路径、路网拓扑结构等参数进行出行端点识别 （美国）	
2008年	城市交通数据采集、信号调控及违法犯罪车辆的追踪应用 （中国）			通过采集手持GPS数据，结合GPS日志、GIS数据和手机个人出行特征对出行方式进行识别 （荷兰）	
2009年	利用车辆检测匹配方法得到路段行程时间统计分布规律，得到路段交通运行特征 （美国）				
2010年	提出一种适用于城市道路的车辆巡航控制的车路协同框架 （西班牙） 通过信息系统管理软件实现录入、查询以及收费、测速、计算车流量等功能 （中国）			研发基于手机GPS定位芯片的数据采集软件，通过规则算法成功识别步行、自行车、小汽车、公交车和地铁5种交通方式 （美国）	

图 1-2　车辆移动监测和个体出行信息提取技术探索阶段代表性研究

1.1.3 广域大样本交通大数据分析阶段

2010 年以来,随着信息科学技术的快速发展和城市交通精细化治理需求的提高,基于兴趣点数据(Point of Interest, POI,包含点的经、纬度和属性等信息)、手机信令数据和手机 GPS 数据的交通出行特征提取技术得到了广泛研究和应用。这些数据具有广域、大量、实时动态的特性,能够提供更精确、多维度的个体出行特征信息,为分析出行方式、出行目的等精细化出行特征提供了良好的数据基础,支撑了区域、城市甚至城市群的广域交通出行特征分析与实证。同期,基于 RFID、浮动车 GPS、公交 IC 卡等数据的分析和挖掘技术已经趋于成熟,逐渐成为城市交通智能化管理的重要信息技术手段。

1. RFID 数据分析技术

随着 RFID 设备的推广普及,RFID 技术作为一种重要的信息技术手段,广泛应用于智能交通管理。重庆、南京等市已开展电子标签试点示范工程,在车辆的实时信息采集系统中加入 RFID 技术,为车辆的身份管理和合法上路管理提供了极大的便利。通过采集、分析处理与应用实时动态交通信息,提供调度信息以便出行人员参考,使其避开拥堵路段,极大地提高了出行效率,为实现车辆的精细化管理和提供交通信息服务奠定了基础。经过十余年的研究和实证,RFID 技术的应用已由基础的车辆计数、车速识别向城市道路交通状态识别预测、车辆路径诱导等方向转变。利用 RFID 技术获取的数据分析城市交通状况在国内外已取得较多成果。2013 年,胡兴丽等应用 RFID 技术,对交叉口的流量进行监测[16];同年,曹洁、叶源潮等融合 RFID 数据与其他传感器数据,以获取城市动态 OD[33]。2015 年,赵晓晓通过对 RFID 的相邻采集点进行统计,得到各时间汇集度下的机动车数量,对路段车流的时间分布特性进行研究[34]。

2015 年,Wemegah 等对南京市的 RFID 数据进行可视化分析,展示不同时段的城市路段流量[35]。此外,2017 年,谷健将 RFID 数据应用于提取交通流特性参数、构建交通流运行动态模拟框架、预测交通流参数、判别相邻断面交通状态和搜索诱导路径等方面[36]。

2. 浮动车 GPS 数据分析技术

对于挖掘浮动车 GPS 数据用于城市功能区识别及驾驶员出行行为的识别研究,国内外学者已取得一系列研究成果。2012 年,美国加利福尼亚大学的 Y. Yuan 等基于出租车轨迹数据用概率方法识别城市功能区[37]。2013 年,浙江大学的 G. Pan[38]将浮动车数据用于土地利用分类,精度可达 95%,研究出土地类型变化的区域,同时对司机的行为进行分析预测。2015 年,武汉理工大学李新耀[39]对出租车的异常行驶轨迹进行研究并自动识别,以判断出租车司机是否绕路。2016 年,刘汇慧通过浮动车数据分析了出租车加油行为与时空分布规律[40]。2018 年,哈尔滨工业大学 X. Hu 等提取轨迹的时空规律,对出租车司机的行为进行分析,比较了工作日与非工作日乘客上下车站点的区别[41]。

3. 公交 IC 卡数据分析技术

2010 年以来,由于 IC 卡数据存在数据源单一等问题,国内外研究者将 IC 卡数据与其他多源数据进行融合处理，从多维度分析公交客流的时空特征和居民出行规律，从而提升居民出行调查的准确性。

2015 年，蔡文学等融合 GPS 数据、公交线网数据等，构建了一个公交出行时间的计算模型[42]。基于公交 IC 卡刷卡数据和车辆 AVL 数据，东南大学的陈学武等以苏州市为例，分析苏州市公交运行情况并推导公交客流 OD[43]。2017 年，山东大学的田源融合公交车 GPS 和 IC 卡数据，构建了公交评价指标体系，主要包括线路、路段及站点三个层面[44]。2017 年，余庆等运用深圳市公交 IC 卡数据及微博数据等多源数据，构建了深圳公交客流规模预测模型[45]。2017 年北京交通大学的王俊兵基于公交 IC 卡数据、AFC 数据等，同时融合匹配其他数据，以提取得到公共交通出行链，进而对公交客流展开分析[46]。

4. POI 数据分析技术

POI 数据作为基础空间大数据，能较好地反映空间分布形态、结构与土地利用情况等。2015 年，美国加利福尼亚大学的 Mckenzie 对比同类 POI 在不同区域的特征，挖掘其在不同城市所展现的差异性[47]。通过将 POI 数据与其他数据相融合，国内学者也取得了一系列学术成果。2015 年，香港大学的 X. Liu 提出了融合道路网络和 POI 数据的地块识别方法[48]；2015 年，北京工业大学的王淑伟将 POI 数据、轨道交通刷卡数据等多源数据进行融合，探索了轨道交通站点乘降量、通过量与土地性质的关系[49]；2018 年，重庆邮电大学的杜亚朋对手机信令和地图导航数据进行分析，基于聚类及时空关联性算法，对步行、公共交通等不同出行方式进行识别[50]。

5. 手机 GPS 数据分析技术

近十年来，随着智能手机的广泛普及，通过获取手机 GPS 数据，对数据进行处理分析训练，在城市居民出行链提取、出行端点提取、交通方式识别等领域已取得较好结果。国内外学者将 GPS 数据与其他数据进行融合分析，能提取完整的个体出行数据。

2013 年，瑞士的 M. Bierlaire 等根据手机 GPS 数据，通过融合蓝牙、无线基站及手机陀螺仪等数据，对个体出行端点进行识别[51]。2014 年，瑞士的 L. Montini 通过采集志愿者一周的 GPS 数据，使用随机森林算法识别个体出行目的[52]。2015 年，G. Lei 等在日本通过分析志愿者手机 GPS 数据，提出了一种个体活动停留点的识别方法[53]。2015 年，Y. Fei 等人通过分析采集的传感器数据，提出将小波变换方法用于交通方式换乘点的识别，利用神经网络算法识别步行、自行车、公交车、小汽车等出行方式[54]。2019 年，张欣环等融合公交 IC 卡、GPS 等数据，提出基于多源数据的公交客流分析方法[55]。

6. 手机信令数据分析技术

随着手机终端的广泛推广，出行群体中个人手机的拥有率和使用率已达相当高的比例，并且随着数据挖掘与海量计算等技术的不断发展和成熟，人们越来越认识到手机是一种更为理想的交通探测器。在该阶段，更多的学者将研究视角从道路、车辆信息提取以及小样本的个体出行活动特征转向区域、城市甚至是城市群级别的大样本交通数据，通过手机信令数据来揭示城市人口空间分布特征与流动特征。

2013 年，东南大学的冉斌[56]通过上海市手机信令数据，对上海市陆家嘴区域客流的产生、吸引和停留情况进行了实时监测。2014 年，比利时的 F. Liu 等[57]根据比利时实地手机调查的数据，对基于活动的出行 OD 识别方法进行了分析。这些研究基于用户出行时间，追踪用户通话位置轨迹，根据基站变化序列，捕捉识别个体出行停留点，并对其进行时空聚类，以识别典型的活动及出行 OD 分布。2014 年，北京工业大学的陈艳艳、赖见辉[58]研究得到区域人口流动聚集特性，基于移动定位数据，分析交通需求时空分布。2016 年，重庆市交通规划研究院基于主城区手机信令数据，通过重庆市综合交通模型维护升级项目，研究得到城市各组团间的通勤出行 OD 矩阵[59]。2018 年，西南交通大学的杨飞、王利雷等[60]综合分析了轨道交通客流出行特征，基于手机信令数据得到了居民城市活动画像。2019 年，同济大学的王德等[61]利用手机数据分析城市人口流动模式。钮心毅[62]基于手机信令数据对城市总体规划进行研究，得到相应评价分析方法。

经过这一阶段的理论探索和发展，各种技术广泛应用于交通状态识别与车辆出行特征识别、居民活动规律动态监测、热点地区流动人口监测、城市公共交通客流分析以及交通方式的识别与划分等方面，并取得了较好的效果。下面介绍各种技术在以上各方面的应用实例。

(1) 应用于交通状态识别与车辆出行特征识别。

北京交通发展研究中心基于浮动车数据、土地利用数据，得到城市拥堵变化情况，并结合公交 IC 卡数据对城市公交专用道规划进行分析[63]。深圳市综合交通运行指挥中心应用出租车浮动车数据，量化评估深圳市路网交通总体运行情况，并对交通小区运行情况进行实时监测[64]。福州市数字中国研究院[65]对城市交通状态提出精细划分和识别方法，根据出租车轨迹数据等，对道路局部位置的交通状态进行有效识别，综合分析城市交通状态。深圳市城市交通规划设计研究中心[66]综合浮动车与腾讯云 POI 数据，建立了道路动态运行评估与发布系统，系统如图 1-3 所示。东南大学的杨彬彬[67]结合手机信令数据，研究道路地图的匹配映射及路段交通状态估计，并进一步基于江苏高速路网智能化平台进行监测应用，如图 1-4 所示。

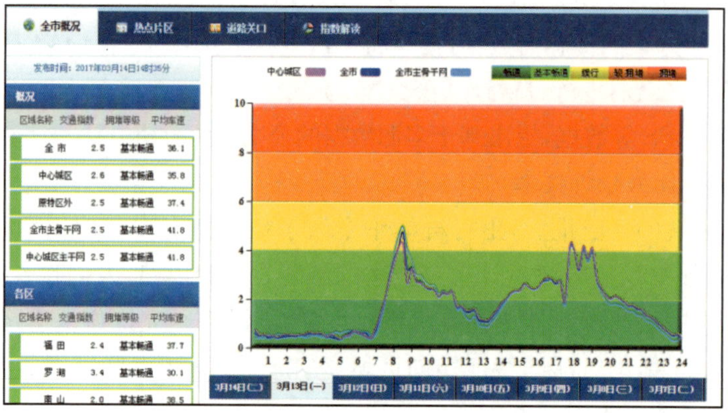

图 1-3　深圳道路交通动态运行评估与发布系统

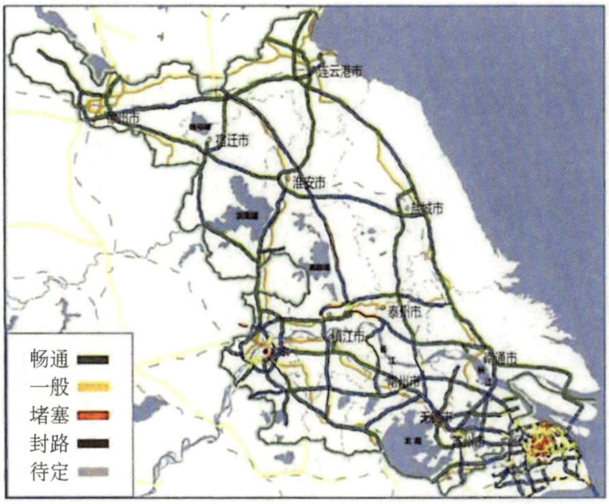

图 1-4　基于手机信令的路网实时运行态势展示

(2) 应用于居民活动规律动态监测。

深圳市城市交通规划设计研究中心融合了手机信令数据及 GPS 数据,对居民职住及通勤距离进行综合分析[68]。北京市科委[69]建立了出行动态信息平台,实现对不同地区人口数量及流动分布的实时监测,其中利用移动通信蜂窝位置技术以获取用户的实时信息。重庆市交通规划研究院识别得到居民居住地与工作地信息,利用重庆市手机信令数据对中心城区各组团职住平衡进行评价,并提供可行的技术手段帮助分析居民职住平衡,如图 1-5 所示[70]。上海市城乡建设和交通发展研究院利用第五次综合交通调查的移动通信数据,分析得到职住分布、居民通勤出行时空分布和轨道交通乘客换乘特征等多项内容,如图 1-6 所示[71]。中国科学院先进技术研究院[72]研究提出了一种手机用户停留模式的提取方法。基于深圳市手机用户单日手机位置数据,对用户的典型停留模式进行识别,该识别方法能够覆盖绝大部分用户。结合深圳市土地利用情况,进一步对不同停留模式的手机用户时空分布差异及不同区域停留次数特征进行了剖析。

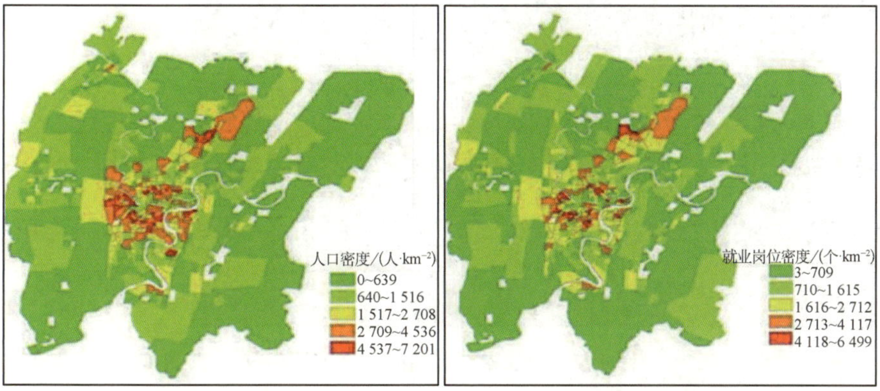

(a) 重庆市中心城区居住人口密度　　(b) 重庆市中心城区就业岗位密度

图 1-5　重庆市中心城区居住人口及就业岗位密度[70]

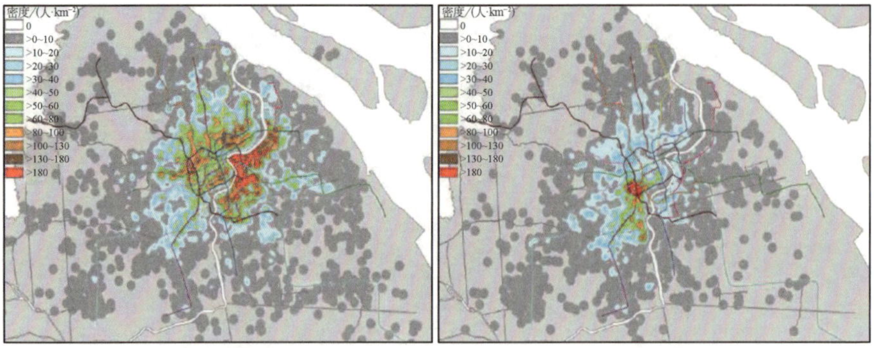
(a) 上海陆家嘴　　(b) 上海徐家汇

图 1-6　上海市特定区域工作人口居住地分布[71]

（3）应用于热点地区流动人口监测。

广东省城市化与地理环境空间模拟重点实验室[73]对轨迹数据进行聚类，基于深圳市出租车 GPS 数据，识别城市热点区域。地球空间信息技术协同创新中心[74]以武汉市为例，基于 GPS 轨迹数据利用时空聚类识别城市交通热点区域，基于复杂网络理论与方法，分析区域空间交互作用。新一代信息网络与终端重庆市协同创新中心[75]融合手机信令数据和 POI 数据，用以识别城市热点区域，并对其功能类型进行标定。百度大数据实验室[76]基于百度地图 POI 数据对人群密度进行推断。深圳市城市交通规划设计研究中心[77]使用地图数据及手机信令数据，动态监测区域人员活动强度，如图 1-7 所示。

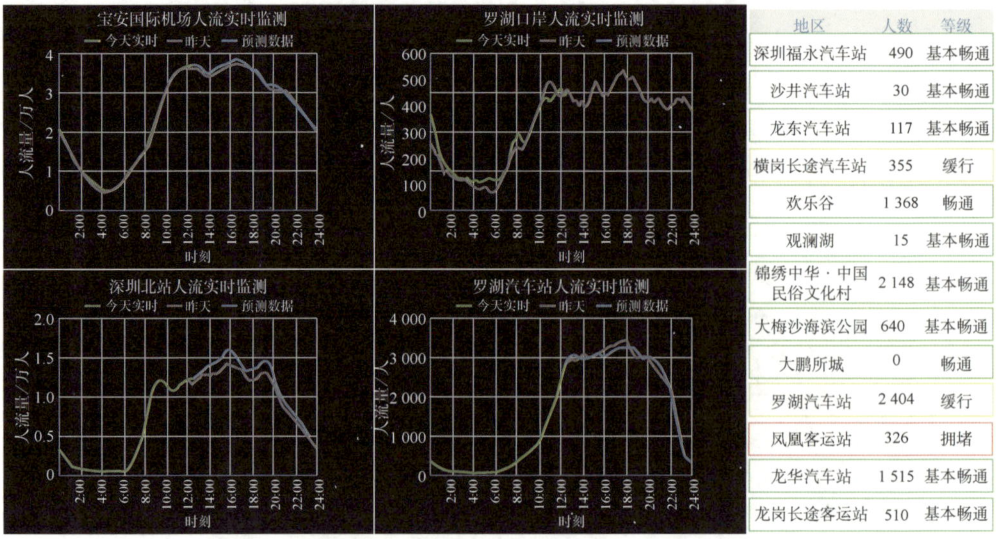

图 1-7　深圳市热点地区人流监测系统

(4) 应用于城市公共交通客流分析。

济南公交研究院[78]融合公交 IC 卡数据及 GPS 数据，对通勤客流的分布特征和公交线路客流辐射范围进行研究。昆明市城市交通研究所[79]利用同样的数据来源，对公交站点、线路、线网及客流等情况进行研究，并建立评价系统分析公交运营情况。北京惟邦亚太规划设计有限公司[80]分析了地铁客流吸引及辐射范围，探索识别地铁换乘客流，如图 1-8 和图 1-9 所示。基于公交 IC 卡刷卡数据，深圳市都市交通规划设计研究院北京分院[81]对公交客流集散点、换乘系数、方向不均匀性、客流走廊等进行分析。应用深圳地铁 IC 卡数据，深圳市城市交通设计研究中心股份有限公司[82]基于深度时空网络，在城市轨道交通网络尺度下建立了一种站点客流短时预测模型。

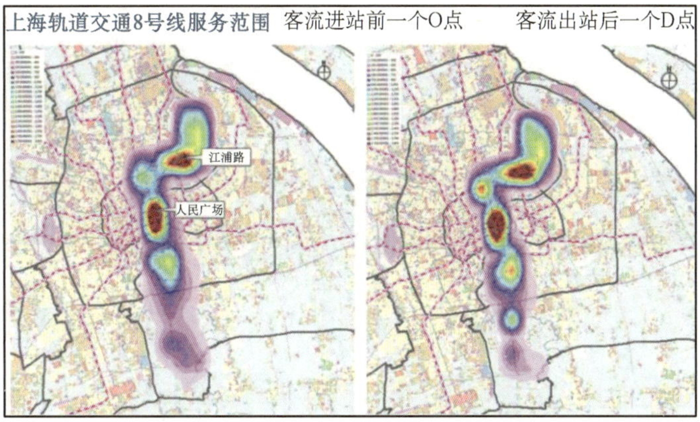

图 1-8　基于手机数据的地铁客流吸引与辐射分析

图 1-9　上海市轨道交通(部分)换乘识别

（5）应用于交通方式识别与划分。

美国基于GIS数据得到个体定位轨迹的地图匹配结果，通过出行路径识别，探索交通方式识别方法[83]。伊朗基于GPS定位数据识别个体出行方式，研究对交通方式识别正确率影响最为显著的因素[84]。法国[85]综合手机信令数据及出行调查数据，识别了巴黎地区的轨道出行概率，识别结果如图1-10所示。交通运输部科学研究院城市交通与轨道交通研究中心[86]基于GPS轨迹数据，研究了不同交通状态下交通方式和交通方式转换点的识别结果。研究结果表示，道路畅通状态下，公交车和小汽车识别精度大于91%；一般拥堵状态下，二者识别的正确率大于83%。新一代信息网络与终端重庆市协同创新中心[87]基于聚类及时间关联性，应用信令数据、导航地图数据，识别步行和公共交通等出行方式。

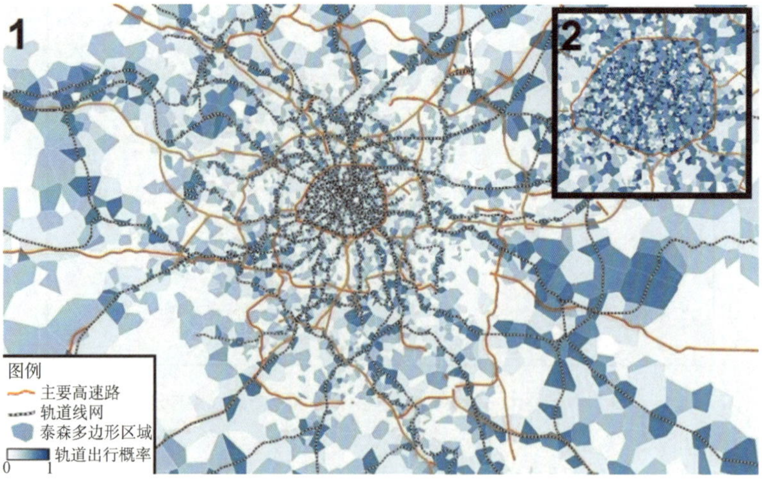

图1-10　巴黎各区轨道出行概率

依托大数据存储、分析、可视化的研究，结合个体出行特征挖掘分析技术，能够获得相比于传统调查更为客观、准确的成果，并具备良好的实时动态性。在实践应用方面，交通大数据与传统交通调查方式小数据的互补融合能切实提高出行特征数据的调查质量，有助于交通规划和管理者客观掌握真实状况、加深对既有问题的深入定量判断，并可发现新的问题，提升规划方案的有效性。同时，通过大量数据积累可为政府相关管理部门在制订决策时，提供丰富的辅助数据和信息。在理论研究方面，通过融合多源交通大数据进行个体出行特征提取研究，可获取个体出行行为精细化数据并能够深入、准确表征出行行为特征，有助于推进交通需求分析模型的精细化应用和发展，可为出行行为分析理论提供实证数据。本阶段的代表性研究如图1-11所示。

	RFID数据分析技术	浮动车GPS数据分析技术	公交IC卡数据分析技术	POI数据分析技术	手机GPS数据分析技术	手机信令数据分析技术
2012年		结合出租车轨迹数据，利用概率的方法划分城市功能区（美国）				
2013年	将RFID技术用于交叉口流量检测，为交叉口各相位信号配时优化提供精确的车流量统计（中国） 融合RFID数据与线圈传感器数据，提高计算所得动态OD的精度（中国）	利用出租车轨迹数据进行土地利用分类，精度达95%（中国）			提出基于GPS稀疏定位数据的概率地图匹配算法，进一步提出融合手机蓝牙、无线基站及手机内部陀螺仪、磁力计等多类型数据的个体出行端点识别方法（瑞士）	利用上海手机信令数据，实时监测上海市陆家嘴区域客流的产生、吸引和停留情况（中国）
2014年					根据调查者GPS轨迹和加速度数据，运用随机森林算法识别个体出行目的（瑞士）	运用手机基站变化序列识别个体出行停留点，通过时空聚类识别典型活动及出行OD（比利时）
2015年	通过统计不同时间汇集度下相邻RFID采集点间通过的机动车数量，分析相关路段上车流量分布的时间特性（中国） 利用可视化对南京市RFID电子车牌数据进行分析，展示了南京市高峰时段与非高峰时段城市各路段车流量（中国）	自动识别出租车的异常行驶轨迹，并判断出租车司机是否存在故意绕路行为（中国）	基于公交线网、GPS数据等多源数据构建公交旅行时间计算模型（中国） 利用公交IC卡刷卡数据和车辆AVL数据，对苏州市公交进行运行分析和客流OD推导（中国）	研究了同类POI在不同区域的特征，发现POI类别体现区域变异性（美国） 提出结合道路网络和POI分类的地块识别方法，进而提出基于POI的人口数据空间化和合成方法（中国） 基于北京POI数据、轨道交通刷卡数据等基础，结合轨道交通乘客出行调查，研究用地对轨道交通站点乘降量等影响机理（中国）	基于30名志愿者连续五周手机GPS出行数据，提出个体活动停留点识别方法（日本） 利用小波变换处理识别交通方式换乘点，并利用神经网络算法与公交站点匹配识别出行方式（中国）	
2016年		采用浮动车数据，对城市加油行为进行建模，探测并分析武汉市出租车加油行为与时空分布规律（中国）				利用重庆主城区1个月以上的手机信令数据得出各组团间通勤出行OD矩阵（中国） 基于移动定位信息对交通需求时空分布进行分析，得出区域人口流动的聚集特性（中国）
2017年	对交通流特性参数提取方法、交通流运行动态诱导路径搜索等方面进行研究，实现交通流动态路径诱导（中国）		构建了以站点、路段和线路为准则层面的公交评价指标体系（中国） 基于公交IC卡数据、微博签到数据等多源数据，构建公交客流规模预测模型（中国） 以IC卡、AFC等数据为主，关联匹配各项数据后提取公共交通出行链（中国）			
2018年		通过提取基于轨迹的活动空间与时间的关系，分析出租车司机的行为（中国）		融合POI数据与手机信令数据，识别居民出行方式（中国）		
2019年					利用多源数据融合技术，提出基于多源数据的公交客流分析方法（中国）	利用手机数据分析城市人口流动模式（中国） 研究利用手机信令数据对城市总体规划进行评价、分析的技术方法（中国）

图 1-11　广域大样本交通大数据分析技术探索阶段代表性研究

1.1.4 交通大数据多源融合技术阶段

随着城市交通问题的日益复杂，交通规划、建设与管理运营对交通信息的精确性、实时动态性和全面性提出了更高要求，许多研究者都发现仅基于单一数据源很难全面掌握个体的全部出行链信息。例如，对于一次由步行、公交和地铁等方式组合完成的出行，虽然能够较为准确地获取基于手机 GPS 传感器的步行、公交出行段的轨迹数据，但在地铁出行段，由于手机 GPS 信号被屏蔽，较难完整获取地铁出行信息，尤其是其内部换乘出行信息，导致出行轨迹产生空白段。但手机信令数据能够很好地弥补这段数据缺陷。实际中，通信运营商在地铁沿线配设专有地下通信基站，此类基站能够定时、不定时地与地铁乘客发生信息交互，获取手机用户地铁出行段的出行轨迹信息，较好地弥补了地下出行段的 GPS 信号缺失问题。此外，通过轨道交通刷卡数据补充推断公交下车地点，对基于公交刷卡数据推导乘客下车地点的难题提供支撑。因此，探索多源大数据相互融合的交通出行特征提取技术方法，成为近年来专家学者们的研究重点。

2011 年，重庆市开始建立跨行业的多源交通大数据汇集分析信息平台，多源数据包括手机信令数据、GPS 数据（出租车、公交车及私家车）、道路监测数据（地磁线圈、视频卡口等）、公交 IC 卡（轨道 AFC）数据、车辆 RFID 数据、视频图像数据和浮动车数据等，为城市交通精细化规划、建设、管理贡献重要力量[87]。2015 年，武汉市利用手机信令数据和浮动车数据等多源数据，对武汉市出行规律进行监测[88]。2016 年，广州市推出了全方位的定制化交通信息服务，将公交线路、公交车的实时路况以及公交到站信息进行集成融合[89]。2019 年，深圳市利用手机信令数据、浮动车数据和公交 IC 卡数据等城市多源大数据建立了分析平台，该平台集统计、关联、预测于一体，并形成综合交通模型体系以满足多领域需求。进一步提出利用 5G 通信、高精地图、互联网大数据等技术，全面补充智慧交通系统数据来源，推进智慧城市与数字政府建设[90]。2015 年，上海市在第五次综合交通调查中，利用手机信令数据、浮动车 GPS 数据、信息平台统计数据等多源数据，实时监控并分析上海市人口和出行分布规律[91]。

综上，未来基于多源交通数据融合研究与应用必然是一个重要发展方向，甚至将进一步涉及更多领域与学科的数据融合。同时，对不同学科、专业的共同价值以及新的合作模式机制进行探索也是交通大数据发展的一大重点。利用多源大数据进行分析研究，在一定程度上可以替代原有大规模居民出行调查，能有效节省交通分析成本，提高分析效率，实现对交通特征数据更加全面、充分地把握和校核，从而使数据更新频率更快、覆盖面更广，能够为城市规划、建设和管理运营提供实时、准确、高效的信息服务，为城市经济发展提供数据决策支持。本阶段的代表性研究如图 1-12 所示。

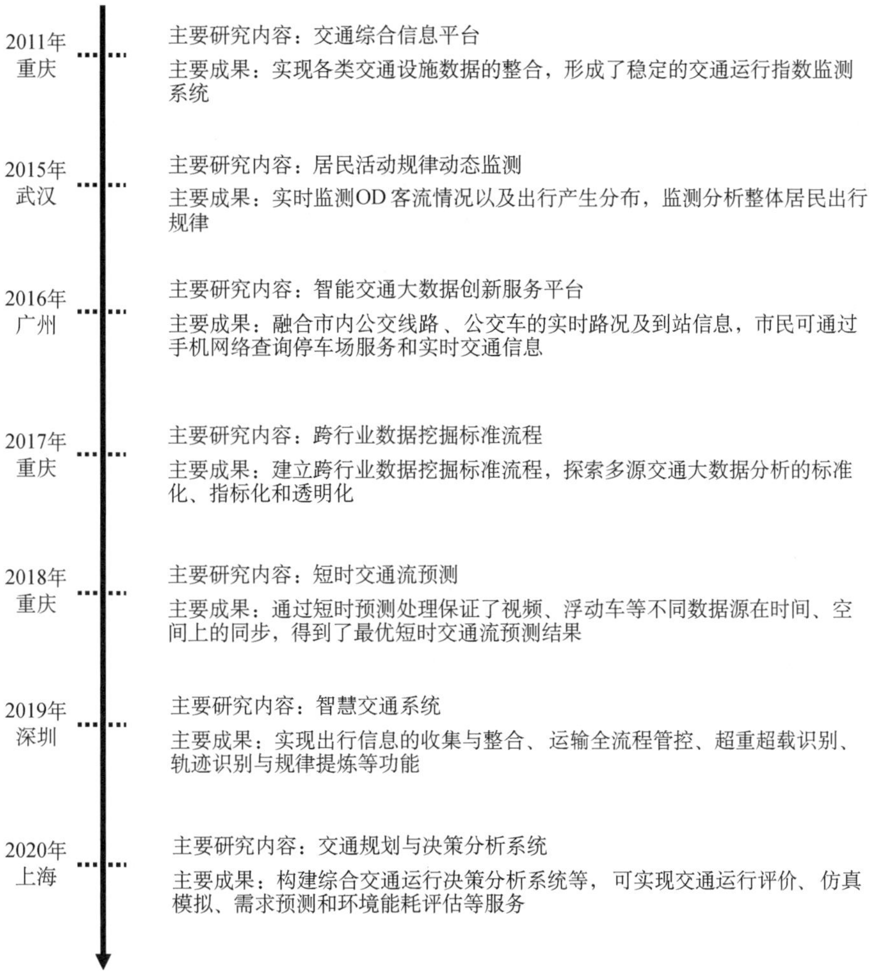

图 1-12　大数据多源融合技术探索阶段代表性研究

1.2　交通大数据发展存在的问题

通过一段时间实践研究发现，在交通大数据发展阶段存在一些问题，如大数据源头的采集获取及清洗等的精度、通过大数据分析研究的实践效果验证、利用大数据进行交通理论分析等方面还存在问题。

1. 大数据源头精度与共享开放有待提升

随着城市交通信息化的快速发展以及智慧城市建设的持续推进，各种交通数据的采集基础设施已具备一定规模，而交通系统是一个复杂的巨系统，各个交通个体与各种交通方式在城市交通中并存运行，其信息的采集也是按照各自的方式实施，并存储于各个不同的机构和部门的信息系统中。经过十余年的研究和实践可以发现，目前制约交通大数据发展的主要问题有以下方面：一是数据采集标准尚未统一，各种交通数据需要依靠相应的感应设备进行数据采集，采集设备设施的标准化接口不同，容易导致数据格式标准存在较大差异；二是数据质量难以保证，目前，交通大数据采集系统分散、涉及面广，处理流程复杂，因硬件设备功能和管理人员技术水平等原因，经常使数据的真实性和可靠性受到影响；三是各种数据之间形成了某种程度的信息孤岛，由于管理（采集）部门的不同，数据共享和整合能力受到很多局限，对真正发挥大数据的"大"的作用以及多源数据的融合作用形成了较大阻碍。为促进大数据发展的规模化、产业化发展，2015 年 9 月国务院颁布了《促进大数据发展行动纲要》，确定了三大任务：一是加快开放共享政府数据，推动资源整合，提升治理能力；二是推动产业创新发展，培育新兴业态，助力经济转型；三是要求在 5～10 年内推动大数据发展、应用，并在交通、信用等 20 个领域率先进行，后逐步向社会开放。目前，交通大数据应用亟待进一步规范、开放和共享，从而保障数据源头的准确性和统一性，促进大数据在交通领域的持续、深入应用。

2. 大数据应用实践效果需进一步验证

当前，许多城市的交通大数据分析研究成果，大都未阐述数据来源可信度（精确度、颗粒度、时效性等）、数据挖掘精度（分析方法、算法、误差分析等）和实施效果检验，通常是直接抛出分析结论，但无法有效判定分析结果的可靠性，导致其结果在决策中通常缺乏说服力。

目前，由于各种交通大数据分散于各部门和机构中，导致很多研究机构和学者取得数据的成本较高、范围受限、实证实验开展困难。基于大数据的交通出行特征挖掘分析方法和理论，缺乏充足的实证研究，在交通行业和学术领域内也尚未完全形成共识。实践中的通常做法是，如果分析结果与经验相符或者类似，则将其采用作为"支撑"交通决策的依据，与经验不一致的分析结果可能被弃之不用，这种做法仍然无法有效改善经验主导的交通规划管理决策模式。

因此，如不尽快突破分析结论的可靠度瓶颈，将导致许多政府决策者和专家对数据分析成果心存疑虑，也将持续制约交通大数据在交通行业实践中的深入应用。

3. 大数据背景下的交通理论分析方法尚需探索

随着智能交通系统的建设和人们对交通信息需求的不断增长，城市交通每天都会产生大量的多源异构数据。面对海量的数据，传统的信息处理技术难以高效处理，而交通大数据挖掘与分析技术则成为一种新的处理方法和解决方案。通过大数据挖掘与分析，数据的互联互通、全样本、全出行链、全周期和细粒度特征不断凸显，随着交通分析日益复杂，简单地使用模型算法关联分析交通大数据已逐渐不能满足分析需求。

通过大数据技术不断深入探究拥堵成因，持续探索交通问题的内在规律，找寻支撑和弥补，或者颠覆既有交通供需理论、交通流理论、交通系统运行规律等传统理论方法已逐步形成共识。通过进一步充分利用共享、开放的城市交通大数据，对基于个体活动考虑行为的城市交通方式识别模型进行研究开发，以及对大量动态交通流进行分析、预测及精准诱导等的交通理论和方法，如基于活动的交通需求动态分析理论、利用动态交通数据进行短时交通需求预测、基于 ICT 对城市交通多方式组合出行进行精准诱导等方法技术，将有效支撑城市交通发展的决策管理。

1.3 交通大数据发展趋势

随着区块链技术的发展以及智慧城市建设，未来交通大数据的发展将在以下几个方面得到更好的利用和发展。

1. “区块链＋大数据”从数据源头提升大数据分析可靠性

目前，业界对交通大数据的来源安全性与可靠度尚未形成较好共识，缺乏各个部门和研究机构普遍认可的交通源头数据。作为国家战略，区块链将得到大力支持和发展，其分布式数据存储模式，以及不可篡改、可追溯等特点，为解决中心化交通数据管理模式导致的数据孤岛和数据安全问题提供了重大契机。

交通轨迹数据具有高度的隐私性，利用区块链的高冗余存储特性，通过非对称加密技术（一种密钥的保密方法）可避免大规模数据丢失或泄露带来的安全隐患，以提升参与方主动共享数据的意愿，增强部门之间的沟通协同，对实现交通源头数据共存、共用、共享意义重大。同时，借助区块链技术的不可篡改、可追溯等技术特点，可建立相关数据主管部门之间的信任机制，从数据共享和采集源头加强交通大数据分析技术的可靠度。区块链数据自带时间戳且各区块间相互环接，利用此特性能够记录区块链数据的完整历史，实现数据溯源及定位，形成部门之间互相约束监督的良性机制，增强交通数据分析结果的客观性与可靠性。

通过“区块链＋大数据”构建可信、共享的采集、存储一体化公共数据平台机制，将是整个交通大数据分析成果可靠度的重要保障基础。

2. 大数据技术与交通规划模型方法深度融合

传统的交通规划咨询已度过交通大数据应用的启蒙期，纷纷开展交通模型技术与大数据的融合。在深度融合大数据的前提下，优化调整模型参数，简化模型参数标定过程，提升模型更新效率及时效性，增强交通模型对大数据的可扩展性，形成以大数据为驱动的交通模型是未来交通模型行业向信息化和可靠性高发展的必然趋势。

在大数据背景下，未来交通模型将发生重大变革，而交通模型的构建需要大量的基础数据，包括交通小区、交通网络（道路、公交、轨道等）、交通需求和社会经济等在内的基础数据已不再成为制约模型发展的难题，探索通过大数据等方式获取可持续建模数据的方法，将建模数据与建模服务相融合，对传统交通模型精度进行改善提升，为规划决策工作提供全面的整体解决方案，相比传统的交通建模模式具有更大的应用前景。未来交通模型体系的构建将以大数据为驱动，适应精细化规划的发展要求，以行业需求为导向，形成为各类业务场景提供模块化、定制化决策支持的交通模型平台，并不断向全行业、全过程提供服务和支持。

3. 交通大数据促进智慧城市发展

随着信息技术及交通大数据的广泛应用，将实现以信息化为纽带的人、车、路，即以出行者、出行设备、出行设施与环境协同的智慧城市为发展目标。借助交通大数据，可以支持城市管理的精细化决策，辅助城市交通公共设施规划和建设，实现更科学、更优化的设计，实现基于智能车辆和道路技术的智能化交通协同，提高各种客、货运服务和公众出行全过程交通信息安全便捷、个性化的服务质量，智慧交通将成为国家战略性新兴产业。

智慧交通作为未来智慧城市的重要组成部分，在交通大数据的建设与其他行业数据融合的同时，也为其他行业发展提供了交通数据支持，打通城市运行的核心环节，为智慧城市的建设与发展提供数据基础和决策支撑。

通过概述交通大数据的应用与发展，我们对交通大数据的发展历程、技术手段、应用场景、存在问题以及未来可能的发展方向有了大致了解。下面章节将重点围绕当前普遍应用的典型交通大数据分类、各类数据的采集、数据结构以及重庆本地数据的基本情况进行介绍。

本章参考文献

[1] ISS. Autoscope Vision[EB/OL]. http://www.imagesensing.com/zh/products/video-detection/autoscope-vision.html. 1984-2017.

[2] HAUSLEN R A. The promise of automatic vehicle identification[J]. Vehicular Technology, 1997, 26(1):30-38.

[3] TransCore. Radio Frequency Identification System[EB/OL]. http://www.transcore.com/rfid/. 2017.

[4] 肖维，徐任婷，陆林军. 基于RFID的智能化城市公共交通系统——信息采集与发布系统[J]. 道路交通与安全，2006(9):25-28.

[5] 赵文婧，王刚. 基于RFID的电子车牌管理系统[J]. 微计算机信息，2010，26(29):150-152.

[6] 张丽珍，李欣. 基于RFID技术的实时交通信息采集处理技术[J]. 交通运输研究，2007，000(012):44-47.

[7] WEN W. A dynamic and automatic traffic light control expert system for solving the road congestion problem[J]. Expert Systems with Applications, 2008, 34(4):2370-2381.

[8] KWONG K, KAVALER R, RAJAGOPAL R, et al. Arterial travel time estimation based on vehicle re-identification using wireless magnetic sensors[J]. Transportation Research Part C, 2009, 17(6):586-606.

[9] PÉREZ, SECO F, MILANÉS V, et al. An RFID-based intelligent vehicle speed controller using active traffic signals[J]. Sensors, 2010, 10(6):5872-5887.

[10] BOYCE D E, KIRSON A, SCHOFER J L. Design and implementation of ADVANCE: The Illinois dynamic navigation and route guidance demonstration program[C]. Vehicle Navigation and Information Systems Conference. IEEE Xplore, 1991:415-426.
[11] 范跃祖,王力,王川久,等.浮动车技术的发展及应用研究综述[A].中华人民共和国科技部,上海市人民政府,全国智能交通运输系统协调指导小组.第一届中国智能交通年会论文集[C].中华人民共和国科技部,上海市人民政府,全国智能交通运输系统协调指导小组:科学技术部全国智能运输系统协调指导小组办公室,2005:12.
[12] 唐克双,姚恩建.日本ITS开发和运用的实例——名古屋基于浮动车信息的P-DRGS简介[J].城市交通,2006(3):74-76.
[13] 张庆.基于浮动车交通流路网交通信息平台研究与开发[C].中国系统工程学会交通运输系统工程专业委员会成立20周年暨中国城市交通创新论坛.中国系统工程学会,2006.
[14] 郑芳芳.公众出行交通信息服务系统及关键问题研究[D].成都:西南交通大学,2005.
[15] 孙棣华,董均宇,廖孝勇.基于GPS探测车的道路交通状态估计技术[J].计算机应用研究,2007,24(002):243-245.
[16] BARRY J J, NEWHOUSER R, RAHBEE A, et al. Origin and destination estimation in New York city using automated fare system data[J]. Transportation Research Record, 2002, 1871: 183-187.
[17] 朱从坤,丁健霆,陈瑜.公交线路OD反推的结构化模型研究[J].哈尔滨工业大学学报,2005,37(6):851-853.
[18] 戴霄,陈学武.单条公交线路的IC卡数据分析处理方法[J].城市交通,2005,3(4):73-76.
[19] 郭捷.公交IC卡通勤乘客OD确定方法研究[D].南京:东南大学,2006.
[20] 戴霄,陈学武,李文勇.公交IC卡信息处理的数据挖掘技术研究[J].交通与计算机,2006(1):40-42.
[21] 刘翠,陈洪仁.公交线路客流OD矩阵推算方法研究[J].城市交通,2007,5(4):81-84.
[22] WOLF J, GUENSLER R, BACHMAN W. Elimination of the travel diary: Experiment to derive trip purpose from global positioning system travel data[J]. Transportation Research Record: Journal of the Transportation Research Board, 2001(1768): 125-134.
[23] NIELSEN T A S, HOVGESEN H H. GPS in pedestrian and spatial behavior surveys[C]. The Fifth International Conference on Walking in the 21st Century, June 9-11, 2004.
[24] SHEUNG Y A T, AMER S S. Enhanced system for link and mode identification for personal travel surveys based on global positioning systems[J]. Transportation Research Record: Journal of the Transportation Research Board, 2006, 1972(1):38-45.
[25] DU J, AULTMAN-HALL L. Increasing the accuracy of trip rate information from passive multi-day GPS travel datasets: Automatic trip end identification issues[J]. Transportation Research Part A: Policy & Practice, 2007, 41(3):220-232.
[26] BOHTE W, MAAT K. Deriving and validating trip purposes and travel modes for multi-day GPS-based travel surveys: A large-scale application in the Netherlands[J]. Transportation Research Part C: Emerging Technologies, 2009, 17(3):285-297.

[27] COGO H, MANZONI V, MANILOFF D, et al. Transportation mode identification and real-time CO_2 emission estimation using smartphones[R]. Technical Report, 2011.
[28] University of Maryland Transportation Studies Center(UMD). Final Evaluation Report for the CAPITAL-ITS Operational Test and Demonstration Program[M]. Maryland: University of Maryland, 1996.
[29] HILLEL B-G. Evaluation of a cellular phone-based system or measurements of traffic speeds and travel times: a case study from Israel[J]. Transportation Research Part C, 2007(15):380-391.
[30] RATTI C, FRENCHMAN D, PULSELLI R M, et al. Mobile landscapes: using location data from cell phones for urban analysis[J]. Environment & Planning B Planning & Design, 2006, 33(5):727-748.
[31] http://senseable. mit. edu/grazrealtime/.
[32] 胡兴丽. 小区域交叉口群的优化控制方法研究[D]. 重庆:重庆交通大学,2013.
[33] 曹洁,叶源潮. 运用 RFID 技术获取动态 OD 数据的方法[J]. 小型微型计算机系统,2015,36(4):713-716.
[34] 赵晓晓,杜威,周旭,等. 基于 RFID 的城市路网 OD 矩阵获取方法及时空特性分析[J]. 交通信息与安全,2016,34(1):30-36.
[35] TINA D W, SHUNYING Z, CHARLES A. Modeling the effect of days and road type on peak period travels using structural equation modeling and big data from radio frequency identification for private cars and taxis[J]. European Transport Research Review, 2018,10(2):1-14.
[36] 谷健. 基于 RFID 数据的城市交通流动态路径诱导研究[D]. 南京:东南大学,2017.
[37] YUAN Y, RAUBAL M, YU L. Correlating mobile phone usage and travel behavior — A case study of Harbin, China[J]. Computers Environment & Urban Systems, 2012, 36(2):118-130.
[38] PAN G, QI G, WU Z, et al. Land-Use classification using taxi GPS traces[J]. IEEE Transactions on Intelligent Transportation Systems, 2013, 14(1):113-123.
[39] 李新耀. 基于云计算的出租车异常行为探测研究[D]. 武汉:武汉理工大学,2015.
[40] 刘汇慧. 基于出租车 GPS 轨迹大数据的短时非运营行为建模与时空分布探测[D]. 武汉:武汉大学,2016.
[41] HU X, AN S, WANG J. Taxi driver's operation behavior and passengers' demand analysis based on GPS data[J]. Journal of Advanced Transportation, 2018, 2018(PT. 1):1-11.
[42] 蔡文学,陈广文,罗伟海. 基于多源数据的精确公交出行时间自动计算[J]. 重庆交通大学学报(自然科学版),2015,34(3):122-126.
[43] 李海波,陈学武,陈峥嵘. 基于公交 IC 卡和 AVL 数据的客流 OD 推导方法[J]. 交通信息与安全,2015,33(6):33-39,95.
[44] 田源. 基于多源数据的公交运行状况评估[D]. 济南:山东大学,2017.
[45] 余庆,雷曾翔,李玮峰,等. 基于多源数据的公交客流规模关联分析[J]. 综合运输,2017,39(6):58-63, 69.
[46] 王俊兵. 基于出行链的公交乘客出行特征分析[D]. 北京:北京交通大学,2017.
[47] MCKEHZIE G, JANOWICZ K, GAO S, et al. How where is when? On the regional variability

and resolution of geosocial temporal signatures for points of interest [J]. Computers, Environment and Urban Systems, 2015, 54:336-346.

[48] LIU X, LONG Y. Automated identification and characterization of parcels (AICP) with OpenStreetMap and Points of Interest[J]. Environment & Planning B, 2015, 43(2):498-510.

[49] 王淑伟.站点周边用地特性对轨道客流影响机理研究[D].北京:北京工业大学,2015.

[50] 杜亚朋.基于手机信令数据的居民轨道交通通勤出行研究[D].重庆:重庆邮电大学,2017.

[51] BIERLAIRE M, CHEN J, NEWMAN J. A probabilistic map matching method for smartphone GPS data[J]. Transportation Research Part C, 2013, 26(1):78-98.

[52] MONTINI L, RIESER-SCH S N, HORNI A, et al. Trip purpose identification from GPS tracks [J]. Transportation Research Record: Journal of the Transportation Research Board, 2014, 2405(1):16-23.

[53] GONG L, SATO H, YAMAMOTO T, et al. Identification of activity stop locations in GPS trajectories by density-based clustering method combined with support vector machines [J]. Journal of Modern Transportation, 2015, 23(3):202-213.

[54] YANG F, YAO Z, JIN P J. GPS and acceleration data in multimode trip data recognition based on wavelet transform modulus maximum algorithm[J]. Transportation Research Record, 2015, 2526(1):90-98.

[55] 张欣环,吴一昊,吴金洪,等.基于IC卡和GPS信息的城市常规公交客流分析[J].浙江师范大学学报(自然科学版),2019,42(2):208-214.

[56] 冉斌.手机数据在交通调查和交通规划中的应用[J].城市交通,2013,11(1):72-81.

[57] LIU F, JANSSENS D, CUI X, et al. Building a validation measure for activity-based transportation models based on mobile phone data[J]. Expert Systems with Applications, 2014, 41(14): 6174-6189.

[58] 赖见辉.基于移动通信定位数据的交通信息提取及分析方法研究[D].北京:北京工业大学,2014.

[59] 吴祥国,余清星,韦翀.大数据背景下重庆市综合交通模型维护升级[J].城市交通,2016,14(2):51-58.

[60] 王利雷.基于手机信令数据的城市轨道交通客流出行信息提取方法研究[D].成都:西南交通大学,2018.

[61] 王德,任熙元.日常流动视角下的上海市实有人口分布与流动性构成[J].城市规划学刊,2019(2):36-43.

[62] 钮心毅,康宁,王垚,等.手机信令数据支持城镇体系规划的技术框架[J].地理信息世界,2019,26(1):18-24.

[63] 温慧敏.北京市交通大数据应用和展望[C].第一届交通大数据国际论坛,2016.

[64] 韩国华.大数据分析在深圳智能交通中的应用与实践[C].中国智能交通年会,2016.

[65] 邬群勇,胡振华,张红.基于多源轨迹数据的城市交通状态精细划分与识别[J].交通运输系统工程与信息,2020,20(1):83-90.

[66] 张晓春.交通大数据系统在深圳的创新与实践[C].第一届交通大数据国际论坛,2016.

[67] 王浩淼，冉斌，雷怡，等. 手机信令数据支持下高速公路检测器布设研究[J]. 道路交通与安全，2016，16(5)：52-58.

[68] 江捷，黄泽，邵源. 利用手机数据分析深圳五大就业中心职住分布与通勤特征[C]. 中国城市交通规划年会，2016.

[69] 中国科学院先进技术研究院. 北京将通过手机数据掌握市民出行动态[EB/OL]. http://zhuanti.cww.net.cn/news/html/2011/3/2/20113292471994.htm.

[70] 唐小勇，周涛，刘晏霖. 基于手机信令的重庆主城职住关系评价[J]. 城乡规划：城市地理学术版，2016(4)：10-15.

[71] 陈欢，薛美根. 大数据环境下上海市综合交通特征分析[J]. 城市交通，2016，14(1)：24-29.

[72] 徐金垒，方志祥，萧世伦，等. 城市海量手机用户停留时空分异分析——以深圳市为例[J]. 地球信息科学学报，2015，17(2).

[73] 周博，马林兵，胡继华，等. 基于轨迹数据场的热点区域提取及空间交互分析——以深圳市为例[J]. 热带地理，2019，39(1)：117-124.

[74] 秦昆，周勍，徐源泉，等. 城市交通热点区域的空间交互网络分析[J]. 地理科学进展，2017，36(9)：1149-1157.

[75] 彭大芹，罗裕枫，江德潮，等. 基于移动信令数据的城市热点识别方法[J]. 重庆邮电大学学报(自然科学版)，2019，31(1)：95-102.

[76] 吴海山. 百度科学家眼中的复杂世界[EB/OL]. http://bdl.baidu.com/newsdetail.html?pkid=176_254_242_114_169_241_238_49.2016.

[77] 林涛. 基于大数据的交通规划技术创新应用实践——以深圳市为例[J]. 城市交通，2017，15(1)：43-53.

[78] 刘彤. 用大数据把握城市交通——手机大数据在济南公交的应用[J]. 人民公交，2014(10)：43-45.

[79] 唐翀. 大数据环境下的城市交通规划与管理——中国城市交通发展论坛第十二次研讨会讨论精选——基于IC卡和GPS的城市公交营运指标体系构建及应用[J]. 城市交通，2016，14(6)：88-96.

[80] 邹亚华. 洗尽铅华返本还原——手机大数据在城规划交通分析与城市管理中的应用[J]. 江苏城市规划，2016(12)：25-32.

[81] 陈锋，刘剑锋. 基于IC卡数据的公交客流特征分析——以北京市为例[J]. 城市交通，2016，14(1)：51-58.

[82] 黎旭成，彭逸洲，吴宗翔，等. 基于深度时空网络的地铁站点客流短时预测[J]. 交通与运输，2020，33(S2)：55-61.

[83] CYNTHIA C，HONGMIAN G，CATHERINE L，et al. Evaluating the feasibility of a passive travel survey collection in a complex urban environment：Lessons learned from the New York City case study[J]. Transportation Research Part A，2010，44(10)：830-840.

[84] ANSARI L Z，GOLROO A. Automated transportation mode detection using smart phone applications via machine learning：Case study mega city of Tehran[C]. The 94th Transportation Research Board Annual Meeting，Washington D. C.，2015.

[85] AGUILÉRA V, ALLIO S, BENEZECH V, et al. Using cell phone data to measure quality of service and passenger flows of Paris transit system[J]. Transportation Research Part C Emerging Technologies, 2014, 43:198-211.

[86] 杨飞,姜海航,刘好德,等. 基于 GPS 轨迹数据的不同交通状态下交通方式识别流程优化方法[J]. 交通运输系统工程与信息,2020,20(4):83-89,105.

[87] 杜亚朋,雒江涛,程克非,等. 基于手机信令和导航数据的出行方式识别方法[J]. 计算机应用研究,2018,35(8):2311-2314.

[88] 张本湧. 以大数据促进三规同步交通规划编制转型[C]. 第一届交通大数据国际论坛,2016.

[89] 张孜. 面向"十三·五"的城市智能交通大数据体系规划与实践[C]. 中国智能交通年会,2016.

[90] 丘建栋,陈蔚,宋家骅,等. 大数据环境下的城市交通综合评估技术[J]. 城市交通,2015(3):63-70.

[91] 李娜,董志国,薛美根,等. 上海市第五次综合交通调查新技术方法实践[J]. 城市交通,2016,14(2):35-42.

2 典型交通大数据介绍

2.1 交通大数据分类及特征

2.1.1 交通大数据分类

从不同的角度出发，交通大数据有不同的分类方式，其数据获取方法和数据特征描述也不一样。

以是否与交通行为直接相关为标准，可以将交通大数据分为狭义和广义两大类，当然，狭义和广义之间并没有一个明确的界限。一般而言，狭义的交通大数据是指直接反映交通行为或与交通行为直接相关的数据，如车辆车速数据、道路断面流量数据、城市公共交通刷卡数据和高速公路联网收费数据等。这些数据通常由交通相关部门监管，相对容易获得。而广义的交通大数据包罗万千，凡是与交通行为可能相关的数据都可列为交通大数据，如包含了交通出行者位置信息的手机信令数据、含有车辆位置定位的GPS数据和反映交通需求的区域居住人口数据，或者可以反映居住人口数量的水、电、气使用量或垃圾废弃量数据等。这些数据往往出自非交通相关部门，需要通过更多的沟通协调才能获取相关数据。

以数据的产生或更新周期为标准，可以将交通大数据分为静态和动态两大类。静态交通大数据一般是指数据产生或更新的周期较长，通常以月、季度甚至年度为产生或更新的周期，如交通设施统计数据、公交线路数据和交通组织方案数据等。动态交通大数据是指数据产生或更新的周期较短，通常以天、小时甚至分钟为产生或更新的周期，如道路流量数据和车辆位置数据等。动态交通大数据还可根据其获取的实时性，分为离线传输数据和在线传输数据。其中，离线传输数据为数据产生后经离线存储获得的数据，虽然数据更新周期较短，但由于并非持续不断地产生和获取，因此也可以视为静态数据。而在线传输数据为数据产生后、通过数据传输协议和传输媒介持续地传输至用户，用户获得实时不断更新的数据，是真正的动态大数据。

从数据获取的授权角度划分，交通大数据可分为开放数据和非开放数据。开放数据是指数据的开放授权可以确保使用者自由免费访问、获取、拷贝、传播、使用和加值数据，如互联网开放数据、开放数据库数据和统计年鉴的公开发布数据等。非开放数据则指设置了一定的共享条件或只对特定共享方开放的数据，需要数据拥有者授权、与数据拥有者协商或者使用者付出一定代价才可取得。

从数据的存储结构划分，可分为结构化数据和非结构化数据。结构化数据通常可以通过二维表在数据库中实现存储，或较为方便地实现二维表结构，如.csv，.exl，.shp文件等。非结构化数据即为不方便使用数据库二维逻辑来表达的数据，如文本、HTML文件、图像、音频和影像数据等，一般需对数据进行清洗和提炼，或使用非结构数据库技术，实现数据的入库、存储和使用。

为聚焦重点，下面主要就交通大数据的获取方式、技术手段和数据特征等展开讨论。

2.1.2 交通大数据获取方式及特征

目前，交通大数据的获取方式主要有传感器（物联网、车联网）和业务应用系统（特别是计费系统）。前者以通过安装在路上或者车上的传感器采集数据为主，包括车辆GPS终端、车辆RFID电子标签、路段检测器、视频卡口（牌照识别）系统、视频图像以及线圈检测器等；后者包括民航、铁路、公路售票系统，公交IC卡系统，轨道检售票系统，高速公路联网收费系统，停车收费系统和移动通信网络系统等。在移动互联网高度发达的背景下，手机终端成为重要的采集设备，大量的手机应用通过手机终端设备采集了用户的位置数据（GPS定位、基站定位和WiFi定位）。部分功能强大的车载单元（On Board Unit, OBU）也逐渐被推广使用，可以采集除位置信息以外的更多信息，如车辆性能参数和驾驶员行为参数等。

目前，可以获取的交通大数据包括手机信令数据、手机终端定位数据（连续定位数据和签到数据等）、车辆GPS定位数据（出租车、公交车、公路客运车辆、旅游车辆、危险品运输车辆、货运车辆和网联汽车等）、道路预埋线圈/地磁/蓝牙检测数据、公交IC卡数据、轨道闸机数据（包括IC卡和手机扫码）、民航/铁路/公路客运售票数据、视频牌照识别数据、交通设施运行视频监测数据、道路卡口数据、停车场收费记录数据、ETC车辆检测数据、RFID车辆检测数据、车辆速度数据（车载OBU设备、GPS设备）、互联网开放大数据、视频图像数据以及交通基础设施数据等。这些数据一般具有以下几个共同的特征。

(1) 需要和地理信息相结合，具有空间属性。城市交通在城市空间运行，其各种运行指标都与城市地理位置信息密切相关。车速表达的是某点或某段道路的车辆运行快慢；流量表达的是通过某断面或某段道路的车辆数量；交通运行指数表达的是某个区域的交通运行状况，各种交通数据空间属性的区别主要在于空间定位的精确度，一些交通数据需要落到非常精确的空间位置上，而另一些交通数据只需落入一定空间范围即可，但一般不能缺失空间属性。

(2) 数据结构较为稳定，后期批量处理较为方便。不同种类的交通大数据，其数据结构可能存在较大差异：有些是纯文本结构数据，有些是图片或影像数据。但对于同一种交通大数据，一般而言，其数据结构是较为稳定的，不会频繁出现格式上的变化。例如，对于纯文本结构数据，文本中每个字段对应的含义都应是明确且稳定的，便于数据的后期批量处理。当然，也有一些特殊的交通大数据，其形式会比较灵活。例如，在交通相关的文档、网页、社交媒体数据中，也许所需要的数据会散落在数据源的不同部分，表达方式可能也会有所不同，但运用爬虫等工具进行内容或数据抓取后，其内容也应当尽量格式化。

(3) 数据量大,对存储和处理的能力要求高。大数据的一大特点就是数据量大,其日产生数据通常以 G 甚至 T 为计量单位,对数据存储和处理能力的要求非常高。合理、明晰的存储方案能便于数据的查找和提高使用效率,保障数据的安全,如当前应用越来越广泛的分布式存储方案。而快速、高效的数据处理能力,则为大数据的应用提供了保障,如采用 Hadoop 架构的分布式运算系统能极大提高数据的计算速度,从而为数据的应用提供更多可能。

(4) 需要对数据进行清洗、过滤和运算,才能转化为交通指标。很多交通大数据是在各行各业的日常业务过程中产生的,如公交 IC 卡的刷卡数据更多是为运营收费服务的、手机信令数据本身是通信过程中产生的设备交互数据等。由于不是专门为交通分析服务,其数据采集标准就不会根据交通研究的需要来设计,如数据采集周期、数据内容和数据质量等。因此,数据清洗、过滤是处理很多交通大数据必不可少的一环,把不符合要求的、冗余的信息都清理掉后,才能开展下一步的数据运算工作。

下面将重点针对手机信令数据、车辆 GPS 数据、车辆 OBD 数据、高速公路收费数据、公路客运数据、车辆 RFID 数据、公交 IC 卡数据、轨道闸机数据、视频图像数据和 POI 数据等的采集、结构、应用场景,以及这些数据在重庆的应用情况进行介绍。

2.2 手机信令数据

基于移动通信网络给移动用户提供连续服务的功能需要,移动用户的手机终端和移动通信网络之间须主动或被动地、定期或不定期地保持联系,移动通信网络将这些联系识别成一系列的控制指令,即为手机信令[1]。手机信令数据的提取主要是从移动通信系统中通过监测通信接口,对信令进行解析,从而获得手机定位或切换的数据[2]。通常情况下需要和通信运营商沟通协调,由其直接提供手机数据和基站数据。

2.2.1 手机信令采集

手机信令数据直接来自运营商(中国移动、中国联通、中国电信)的移动通信系统。第二代移动通信系统(2G)主要是由交换网路子系统(NSS)、无线基站子系统(Base Station System, BSS)和移动台(Mobile Station, MS)三大部分组成,如图 2-1 所示。NSS 主要具备交换功能和客户数据与移动性管理、安全性管理所需的数据库功能,包括了移动业务交换中心(Mobile Switching Center, MSC)、拜访位置寄存器(Visitor Location Register, VLR)、归属位置寄存器(Home Location Register, HLR)、鉴权中心(AUthentication Center, AUC)和移动设备识别寄存器(Equipment Identity Register, EIR)等功能实体。无线基 BSS 主要具备无线发送接收和无线资源管理等功能,包括一个基站控制器(Base Station Controller, BSC)和受其控制的一个或多个基站收发信台(Base Transceiver Station, BTS)。移动台就是移动客户设备部分(手机),包括移动终端(MS)和客户识别卡(SIM)。

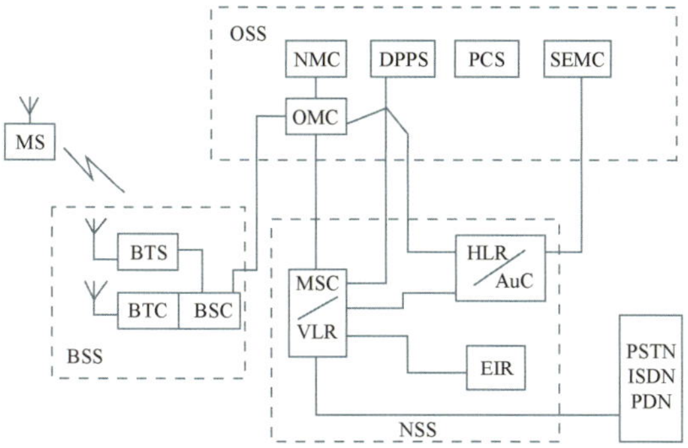

图 2-1　无线通信网络构成

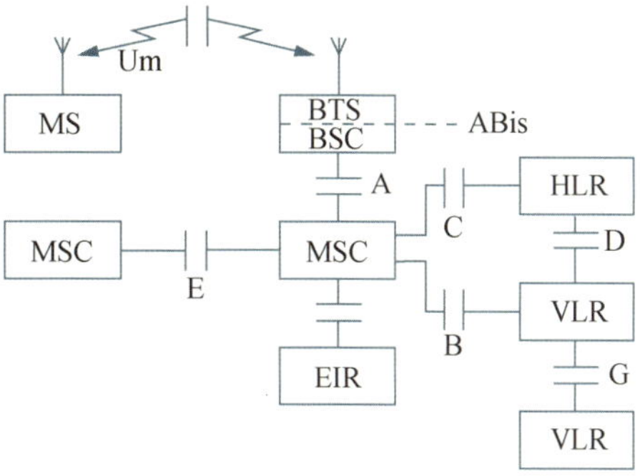

图 2-2　无线通信网络接口

不同的组成部分之间利用不同的接口进行通信。例如,BSS 和 MSC 之间采用 A 接口,MSC 之间采用 E 接口,BTS 与 MS 之间采用 Um 接口,BTS 与 BSC 之间采用 ABis 接口,如图 2-2 所示。

通过对移动通信系统特定接口进行监测,采集手机信令,并导出、存储(图 2-3)。通常的做法是对 A 接口与 E 接口进行监测,通过 A 接口可以采集手机终端与基站之间的信令数据,通过 E 接口可以采集手机跨交换机的信令数据。全球移动通信系统(Global System for Mobile Communications, GSM)是基于第二代移动通信技术,随着第三代(3G)、第四代(4G)和第五代(5G)等网络的演进,移动通信系统网络结构有了较大的变化,具体可参考相关文献。

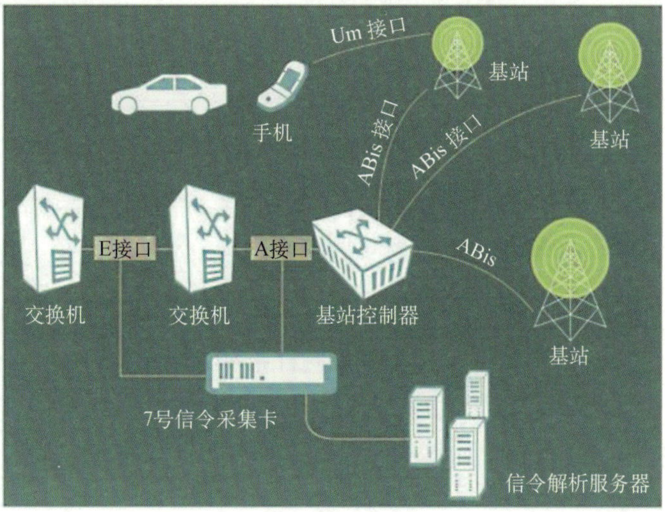

图 2-3　手机信令采集

2.2.2 手机信令数据结构

手机信令数据通常包含手机 SIM 卡唯一编号(由运营商加密消除用户个人信息)、手机的定位信息、时间戳信息和信令事件类型及原因(按照 7 号信令协议)。目前,主要采集用户打电话(主叫/被叫)、收发短信、位置更新、基站位置区切换、上网等事件产生的信令数据[3]。数据的内容如表 2-1 所列,手机信令事件类型见表 2-2。

表 2-1　信令数据内容

序号	字段名称	说　明
1	用户标识	手机唯一识别号
2	时间	信令发生的时间
3	位置区编号	位置区(LAC)编号
4	基站小区编号	基站小区(CELL)编号
5	事件类型	通信事件类型
6	事件原因	事件原因编码
7	原因类型	原因类型

表 2-2　手机信令事件类型

EVENTID 字段	含　义
01	开机
02	关机
03	正常位置更新
04	周期性位置更新
05	主叫过程
06	被叫过程
07	短信发送
08	短信接收
10	BSC 内部切换
11	下行信号质量和强度变差引起的 BSC 间切换
12	其他原因引起的 BSC 间切换
13	下行信号质量和强度变差引起的跨 MSC 切换
14	其他原因引起的跨 MSC 切换
15	挂机

2.2.3 手机基站定位原理

手机基站定位主要是借助信令中的基站编号来确定手机用户所处的空间位置。移动通信网络在地理空间上从大至小分为移动交换控制区（MSC 业务区）、位置区（LAC）和基站小区（CELL）[4]。由一个移动交换中心控制的区域称为 MSC 业务区，每个 MSC 业务区根据网络负载情况可分成若干位置区，每个位置区包含若干个基站小区，移动设备在同一位置区内移动时，无需位置更新，当寻呼移动用户时，位置区内全部基站可以同时发送寻呼信号。一个基站小区的有效覆盖范围取决于发射功率、天线高度和移动台用户数量等因素，从几百米至几十公里不等，理想状态下，基站小区呈六边形蜂窝状布局(图 2-4)。

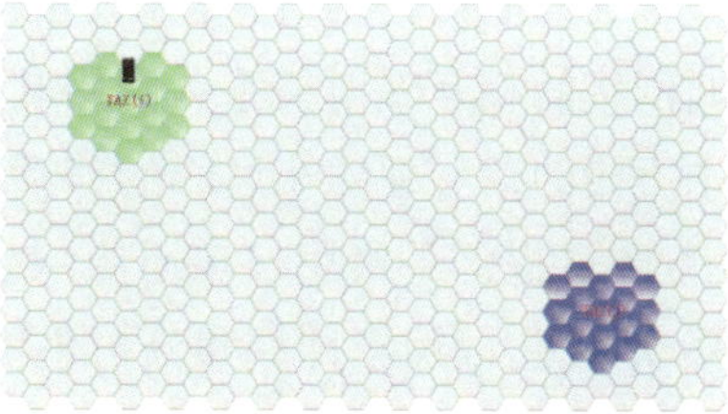

图 2-4　理想的移动通信网络蜂窝

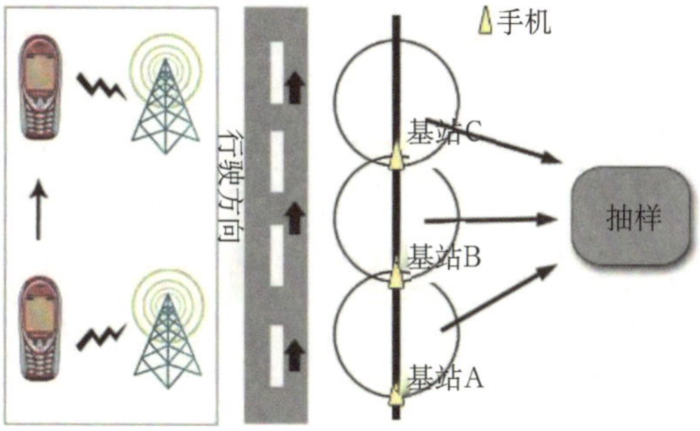

图 2-5　基站切换示意图

手机定位一般采用基于基站小区位置的模糊定位技术，即用手机所属基站小区的位置代表手机终端的位置，该定位精度取决于基站小区服务半径大小。在城区基站布局较密，基站小区服务半径较小，定位精度可达 200～500 m。在郊区或农村，基站布局稀疏，基站小区服务半径很大，定位精度从几百米至几十千米不等。当手机终端在某个基站小区内开关机、打/接电话、收/发短消息或者基站小区切换都会与基站进行通信，在信令中留下当前服务的基站小区编号、位置区编号，从而根据基站小区编号及基站经、纬度坐标确定当前手机所处的大致位置，如图 2-5 所示。以重庆市为例，2G 基站的服务半径为 200～5 000 m，约 50%的服务半径小于 1 000 m。3G 与 4G 基站的服务半径为 200～1 800 m，70%～80%的基站服务半径小于 1 000 m。图 2-6 为重庆市手机信令基站分布示意图。

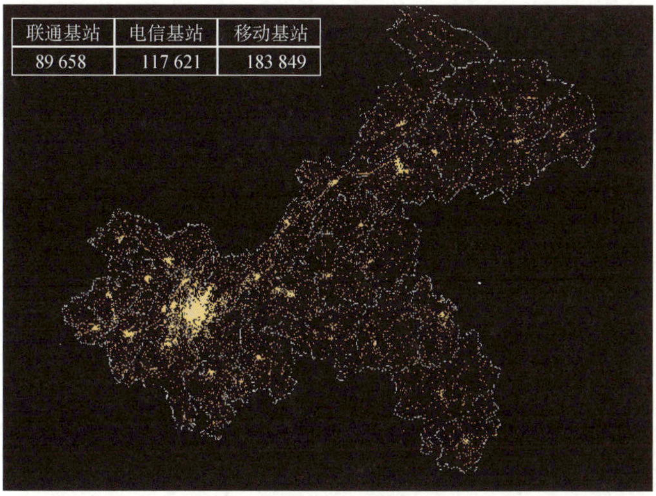

图 2-6　重庆市手机信令基站分布示意图

在开展用户出行路径识别的相关分析工作中,还需掌握移动通信网信号覆盖与交通网络的相互映射关系。直接利用手机定位数据,只能得到手机用户在移动通信网络中不同的信号覆盖小区间的移动情况,只有将移动通信网络信号覆盖映射到交通网络上,才可根据手机用户在通信网络中的移动情况,从而推断出手机用户在交通网络中的移动情况,以用于计算和分析手机用户的交通出行[5]。

2.2.4 手机信令应用场景

手机信令数据已经在城乡规划和综合交通规划研究领域得到了广泛应用,主要的应用场景包括以下两点。

(1) 基于目前手机的大规模人口覆盖,通过手机信令可以对各类人口情况开展监测分析。例如,分析城市实际服务人口的数量与分布;分析城市人口的驻留情况,根据用户过夜位置和停留天数将用户分为长期驻留人口、短期驻留人口,等等。

(2) 通过手机信令开展居民出行需求分析。例如,通过手机信令轨迹解析用户出行链,提取用户每次出行信息,掌握区域出行总量、不同区域之间的出行交换量等信息;根据用户出行目的不同,分析通勤出行、非通勤出行等行为;基于人的出行分析,可以进一步衍生出对城镇间联系、经济腹地、区位优势等的分析,等等。

2.3 车辆 GPS 数据

全球定位系统(Global Position System, GPS)是美国从 20 世纪 70 年代开始研制,历时 20 年,并于 1994 年全面建成的利用导航卫星进行测时和测距,具有全方位实时三维导航与定位能力的系统。目前,中国自主研发的北斗卫星导航系统也已进入正式组网运行阶段,未来基于我国北斗系统的定位数据将会有广泛应用。

2.3.1 GPS 数据结构

车辆 GPS 定位系统是基于汽车定位需求的系统,主要用于不同行业用户对于车辆的管理,主要功能包括定位追踪、历史轨迹回放、超速报警、越界报警、超时报警、远程控制、里程统计、目标锁定跟踪、远程断油路电路、紧急报警、定时查询和档案管理等。车辆 GPS 定位系统具有定位精度高、回传时间短、测站间无须通视、可提供三维坐标、携带操作简便和持续作业时间长等特点。表 2-3 为车辆 GPS 数据结构。

表 2-3　　车辆 GPS 数据结构

序号	字段名称	字段说明
1	车辆类型	公交、出租……
2	纬度	—

（续表）

序号	字段名称	字段说明
3	经度	—
4	GPS时间	yyyy-mm-dd hh:mi:ss
5	车辆标识	车辆唯一标识
6	瞬时速度	km/h
7	方向角	GPS方位角，0°～360°
8	车辆运营状态	出租车运营状态、公交车开关门、上下客等

2.3.2 GPS数据应用

GPS定位系统广泛应用于交通、物流、租赁等行业的车辆管理，为用户提供了方便、快捷、科学化的软件管理模式，同时也用于防范车辆被盗、被抢等社会治安管理。目前，国内车辆GPS应用最广泛的是营运车辆，包括货运物流车辆、“两客一危”车辆（从事旅游的客运包车和三类以上班线客车以及运输危险化学品、烟花爆竹、民用爆炸物品的道路运输专用车辆）、公交车、出租车和网约车等，部分私家车辆也开始使用车载GPS系统。

截至2019年，重庆中心城区日均在线出租车约有1.2万辆，日产生数据约4 000万条；公交车约有8 600辆，日产生数据约3 600万条；日均在线网约车约有1.7万辆，日产生数据约2 000万条数据；全市日均在线两客一危车辆约有4 100辆，产生数据约700万条数据。在城乡规划和交通领域，车辆GPS数据用途包括以下几个方面。

（1）借助密集的GPS轨迹点，追踪车辆行驶路径，用于车辆路径分析。例如，通过公交车GPS数据可以识别公交线路、班次。

（2）利用GPS数据，建设浮动车车速采集系统，实现对城区道路路段车速、拥堵的信息采集，以及对交叉口拥堵、通过时间、排队延误等的信息采集。

（3）附加其他信息后，GPS数据也可以用于分析乘客出行，获取乘客每次出行的起点、终点、路径等。例如，增加空驶/满载状态信息的出租车GPS数据，可以用于分析出租车乘客的出行起点、终点、出行时耗等。

2.4 车辆OBD数据

车辆OBD系统主要是由OBD终端、系统云平台、手机应用等模块组成。OBD系统可以采集到车辆的电子控制器单元（Electronic Control Unit，ECU）数据、重力感应加速度数据和GPS三类数据。

2.4.1 OBD 数据结构

车辆 OBD 通常集成 GPS 功能，除了能够采集车辆轨迹外，还可以采集车辆运行状态、驾驶行为等信息，包括点/熄火信息、油耗以及踩刹车等驾驶行为信息。数据结构如表 2-4 所列。

表 2-4　车辆 OBD 数据结构

序号	字段名称	字段说明
1	ACC 状态	1—点火；0—熄火
2	海拔	海拔
3	推送数据项类型	字典类型：TMCSTDP0007
4	定位有效	定位是否有效
5	定位模式	0—自动模式；1—单 GPS 模式；2—单 BDS 模式；3—GPS+BDS 双模式
6	GPS 速度	GPS 模块采集车辆速度，单位：km/h
7	GPS 定位时间	单位：s
8	方向	GPS 方向
9	经度	经度
10	纬度	纬度
11	车 ID	车辆唯一标识
12	信息 ID	
13	GPS 上报时间	时间戳，单位：ms
14	卫星数	卫星数
15	速度	OBD 模块采集车辆速度，单位：km/h
16	车机累计里程	车机从使用到现在的累计里程，单位：km
17	里程类型	0—GPS 统计里程；1—OBD 统计里程
18	车机累计油耗	车机从使用到现在的累计耗油量，单位：L
19	累计急加速次数	车辆从使用到现在的累计急加速次数
20	累计急减速次数	车辆从使用到现在的累计急减速次数
21	累计急转弯	车辆从使用到现在的累计急转弯次数

2.4.2 OBD 数据应用

近年来，车辆 OBD 数据除了服务于汽车后服、汽车保险等商业领域外，其数据价值在交通领域也得到了较好验证。车辆 OBD 数据本身包含了 GPS 定位信息，以及诸如点火、熄火和油耗等车辆状态信息，因此除了具备车辆 GPS 数据用途外(包括轨迹分析、浮动车车速采集),还有更广泛的用途。通过 OBD 数据分析,可以掌握车辆分布、车辆轨迹(车辆 OD)、汽车排放和交通设施异常等情况,具体如下。

(1) 监测车辆使用。如出车率、使用强度、出发时段、出行距离和车公里等。

(2) 车辆出行分析。借助点火、熄火信息,分析每一次出行的起点、终点、路径,获取车辆出行 OD。

(3) 借助油耗、车速等关键信息,评估车辆碳排放、污染排放水平等,可支持关于碳达峰、碳中和的相关研究。

2.5 高速公路收费数据

随着我国高速公路网络不断建设和完善,高速公路收费系统已基本实现智能化(ETC 收费),提高了收费效率,降低了人工成本,也有效提升了高速公路的通行效率。

高速公路收费数据即指车辆进入高速公路时和离开高速公路时产生的入口和出口收费信息数据。为了精确清分各路段使用费用,目前国内大部分高速公路均在路段布设了大量的视频车牌识别系统,用于判定车辆路径,便于费用清分。表 2-5 为高速公路收费数据结构。

表 2-5 高速公路收费数据结构

序号	字段名称	字段类型	字段说明
1	通行标识 ID	字符型 C	—
2	入口编号	字符型 C	—
3	入口时间	日期型 D	—
4	出口编号	字符型 C	—
5	出口时间	日期型 D	—
6	车牌号	字符型 C	—
7	计费车型代码	字符型 C	—
8	计费车种代码	字符型 C	—
9	计费里程	数值型 N	—
10	总轴数	数值型 N	—
11	轴型及轴重	数值型 N	—
12	入口车货总重	数值型 N	—
13	出口车货总重	数值型 N	—
14	支付类型	字符型 C	—
15	入库时间	日期型 D	—

截至 2019 年，重庆市域有 276 个高速收费站（省界收费站因取消未被纳入），日均通行约 85 万车次。

高速公路收费数据主要用于分析高速公路路段车流量和车辆出行 OD，借助路段视频监测结果，可以模拟高速公路全网车流量，获取任意断面的车流量数据。

2.6 公路客运数据

公路客运数据指通过公路联网售票系统获取的购票数据以及营运车辆运营备案登记数据。截至 2019 年，重庆市域约有 70 个二级及以上长途客运站，日均发车 2.9 万班次，日均客运量约 23.4 万人次。公路客运购票及营运车辆备案数据结构如表 2-6 和表 2-7 所示。

表 2-6　　公路客运购票数据结构

序号	字段名称	字段类型	字段说明
1	车票序列号	字符型 C	—
2	线路序列号	字符型 C	—
3	班次计划日期	日期型 D	—
4	班次计划时间	日期型 D	—
5	班次号	字符型 C	—
6	发车客运站名称	字符型 C	—
7	线路名称	字符型 C	即目的地
8	购票目的地	字符型 C	—
9	购票渠道	字符型 C	—
10	购票人姓名	字符型 C	—
11	购票人证件类型	字符型 C	—
12	购票人证件号码	字符型 C	—
13	购票人联系电话	字符型 C	—
14	购票时间	日期型 D	—
15	购票机构 ID	字符型 C	—

表 2-7　　长途客运车辆数据结构

序号	字段名称	字段类型	字段说明
1	报班序列号	字符型 C	—
2	线路序列号	字符型 C	—

（续表）

序号	字段名称	字段类型	字段说明
3	运输企业	字符型 C	—
4	班次计划日期	日期型 D	—
5	班次号	字符型 C	—
6	车牌号	字符型 C	—
7	实际发车时间	日期型 D	—
8	车辆座位数	数值型 N	—
9	实际检票上车人数	数值型 N	—
10	发车车站名称	字符型 C	—
11	线路名称	字符型 C	即目的地
12	购票机构 ID	字符型 C	—
13	驾驶员姓名	字符型 C	—
14	驾驶员身份证号	字符型 C	—

公路客运数据主要用于分析公路旅客的出行信息，包括起/讫点、出行量等，从另一个角度反映了城镇之间、城乡之间的联系强度。

2.7 车辆 RFID 数据

2.7.1 RFID 技术原理

无线射频识别（Radio Frequency Identification，RFID）是一种非接触式的识别技术，它通过射频信号自动识别目标对象并获取相关数据，识别工作无须人工干预。RFID 系统主要组成部件包括 RFID 电子车牌、天线、读写器和数据中心计算机。当安装 RFID 电子车牌的车辆通过采集点时，采集点的固定天线会检测到相关信息，并传输给读写器。由读写器读取电子车牌信息，最后传输给数据中心。数据中心结合“卡号-车辆”的对应关系生成车辆通过相关信息，包括车辆 ID、通过时间和位置信息等。从数据采集到车辆对应信息的输出，总时耗不超过 10 s。RFID 的工作原理如图 2-7 所示。

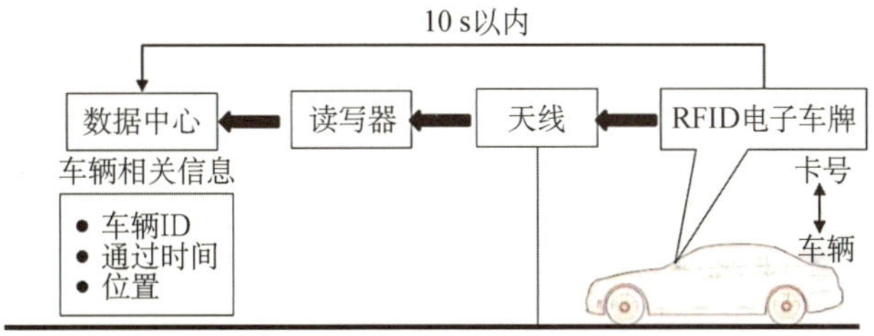

图 2-7　RFID 系统的工作原理示意

与传统数据相比,RFID 车辆识别数据具有以下优势。

(1) 样本量大。RFID 电子车牌安装简便且易于推广,可以覆盖所有类型的机动车。RFID 数据是一种被动式接收数据,可以保证数据的采集稳定性。

(2) 准确性高。与手机信令数据的基站定位模式不同,RFID 检测点安装在道路路段上,当车辆通过该路段检测点时,该车辆的相关信息和对应的时空信息将被准确捕捉和采集,不会出现手机信令可能产生的信号漂移等误差。

(3) 连续性强。RFID 数据是实时采集和存储的,可以以小时、天、周、月、年等任意时间段为周期连续观测,从而发现规律。

(4) 分析成本低。运营商采集的数据结构化极强,无需更大的数据处理投入。

2.7.2 RFID 数据结构

一般情况下,RFID 通行记录数据包括 7 个字段:检测点名称、通过检测点方向、车辆 ID、通过时间、车型代码、号牌种类和使用性质。车型代码表征不同型号的客货车,包括大客车、中客车、小客车、大货车、中货车以及小货车等;使用性质分为营运、非营业、公交和货运四大类。表 2-8 为 RFID 数据结构。

表 2-8　　RFID 数据结构

序号	字段名称	字段类型	字段说明
1	RFID 检测点名称	字符型 C	—
2	RFID 检测点方向	字符型 C	—
3	车辆 ID	字符型 C	车辆唯一标识
4	通过时间	日期型 D	—
5	车型代码	数值型 N	参考标准名称
6	号牌种类	数值型 N	参考标准名称
7	使用性质	字符型 C	参考标准名称

2.7.3 RFID 应用场景

截至 2019 年,重庆市中心城区 RFID 采集点位约 850 个,日均数据约 1 200 万条,每辆车的平均检测记录数在 10～12 条之间,其中记录数大于 20 条的车辆占比约 38%。

车辆 RFID 数据与视频卡口数据(车牌识别数据)相似,除了用于监测道路断面车流量,在采集点足够密的情况下,还可以用于分析车辆出行,具体包括以下内容。

(1) 车辆使用强度分析。包括在网车辆数据分析(某个时段在路网上实际行驶的车辆数)、车辆使用量分析、车辆行驶里程(车公里)分析等。

(2) 车辆出行 OD 分析。借助模型算法分析车辆出行起/讫点(相比 GPS 定位,其起/讫点定位精度要低一些),以便掌握区域之间的车辆出行 OD,同时还可对车辆轨迹进行修复，掌握车辆完整的出行链信息。

2.8 公交 IC 卡数据

公交 IC 卡是一种非接触式数据卡，通过集成于卡内的电感线圈在接近刷卡机时，线圈产生感应电压，实现卡与外部数据库的数据传输。目前，国内很多城市的公交 IC 卡已实现公交、轨道、出租等各类系统一卡通支付。公交 IC 卡数据结构如表 2-9 所列。

表 2-9 公交 IC 卡数据结构

序号	字段名称	字段类型	字段说明
1	交易时间	日期型 D	—
2	IC 卡号	字符型 C	—
3	卡类型	字符型 C	—
4	应扣金额	数值型 N	—
5	实扣金额	数值型 N	—
6	车辆编号	字符型 C	—
7	线路号	字符型 C	—
8	换乘优惠金额	数值型 N	—

截至 2019 年，重庆中心城区现有公交线路约 800 条、公交站点约 3 600 个，中心城区日均公交乘次约 480 万人次。

公交 IC 卡数据通常与公交车辆 GPS 数据结合起来使用，可用于分析公交客流。通过识别公交乘客上车位置、推断下车位置，可进一步分析公交站点客流、断面客流、换乘客流和客流 OD 等。

2.9 轨道闸机数据

轨道闸机作为轨道“自动售检票系统(Automatic Fare Collection System, AFC)”中的“自动检票机”的主要设备，可以采集所有进出轨道车站的乘客出行信息。轨道闸机数据结构如表 2-10 所示。

表 2-10 轨道匝机数据结构

序号	字段名称	字段类型	字段说明
1	票卡号	CHAR	—
2	日期	CHAR	—

（续表）

序号	字段名称	字段类型	字段说明
3	时间	CHAR	—
4	交易事件码	NUMBER	—
5	车站编码	CHAR	—

截至 2019 年，重庆中心城区运营轨道交通线路 8 条，开通轨道站点 193 个（换乘站不重复计），轨道日均刷卡量 220 万人次左右。

轨道闸机数据主要用于分析轨道客流，包括进出站客流、断面客流、客流 OD 等。借助路径选择模型或客流清分模型，可以推断乘客换乘位置，从而掌握乘客进站—换乘—出站完整的路径。结合轨道闸机数据和公交 IC 卡数据，可实现轨道与公交换乘乘客完整的路径分析。

2.10 视频图像数据

2.10.1 视频图像数据来源

智能视频技术借助处理器的强大计算功能，可对视频画面中的海量数据进行高速分析，获取人、车、路和交通环境等信息，如行人（乘客）、车辆（车牌）、道路（路面）、交通设施和事件识别。常用的视频图像数据包括高清卡口视频、电子警察视频、高空瞭望视频、监控视频和道路信息采集视频等。

（1）高清卡口系统对过往的每一辆汽车均拍下车辆的图像，并自动识别出车辆牌照。可迅速捕捉肇事车辆、违章车辆等，对公路运行车辆的构成、流量分布、违章情况进行常年不间断地自动记录。

（2）电子警察系统对监控路面过往的每辆机动车的车辆和车号牌图像进行连续的全天候实时记录。当运动目标超过限速值时或路口信号在红灯状态下，利用高清摄像机进行违章车辆抓拍，抓拍图片可清晰显示信号灯状态、停车线位置、违法车道、违法车辆的车牌号码、违法时间、地点、车速和行驶方向等信息。所有抓拍数据通过网络回传到交警数据中心进行处理。

（3）高空瞭望视频系统是指在距离地面 50～100 m，乃至 100 m 以上的位置布设云台摄像机，获取视频图像。高空瞭望不同于普通的图像监控，它着力于在较高的位置实现大范围的图像精确监控，是一种既兼顾大场面，又实现具体目标特写拍摄的视频监控手段。

（4）监控视频系统可以准确地掌握所监视路口、路段周围的车辆、行人的流量和交通治安情况等。

（5）道路信息采集系统可以对道路集合参数（如路面破损、标志、标线等）进行监测，进而建立智能化道路交通信息采集系统。

2.10.2 基于视频图像提取的数据类型

应用视频和图像检测技术，可从原始视频图像提取多种交通数据，总体上包括出行者数据、车辆数据、交通设施数据和交通事件数据。

(1) 出行者数据。可分为乘客数据和行人数据。乘客数据通常来自公交站台、地铁和轻轨站点和公交车内部监控视频，通过这些视频可提取乘客流量数据。基于公交车内监控视频，可提取驾驶行为(正常状态、突发事件状态和等待红绿灯状态)等数据。

行人数据可分为沿道路纵向行人数据和横向过街行人数据两类。纵向行人的数据包括行人流量、流率、步行速度、步幅、步频以及人流密度等。横向过街行人的数据包括过街速度、过街等待时间、集结密度和行人穿越机动车的可接受缝隙等。

(2) 车辆数据。主要分为车辆和车牌两类数据，车辆数据包括通过卡口、电子警察、高空瞭望等系统视频获得的车辆宏观和微观两类数据。宏观数据包括交通量、交通密度和行车延误等。微观数据包括瞬时速度、加速度、行车轨迹和微观驾驶行为等。车牌数据包括车辆的车牌、具体型号、颜色等信息，从而获得更加全面、详细的车辆信息，可支持特定车辆检索，支撑车辆管理、违章违法车辆检索等应用。

(3) 交通事件数据。通过数字图像处理和智能模式识别技术，对视频监控进行自动检测可得到道路交通事故、道路状态、车辆抛锚、车辆违章、恶劣天气和突发事件(火灾、桥梁或道路崩塌等)等数据。

(4) 交通设施数据。主要分为交通标志标线和隔离设施两类数据。其核心技术在于运用颜色分割、形状检测、特征提取等图像处理技术，对视频影像进行交通设施识别，快速提取交通设施数据(交通标志、标线、隔离设施等)。

基于视频图像提取的人、车辆、交通设施和交通事件等数据，可以计算路段车流量、车流密度、空间占有率和排队长度等指标，并进行车辆驾驶行为分析等。

2.11 POI 数据

互联网兴趣点(Point Of Interest, POI)是电子地图上一切可以抽象为点的地理实体，主要包含名称、类别和位置三方面的信息。诸如百度、高德等电子地图产品包含了酒店、医院、学校等不同类别的 POI 信息。POI 数据最贴近每位普通用户，可以获得较广的数据源和精确性，同时 POI 生产商也保证着 POI 数据的数量和质量，因此，POI 数据在地理实体空间位置信息方面有着不可替代的作用。

2.11.1 POI 数据分类

在对 POI 数据进行分类时，需深入研究 POI 的使用对象，不同群体对不同信息感兴趣。普通民众对餐饮、风景名胜、宾馆、休闲娱乐、医院、学校、购物、银行、汽车服务等信息点的位置服务可能感兴趣，这些信息极大地方便了人们的出行及日常生活。由于关注点不同，关注的信息也不相同，所以 POI 的划分没有统一的标准，只能尽量兼顾各方面的需求。

POI 数据一般可分为大类、中类、子类等几个层级。其中，大类分自然地理、人文地理、党政机构、教育培训、医疗卫生、餐饮、文化休闲娱乐、宾馆、宗教设施、购物、财经、汽车服务、日常服务、传媒与通信、应急、企事业单位、福利机构 17 个大类[6]；中类分海域、水域、陆地、行政区域等 65 类；子类根据社会经济的发展，可不断精细化划分和完善。

2.11.2 POI 数据采集

由于 POI 数据具有数据量大、信息丰富等特征，故而其采集更新则格外重要。POI 的采集更新方式主要包括四种：①实地收集，内部存储的方式；②专业数据加工融合的方式；③基于网络信息的方式；④通过合作共建共享的方式。

目前，专业数据加工融合的方式较为普遍，即在已有数据源的基础上，使用特殊的处理方法将多个来源的数据加工融合。常用的方法如，利用黄页数据变化迅速的特点更新电子地图中的 POI 信息；通过结合电子地图上的地理实体的各个属性及位置信息，将不同来源的 POI 数据融合。另外，在原有 GIS 数据库中的 POI 数据的基础，通过地址匹配技术，利用基于位置服务（Location Based Services，LBS）的数据进行收集更新。

2.11.3 POI 数据结构

POI 数据目前还存在数据管理分散、数据服务共享性差以及数据划分标准不统一等问题。POI 数据结构的确定有利于后期增加新数据的操作，数据结构可参考表 2-11。

表 2-11　　POI 数据属性结构

序号	字段名称	字段类型	字段说明
1	名称	TEXT	—
2	一级分类	TEXT	—
3	二级分类	TEXT	—
4	三级分类	TEXT	—
5	经度	Double	经度
6	纬度	Double	纬度
7	详细地址	TEXT	—
8	行政区名称	TEXT	包含行政区划全称，作为查询用
9	行政区代码	TEXT	所在行政区划代码
10	描述	TEXT	该兴趣点文字描述信息
11	唯一标识 ID	LONG	

POI 数据类型及分布可以用于表征城市生活服务设施分布，反映城市功能布局与经济强度分布等，常用于衡量城市功能配套完善程度，评价区域发展成熟度等方面。

本章参考文献

[1] 刘杰，胡显标，傅丹丹，等. 基于无线通信网络的人员出行信息分析系统设计与应用[J]. 公路交通科技，2009，26(增刊)：151-154.

[2] 杨涛. 基于基站切换的交通信息采集技术应用研究[J]. 现代电子技术，2012，35(15)：145-147.

[3] 王西点. 基于手机位置的实时交通信息采集技术[J]. 中国交通信息产业，2009，(1)：128-130.

[4] 李金明. GSM 移动通信系统综述[J]. 兰州石化职业技术学院学报，2001，1(1)：21-24.

[5] 张博. 基于手机网络定位的 OD 调查的出行方式划分研究[D]. 北京：北京交通大学，2010.

[6] 国家测绘局测绘标准化研究所. 基础地理信息要素分类与代码：GB/T 13923—2006[S]. 北京：中国标准出版社，2006.

3 交通大数据指标提取技术

交通大数据指标的提取一般需要通过建立数据分析模型来完成，数据分析模型从数据类型可分为单类数据的分析模型和多类数据的融合模型；从应用场景分则分为现状模型、预测模型等。本章重点针对手机信令、手机 GPS、车辆 GPS、轨道闸机、公交 IC 卡、车辆 RFID 和视频图像等几类典型交通大数据，阐述建立数据分析模型的方法。

3.1 基于手机信令的人口活动特征提取技术

长期以来，由于缺乏相关数据的支持，了解居民活动规律的信息只能通过问卷调查等人工手段完成，费时费力且效果不佳。随着移动互联网和智能手机的不断发展与普及，手机在人们生活中所扮演的角色越来越重要。除了电话、短信、上网等功能外，手机与其相邻基站连接所产生的日志记录（即手机信令），在一定程度上记录了用户的日常行为轨迹。该数据具有数据量大、用户基数大及覆盖人群广等特点，为研究人口活动规律提供了可能。

原始的手机信令数据可以理解为用户的轨迹位置数据，必须通过各类分析模型才能产生应用于城市规划和交通监测分析的指标。目前的手机信令分析模型主要包括停留识别模型、职住识别模型、通道及交通方式识别模型、用户画像模型以及各类重要公共服务设施客流识别模型等。下面将重点介绍停留识别模型、职住识别模型、居住地迁徙识别模型和人口空间离散化模型。

3.1.1 停留识别模型

停留点是指用户日常活动中具有出行目的的位置点，用户在这些出行目的区域一般具有相对长时间的停留，停留点包括居住地、工作地、休闲娱乐地或办事地点。由于手机信令数据是一组非等时、等距回传，定位频繁跳跃且具有时间顺序的时空数据，传统的 GPS 处理算法和聚类算法并不适用于分析手机信令数据。基于手机信令数据的用户停留识别模型旨在根据信令原始轨迹，判断用户空间位移趋势，结合信令回传频率、时间间隔等指标，识别停留事件的发生。分析用户停留位置，计算停留点进入、离开的时间，实现将用户轨迹划分为若干次有目的的出行。在利用手机信令数据识别用户停留的分析工作中，主要存在以下四个方面的干扰。

(1) 定位不精确。手机轨迹数据的位置是使用的基站定位数据，然而基站类型具有多样性，其包含微站、宏站、直放站和射频拉远站等。各类型的基站覆盖范围从几百米到几公里不等，导致定位准确性差异很大。

(2) 数据间隔不均匀。信令数据的回传是用户通过通信指令或周期性位置更新而产生的，因此不同用户及同一用户在不同时段的信令采集频率都不一样。

(3) 存在大量“噪声”数据。手机轨迹数据除了包含用户在重要位置的停留信息外，还混杂着大量在其他非重要位置上停留的记录（称为“噪声”数据），如用户出行过程中的轨迹数据。

(4) 服务基站存在“乒乓切换”现象。服务用户的基站选择并不是遵循就近原则，而是选择当前信号强度最优的基站。当用户没有产生移动时，手机信号也会在多个基站间切换，并导致用户位置出现变动。

停留识别技术路线如图 3-1 所示。具体分析流程如下。

(1) 初次聚类。利用原始轨迹按照一定的时间、空间范围聚合；计算相邻轨迹间距，大于一定阈值的轨迹间隔被判定为切分点，使用切分点把用户的轨迹序列划分成若干组。

(2) 切分点校核。为了解决基于连续轨迹间距划分中错误的划分及相邻的初次聚合分组合并监测，需要进行分组的跳跃检测。其中有两种情况：一种是密集信令回传，在解决密集信令回传时的跳跃检测时，延后时间检测阈值过大则导致短时间内的出行将被合并，而延后时间检测阈值过小或者无会将一次停留将被划分为多次；另一种是非密集信令回传，在非密集信令回传时的跳跃检测使用下条记录进行对比。

(3) 核心簇确定。在使用停留组中的所有轨迹空间位置取平均值基础上，以轨迹在一定空间范围内的累加时间值作为权重，并选取核心簇空间平均的位置作为用户停留位置。

(4) 进入、离开时间校核。分别依次检测顺序和逆序停留轨迹组的边缘轨迹与停留位置空间距离，如果该轨迹与停留位置距离小于一定阈值则停止该方向的检测，取最终首末记录时间分别为进入、离开时间。

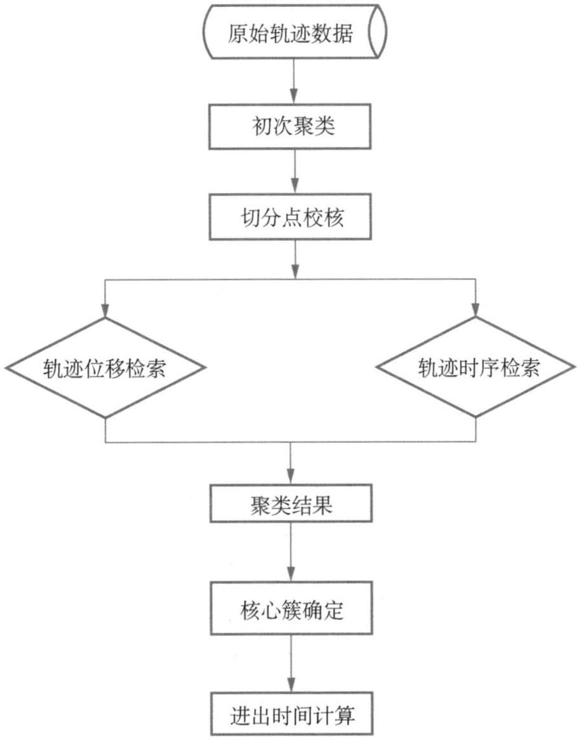

图 3-1　停留识别技术路线

3.1.2 职住识别模型

一般情况下，人的活动空间通常具有一定的规律性，因此，通过一段时间的观测可以找出这种规律。其中，居住地和工作地是普通人最稳定的两类活动空间。停留识别模型分析结果是职住识别模型的基础，但由于用户手机信令在不同时间识别出的停留位置是离散的空间数据，即使用户的停留目的地和活动目的地一致，它们的空间位置也并不重合，无法进一步分析用户的活动规律以及识别用户的出行目的。为了对用户长时间累积的停留数据按照用户的活动目的进行分类，如居住、工作、休闲娱乐或办事等，掌握居民某类活动的频率、时长等规律，需要通过建立时空聚类模型，将用户在不同时间发生的停留数据根据空间位置特征进行聚类分组，把符合规则的停留点组合成一个活动点，活动点属性包含用户编号、活动点编号、活动点位置、累积出行次数和累积停留时间等信息。

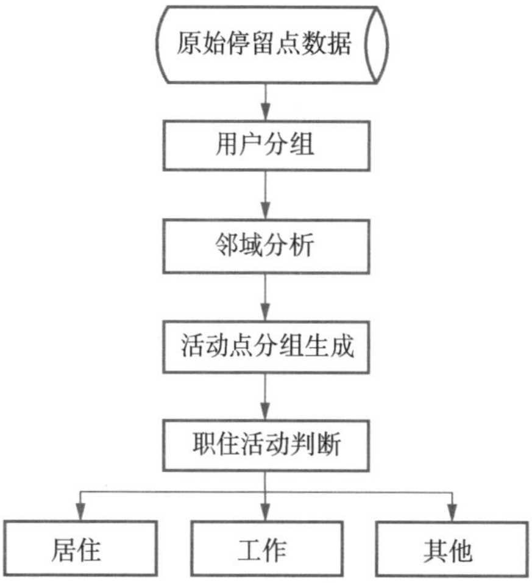

图 3-2 职住识别技术路线

基于用户停留位置分布，采用时空聚类算法实现每一类居民活动的聚类分组，并建立每类活动的出现频率和累积停留时长等活动规律指标，通过长时间跟踪训练，进而实现对用户的居住、工作和其他活动目的地的识别。时空聚类模型可以实现用户的活动点自动识别，并建立离散停留点之间的关联性，提高停留点分组的准确性。同时，通过建立用户的活动规律指标实现居住、工作和其他活动目的地识别，提高对用户活动规律描述的真实性和准确性。图 3-2 为职住识别技术路线。

具体分析流程如下。

(1) 用户分组。基于原始的停留点数据，将数据按照用户唯一标识进行分组，分组的结果依次作为下一步骤的数据源。停留点信息包括用户编号、停留点编号、停留点位置和停留点起止时间。

(2) 邻域分析。取同一用户当月的所有停留点做邻域分析，构建停留点关系表。停留点关系表记录核心对象 P_j（当前停留点信息）和邻域集合 $\{P_i\}$（当前停留点半径 r 范围内的其他停留点信息组合）。

(3) 活动点分组生成。根据停留点关系表中各核心对象的邻域集合包含的停留点个数降序排列，依次遍历。生成活动点 A_j，活动点位置记为核心对象 P_j 位置，并记录核心对象 P_j 的邻域集合 $\{P_i\}$。清除停留点关系表中剩余核心对象属于 $\{P_i\}$ 的记录，同时清除邻域集合中包含的各停留点属于 $\{P_i\}$ 的元素。重复步骤直至遍历完当前用户的所有核心对象，得到 $\{A_j\}$ 组合即为活动点分组。

(4) 职住活动判断。根据每位用户当月的所有活动点依次进行遍历，取每个活动点分组 A_j 中邻域集合 $\{P_i\}$ 与全月每天的白天时段（09：00—17：00）、夜间时段（20：00—

06:00)和全日时段计算交集时长,作为活动点 A_j 在当日的白天停留时长、夜间停留时长和全日停留时长,如果停留时长大于或等于 3 h,则对应的时段累加天数(daytime_days、night_days、full_days)计数加 1。

如果用户的某一活动点较该用户当月其他所有活动点 full_days 最大且 night_days 最大,同时 full_days 大于或等于当月实际天数的设定阈值(如 60%),则判断该活动点为居住活动点。

如果用户的某一活动点较该用户当月其他所有活动点 full_days 次大且 daytime_days 最大,同时 full_days 大于或等于当月实际天数的设定阈值(如 60%),则判断该活动点为工作活动点。

其他活动点判断为其他出行活动。

3.1.3 居住地迁徙识别模型

人口迁徙研究是城市规划工作中十分重要的基础性工作,无论是机构改革前的城市总体规划还是机构改革后的国土空间总体规划,城市用地、公共设施等指标都须根据人口活动规律确定。人口迁徙的规模在一定程度上反映了一个城市的发展态势和地位;迁徙的方向反映了城市的辐射范围与城市发展的腹地,也反映了区域间的社会文化背景等。目前,掌握城市人口迁徙规律主要通过问卷调查和普查两种方式,这两种方式都是通过人工手段设置调查问卷,根据一定的抽样比例随机地选择目标群体开展调查。根据汇总结果进行扩样计算,最终得到城市人口迁徙规律。采用问卷调查等人工手段需要耗费巨大的人力和财力,且很难实现大样本、大范围的调查,而调查结果也会受到抽样分布和调查人员工作精度等的影响。

手机信令数据具有用户基数大、覆盖人群广和数据动态连续等特点。基于手机信令数据连续跟踪监测用户多月居住地位置,将用户每月的居住空间位置转换成一组具有时序特征的空间位置。然后通过建立时序空间数据聚类模型,可以实现自动识别居住地发生迁徙的人群,记录迁徙发生的时间、迁入/迁出位置等信息,从而实现动态掌握人口居住地迁徙规律。图 3-3 为居住地迁徙识别技术路线。

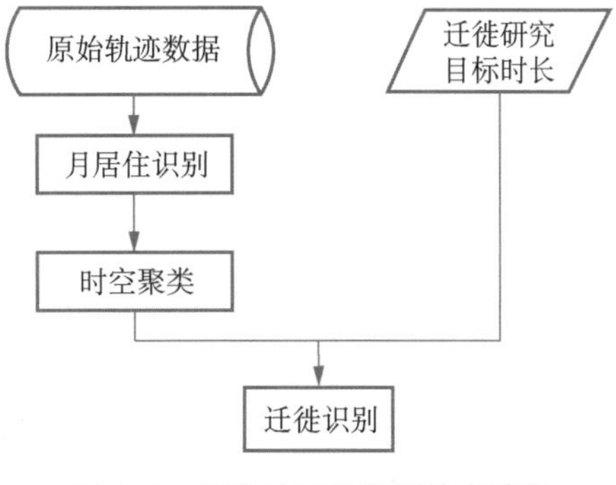

图 3-3　居住地迁徙识别技术路线

具体分析流程如下。

(1) 月居住地识别。基于原始手机信令数据,识别所有用户每月的活动点。如果用户的某一活动点出现的累加天数最大,同时大于或等于当月实际天数的设定阈值(如 60%),且在夜间时段出现的累加天数(20:00—06:00)也为最大值,则判断该活动点为当月居住地,记录坐标位置 $h_i(x, y)$。将所有用户每月的居住位置存储到居住地集合{H}。

(2) 时空聚类。由于上一步识别出的每月居住位置是一组离散的空间位置,即使用户未发生迁徙每月的居住地位置也存在偏移,故需要通过时空聚类将用户的居住地集合按照时序进行聚类分组。依次遍历所有用户的居住地集合 $\{h_i\}$,同一用户按照时间先后顺序遍历,依次加入待合并组。新插入位置 h_j 与待合并组 $\{H\}$ 中的所有空间位置做相似性计算,采用欧几里得的相似度计算公式为

$$\mathrm{Sim}(H,\ h_j)=1/[1+d(H,\ h_j)] \tag{3-1}$$

式中,$d(H,\ h_j)$ 为 h_j 与集合 $\{H\}$ 中任意 h_i 之间的空间直线距离。

如果 $\mathrm{Sim}(H,\ h_j)<0.5$ 则停止合并,待合并组标识为一组具有高相似度的居住地集合 $\{H\}$,并清空待合并组,h_j 插入待合并组并重复上述步骤。

(3) 迁徙识别。人口迁徙规律研究有不同的时间跨度要求,如一年或者半年等。本方法可以根据分析需求,动态输入迁徙研究目标时长 T_L。根据 T_L 阈值筛选出这个时期中每个用户的居住地集合,集合的次数大于 1 则该用户发生迁移,早期的居住地集合位置为迁出位置,后期的居住地集合位置为迁入位置,发生集合变化的时间为迁徙的具体发生时间。

3.1.4 人口空间离散化模型

由于手机定位采用基站定位技术,即用手机所属基站的位置代表手机终端的位置。而基站服务半径从几百米至几十千米不等,在城区基站布局较密,基站服务半径可小至 200 m,而在郊区或农村,基站布局稀疏,基站服务半径很大。因此,基于手机信令识别的人口分布结果同样存在定位误差,很难直接掌握较小空间尺度(如地块)的人口分布结果。同时,城市开发建设是以地块为基本单元,每个地块都有其基本的城市属性信息,包括用地编号、用地性质、用地面积和建筑量等,将人口数据离散到各地块,可为地块层级多元数据融合提供重要数据支撑,具有较强的实用性。

人口空间离散化是研究不同空间尺度下人口分布的重要手段,获取不同尺度上高精度的人口空间分布信息,对于正确认识人口分布规律,分析人口、资源、环境和社会经济发展的相互作用机制,提高人口、资源和环境的协调发展意义重大。

具体分析流程如下。

(1) 离散空间范围划分。被离散的长驻人口数据落到空间时,将其夜间居住地(即“家”的位置),对应到城市建设用地中 R 类、RB 类、BR 类用地,即本方法空间离散的载体为城市建设用地中含 R 类的用地。为减少现状地块不规则边界造成的误差,对地块 R 类建筑量少于 200 m^2 的地块不纳入离散范围,如图 3-4 所示。

(2) 人口分配。基站接收到用户定位的信息与真实定位有一定偏移,用户离基站距离越近,偏移越小,越接近用户真实位置;根据基站数与服务半径呈指数关系衰减的特征,将地块外 100～1 000 m 范围人口分配到邻近地块。

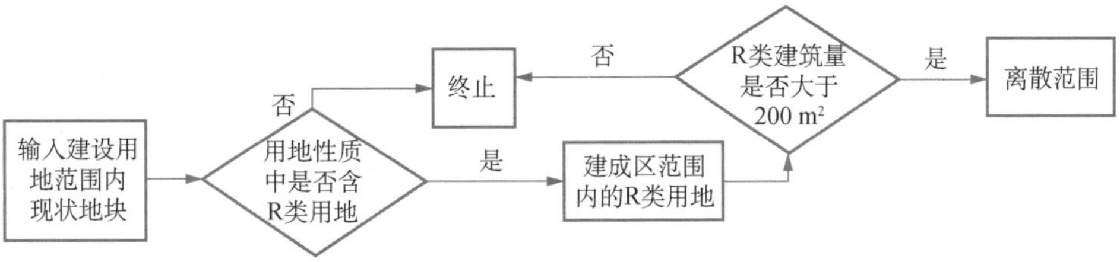

图 3-4　离散空间范围划分

$$P_i = \frac{1}{\beta} e^{\frac{-d^i}{\beta}} \tag{3-2}$$

$$d = \max(0, dis - 100) \tag{3-3}$$

式中　P_i ——该区域人口在 100～1 000 m 范围内第 i 个地块的基础权重；

dis—— 该区域人口到 i 地块质心点的直线距离；

β ——影响系数，根据多次敏感性测试确定。

(3) 地块人口融合扩样。地块外部人口根据基站服务能力与距离的指数衰减关系得到的人口权重进行融合汇总；叠加移动、联通和电信人口离散结果，并添加所属区域的标签（如行政区），同时根据各区域的非真实用户比例、一人多机比例和手机渗透率等系数进行扩样计算，如图 3-5 所示。

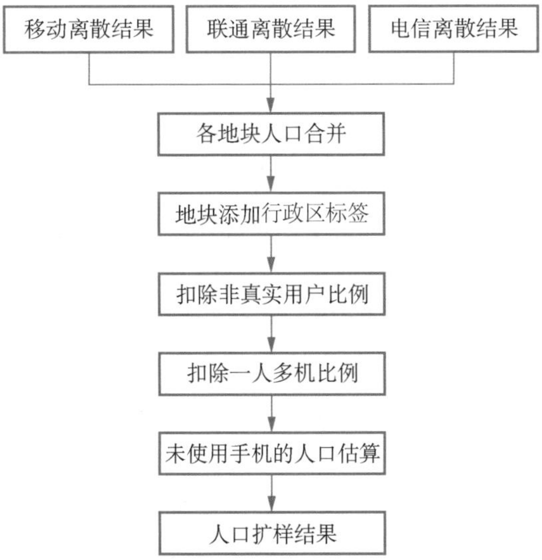

图 3-5　地块人口融合扩样

3.2　基于手机 GPS 的出行特征提取技术

手机 GPS 连续、客观地记录个体出行时空数据，能够真实反映个体出行特征和活动规律。利用手机 GPS 进行出行信息分析时，通常要求调查者连续采集一天或多天的出行数据，因此，所记录的每组数据可能包含多次出行，每次出行也可能包含多种出行方式。利用手机 GPS 数据进行个体出行链信息的精细化提取，目的是要充分研究个体出行轨迹特征，将多次、多模式的出行数据进行剖析分割，从而逐段识别详细出行信息。主要流程与思路可归纳为以下四个部分。

（1）原始轨迹识别。导入手机传感器数据进行轨迹点时序排列、噪声剔除、缺失段修补和地理匹配等工作，为后续个体出行信息的准确识别提供基础。考虑到不同出行参数提取对数据的需求不同，数据预处理流程及方法将适应各环节参数提取需求，并针对性开展相应工作。

（2）出行端点识别。将一天或多天的数据按照出行目的切割为单一出行 OD 子段。在个体出行过程中，手机传感器能够连续记录出行时空轨迹信息，当运动状态发生变化时，定位点间距也将发生明显的变化。因此，定位点的疏密度、点间距离在一定程度上反映了个体出行状态和停留特征，可用于出行端点的识别。采用轨迹点时空密度聚类算法进行出行端点识别时，对于一些特殊出行模式，如短时间停留(接送小孩上学/放学等)、小区域闲逛/频繁停留(菜市场买菜等)、交通拥堵停留，可设计针对性算法以优化识别结果。

（3）交通方式换乘点识别。步骤(2)中识别的单一出行 OD 段仍可包含多种交通方式组合出行，如上班出行可能包含步行、公交、地铁等方式的组合。因此，在识别交通方式前，需要对各出行 OD 轨迹段进行交通方式换乘点的识别，将出行轨迹进一步切分为单一交通方式出行段。引入小波分析模型极大值算法进行交通方式换乘点识别，尝试将出行速度曲线视为信号波，通过识别速度波奇异点来确定交通方式换乘位置。

（4）交通方式识别。交通方式是出行链信息识别中最为复杂和困难的环节，由于不同交通方式出行特征(如速度、加速度等)存在交叉重叠，且常受交通状态、道路环境和数据质量等多方面因素的影响，传统经验性算法很难取得理想效果。可尝试应用神经网络等数据挖掘算法进行出行方式的识别。在此基础上，进一步提出 GIS 站点匹配算法来解决公交车与小汽车区分困难的难题，提高交通方式识别的准确率。

基于手机 GPS 数据的分析模型技术路线如图 3-6 所示。

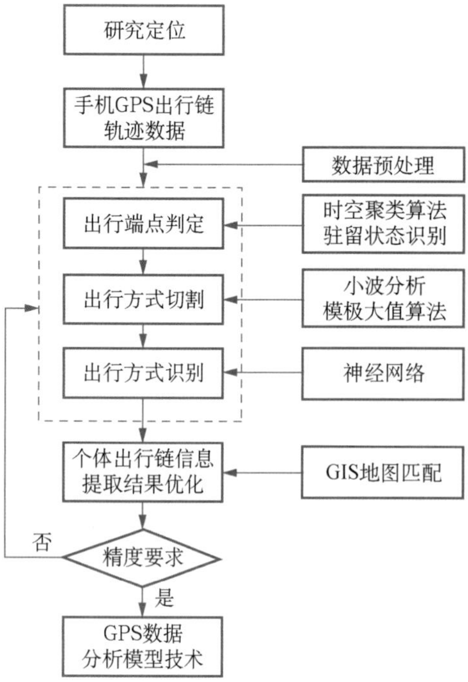

图 3-6 基于手机 GPS 数据的分析模型技术路线

3.2.1 数据预处理

由于“城市峡谷效应”以及建筑物遮挡，手机 GPS 信号有时会变弱，这时 GPS 轨迹点往往会发生较大的位置偏移，4 颗可见卫星是准确定位的前提条件，故而首先需删除可见卫星数少于 4 颗的定位记录。然后设定轨迹点的速度阈值和相邻点间距阈值，删除瞬时速度和相邻点间距大于所设阈值的定位记录，减少手机运行问题造成的误差。

由于信号不稳定，易出现缺失数据的情况，常见地发生于进入室内、高架桥下、地下隧道等，因此可设定规则补充 GPS 信号缺失条件下的数据。

(1) 计算信号缺失前后时间轨迹点的距离，若距离大于设定值，可视为信号缺失时存在较长一段的位移，如在隧道、地铁、高架下等的出行，这段数据较少存在出行端点(若存在出行端点，仅利用手机传感器数据难以识别)，不考虑补点。

(2) 若距离小于设定值，信号缺失多为短时缺失或者进入室内，可根据信号缺失前后点的位置按照数据时长均匀补点。

3.2.2 基于时空聚类算法的出行端点识别

由于居民在每一次出行的起讫点会进行特定目的的活动，若进行了较长时间的停留，相应的手机位置轨迹会形成密度较大的点簇，与出行途中较为稀疏的散点存在较大区别。运用基于密度的空间聚类算法可以针对性地使轨迹点聚集的现象较为明显，并将点空间密度较大的出行端点以点簇的形式识别出来；而轨迹点分散分布、点空间密度较小的出行途中则会以噪声点的形式进行识别。因此，通过轨迹点空间密度的大小，可以较好地区分个体手机定位出行链数据是属于出行途中还是出行端点。目前，基于密度的空间聚类算法主要有 DBSCAN (Density Based Spatial Clustering of Application with Noise), OPTICS (Ordering Points To Identify the Clustering Structure), DENCLUE (Density based Clustering)等，这些聚类分析算法的核心思想都是依据轨迹点的空间密度从而对所有数据点进行聚类，若聚成点簇则识别为出行端点，若未聚成点簇则识别为出行途中。

(1) 出行端点识别。运用基于密度的空间聚类算法来识别出行端点，需要定义临近距离地理信息工作站(Eps)，邻域 ΔT 以及该邻域相应的样本点数 MinPts 这三个参数，以确定核心点的时空密度和相应的点簇拓展条件。首先，对各种出行目的类型的采样出行链数据的出行端点的停留时长做累计概率分布分析，以累计概率值达到特定百分比的出行端点停留时长为 MinPts。其次，统计每个轨迹点的 MinPts 值的临近距离，并绘制成折线图，找出折线图中存在的拐点(拐点前后的曲线曲率差异较大)，以此拐点的距离作为 Eps 的参数标定值[1]。考虑到定义核心点时的时间序列，即核心点拓展的条件是在满足空间距离的同时也满足时间距离，因此，取值 $\Delta T = \text{MinPts}$。

完成聚类算法的参数标定后，运用该算法来对其他的出行链数据进行聚类分析，识别的点簇即为出行端点，点簇中包含的点即为出行端点的停留点，起止跨越时长即为出行端点的停留时长。

(2) 出行轨迹切割。若两个出行端点的间隔时长小于特定值,说明个体并未进行一次出行,需进行出行端点的合并。在整理好出行端点信息的基础上,以“每个出行端点的结束时刻是上一次出行的终止时刻,即下一次出行的开始时刻”为原则,将完整的手机 GPS 出行链轨迹进行切割,形成多条单次出行的轨迹。

3.2.3 基于小波变换模极大值算法的交通方式换乘点识别

一次出行往往是多种交通方式的组合,上述空间聚类算法可识别个体一天中多趟出行的出行端点,但不能识别单次出行的交通方式换乘点,仍需提出方法对手机 GPS 数据进行交通出行换乘点识别。运用小波变换模极大值算法进行不同交通方式换乘点识别时,需进行两大步骤:第一,奇异点识别;第二,识别结果除噪[2]。

1. 奇异点识别

交通方式换乘点识别可通过最小尺度上小波变换模极大值对应的时间点来精确提取,即模极大值线与时间轴的交点为交通方式换乘时间点。

对于居民采取多种交通方式组合出行的情况,其交通方式换乘通常可以认为是在某地点瞬时完成的,因此选择小波函数时,函数消失矩应尽量小一些,最好为一阶消失矩函数,同时小波函数的选择应当兼顾奇异点时间识别的准确性。

小波函数、消失矩阶数和小波分析尺度是小波变换模极大值算法在进行交通方式换乘点识别时需要进行配置的参数,合适的小波函数选择将对奇异点的识别效果产生重要影响。

2. 识别结果除噪

小尺度上,经小波模极大值算法识别的交通方式换乘点是最准确的,但当背景噪声较强时,如车辆在交叉口停车或拥堵等,该算法容易错误地将这些现象判别为小汽车方式向步行方式转变,这类 GPS 轨迹点与信号波中次要特征信号或噪声信号非常相似,因此,有必要应用小波多尺度变换下模极大值变化性质来进行降噪。

将小波变换模极大值算法用于交通方式换乘点识别时,应首先将小波变换尺度设置为某一较大值,以便准确获得交通方式变化点奇异性和模极大值线,同时消除交叉口停车及速度波动等次要特征或噪声造成的干扰;在此基础上,应进一步将小波变换尺度选为某一较小值,由于小尺度下模极大值对奇异点时间定位较准确,因此,此时原模极大值线对应的时间点(或模极大值线与时间轴交点)即居民出行交通方式换乘时间点,从而实现数据降噪。不同尺度下识别的精度不同,尺度过小时将导致换乘点过度识别;尺度过大时又会导致换乘点漏识别的现象。故而,需要花功夫来确定小尺度精确识别、大尺度降噪优化。

3.2.4 基于神经网络的个体出行方式识别

神经网络的主要应用之一为模式识别,它能够将一个有意义的手机 GPS 数据输入矢量与特定的交通方式输出联系起来,通过寻找不同交通方式出行数据与输出交通方式的关系，从而进行网络训练，训练好后可以用于模式的自动识别。BP 神经网络(Back Propagation)包含三个模块：输入层，隐含层和输出层。BP 神经网络可以在输入和输出数据之间的隐含层不断地学习、训练二者的潜在联系。

运用神经网络算法进行交通方式识别时需进行三个步骤：第一，模型建立；第二，训练层数设置；第三，交通方式识别[3]。

1. 模型建立

神经网络一般包括输入层、隐含层和输出层。实际操作中，由于前 3 层结构准确率较高，第 4 层及以上结构计算量巨大，因此选取前 3 层结构(隐含层为 1 层)进行训练。

2. 训练层数设置

将每分钟平均速度、每分钟最大速度、每分钟出行速度的标准差和每分钟加速度方差四个属性作为神经网络训练的输入属性。在进行神经网络算法的训练过程前，要选取采集数据的一部分作为训练数据，分别标定出每个数据点的出行方式。为了在后续的模型算法中进行分析，将交通方式进行数据化转换，交通方式数据化代表值见表 3-1。转换后就可开始运用神经网络模型进行交通方式识别。

表 3-1　　交通方式数据化代表值

交通方式	步行	自行车	公交车	小汽车
代表值	1	2	3	4

3. 交通方式识别

进行交通方式识别首先需要确定神经网络层数和神经元个数设置，根据神经网络训练原理，增加训练层数时，神经网络训练误差将会减小，模式自动寻找到的输入输出属性间的关系则更加接近真实情况。运用训练好的神经网络模型，输入手机 GPS 数据的四个特征属性值，记录神经网络输出层的输出结果并作为交通方式识别结果。

3.2.5 基于 GIS 地图匹配的个体出行链信息提取结果优化

实际应用中，通常利用公交车的站点停靠特性与小汽车进行区分。其基本思想为识别速度变化较大的关键点，其中包含车辆的停靠点，并与地图上公交站点的经纬度进行匹配，根据比较后的匹配度来区分公交车与小汽车。

运用站点匹配算法来优化机动车出行方式识别结果，主要有三个步骤：第一，机动车数据预处理；第二，站点匹配；第三，机动车识别结果优化。首先，在运用神经网络算法识别交通方式的基础上，将识别成机动车交通方式的 GPS 数据截取出来，为站点匹配提供数据基础；其次，结合出行轨迹中关键点与公交站点匹配算法，有效区分公交车和小汽车；最后，将优化结果分段进行模式结果输出[3]。

1. 机动车数据预处理

运用神经网络算法识别交通出行方式，将其识别结果进行保存。在此基础上，对初步识别结果进行模式数据化整、异常点修正、模式转变过渡段修正和不合理模式修正等数据处理过程。具体方法主要有以下几个方面。

(1) 化整处理。由于经过机器学习算法识别交通方式得到的数据中包含小数数据，而定义的交通方式都是整数数据(如步行为 1，自行车为 2，公交车为 3，小汽车为 4)，所以需要先将小数进行化整工作。本方法是将 0.5～1.5 的数据转化为 1，将 1.5～2.5 转化为 2，将 2.5～3.5 转化为 3，将 3.5～4.5 转化为 4。

(2) 异常点修正。对于上一步处理的结果，大部分数据都能够转变到其真实的目标方式，但少数边缘数据如 1.4，2.6 等，真实情况可能都是自行车，但可能将其错误地转化为步行和公交车。因此，需要对这类数据进行修正，具体方法为根据出行时间先后，连续取 15 个模式识别结果点作为一个处理单位，将 15 个点中出现次数最高的模式作为第 1 个点的交通方式，依次类推，处理得到全部出行时间的交通方式。

(3) 模式过渡段修正。经过上述处理后，可以消除交通方式频繁突变的现象，各交通方式都会运行相对较长的一段时间后才发生变化。但是此时的数据仍然存在问题，如在交通方式过渡段，从步行到小汽车的转变，速度逐步增大，机器学习算法很容易将其中速度高于步行且低于小汽车的时间段识别成自行车方式，对这类错误模式需要进行修正。根据实际交通方式过渡段的速度变化特征以及多组数据试验结果，可将此类不合理的交通方式统一修正成速度较高一端的交通方式。

(4) 不合理模式修正。经过上述处理后得到一个波动次数有限的模式识别结果，但其中仍存在一定的不真实性，这需要总结各种交通方式的最短出行时间和距离，设定一定的阈值并进行进一步修正，将交通方式还原成真实情况。

2. 站点匹配

机动化出行者在关键点发生了交通方式的变化，即车辆在关键点发生了停车的现象。根据前面得到的关键点信息，从原始数据中导入关键点的经纬度坐标，同时导入出行路径沿线所有公交站点的坐标，并计算关键点与各公交站点之间的距离 L_i。如果两者的距离小于一定的阈值 R，那么就认为车辆的停车现象是在公交站点进行的。同时，当出行路径沿线的所有公交站点中发生停靠的站点，占出行路径沿线所有站点的比例 W 超过了一定的比例 P，则认为该阶段的交通方式为公交车，否则为小汽车。

3. 识别结果整理输出

根据上述步骤，能够准确地判断出公交车和小汽车两种方式，接下来需要分段进行模式结果输出，具体方法是重新识别关键点信息，记录并保存关键点信息，根据关键点的信息将出行过程分为不同交通方式出行的出行时间段，再将模式识别结果是 3 或者 4 的方式分段输出为公交车和小汽车结果，同时根据关键点的信息输出交通方式变化的时间点、地理位置等信息。

由于 GPS 定位误差以及神经网络识别误差，步行换乘公交的真实关键点可能偏离公交站点。因此，匹配距离 R 以及阈值百分比 P 的大小设置，将会影响到最后的公交车模式识别结果。为尽量提高模式识别的正确率，同时减小交通方式转变时间点的误差，需要进行不同的阈值设定下的模式识别试验，以确定合适的匹配距离 R 以及阈值百分比 P。

3.3 基于车辆 GPS 数据的车速提取技术

可以基于大量车辆 GPS 定位数据获取路段实时车速，具体计算框架见图 3-7。

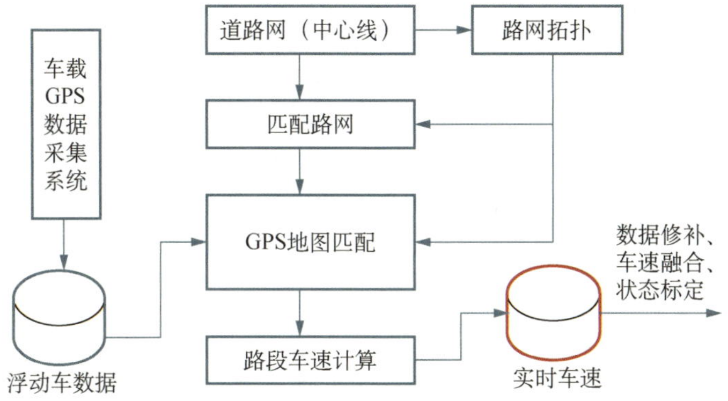

图 3-7 车速计算框架图

(1) 匹配路网。将 GPS 定位点匹配到路段，对 GPS 点进行纠偏，建立 GPS 点与路段的关联关系，确定 GPS 点在路段的位置。

(2) 行程车速计算。结合路网拓扑结构，确定车辆在路网上的运行轨迹，计算车辆在路网中的行程速度，以及经过每个路段的行程速度。

(3) 车速融合、数据修补和状态标定。对多种数据源计算的车速进行融合，例如，对出租车、公交车、“两客一危”、社会车辆计算的车速进行融合。对异常的车速值进行剔除，对缺失的车速值进行修补。根据每个路段的拥堵标准，计算路段的运行状态，如畅通、轻度拥堵、中度拥堵和严重拥堵等。

3.3.1 匹配路网

1. 路网制作

道路中心线、路网拓扑是匹配路网模型的输入，需要按照一定的规则准备路网中心线及路网拓扑。基于一定的分段原则，制作路网中心线。分段的原则包含下列六点。

(1) 平面交叉口(含 T 形、十字形等各类型交叉口)。

(2) 匝道分流与合流点，包括各类型立交、环岛和主辅道分合流点。

(3) 路段中间掉头点。

(4) 隧道进口与出口。

(5) 特殊打断点，包括公路服务区的进出口、收费站广场进出口、加油加气站进出口、重要建筑物出入口、施工影响区起/终点和道路车道突变点等。

(6) 对于长度超过阈值的路段应再进行细分。

2. 拓扑制作

基于中心线和路口的转向关系制作路网拓扑，路网拓扑包括路段(Link)、节点(Node)和转向(Turn)三类要素。

3. 车辆 GPS 数据清洗

数据清洗的目的是剔除重复数据、无效数据，以下几种情形数据无效。

(1) 车辆 ID、经度、纬度、时间等关键字段为空。

(2) GPS 未定位。

(3) 超时数据(GPS 时间超出了当前处理周期)。

4. 匹配路网

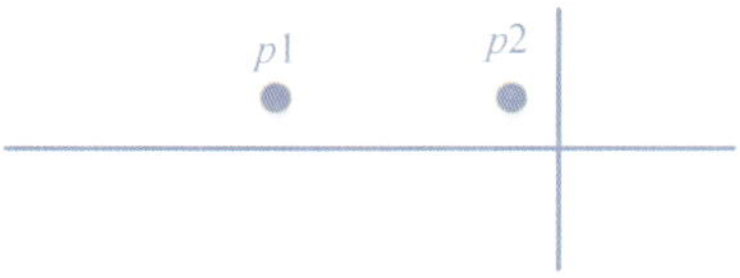

图 3-8 车辆 GPS 点匹配示意图

匹配路网是将 GPS 点匹配到路段对应的位置，建立 GPS 点与路段的关联关系。匹配路网思路为查找以车辆 GPS 点为中心、一定缓冲范围内的路段集合，在每一个路段上找一个与 GPS 采样点(Sample Point)最近的点作为候选匹配点。车辆 GPS 点匹配示意如图 3-8 所示。

若候选匹配点只有一个，则完成 GPS 点的匹配，成为置信点(Confidence Point)。若存在多个候选匹配点，则需要采用基于路径的匹配方法，确定前后两个置信点的最短路径，排除最短路径之外的点，并保留路径上的点作为最佳匹配点。

3.3.2 路段车速计算

首先计算每一个车辆经过路段的行程速度，然后综合比较经过路段的多个车辆的行程速度，计算出路段的平均车速。平均车速的计算方法为

$$\overline{V}=\frac{\sum_{i=1}^{n}L_i}{\sum_{i=1}^{n}L_i/V_i} \tag{3-4}$$

式中 V_i——车辆 i 通过路段的车速；

L_i——车辆 i 在路段行驶的里程，该长度小于等于路段的长度。

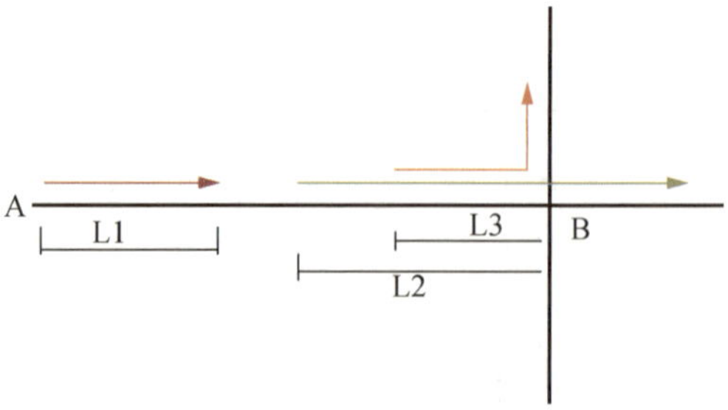

图 3-9 路段多个车辆经过示意图

图 3-9 为路段多个车辆经过示意图。

3.3.3 多源车速融合

当有多种车辆 GPS 数据源(如公交车、出租车、网约车和“两客一危”车辆)时,需分别针对每一类数据计算路段速度后,再对多源车速进行融合。多源车速融合,一方面可以提高车速的覆盖率,另一方面可以实现不同数据之间的相互验证,以提高结果的准确性。

相关的评价指标定义为:

(1) 空间覆盖率。某一个计算周期内,有车速覆盖的路段占总路段数的比例。

(2) 时间覆盖率。给定时间段(如 6:00—22:00)内,某个路段有车速覆盖的计算周期占总周期数的比例。

(3) 准确性指标。计算速度与路段真实路测速度的相对误差或绝对误差。

(4) 样本评估。每个计算结果使用的车辆样本数,包括使用的车辆样本数和记录样本数。

3.4 基于轨道闸机数据的客流特征提取技术

轨道闸机数据分析模型是基于轨道线网和轨道闸机的数据,结合拓扑、换乘、站点和时间等因素,构建一个以非最短路径、非固定客流分配比的多因子、多层次的轨道路径模型。该模型能比较客观地还原每个乘客每次出行的路径,从而分析研究出各轨道站、各轨道线路及各轨道断面的客流量,以及轨道乘客的出行特征,为轨道客流监测分析、轨道线网优化和站点设置提供支撑。轨道闸机数据建模主要由数据预处理、OD 匹配、时间训练和 YEN 最优路径选择四个部分组成,如图 3-10 所示。

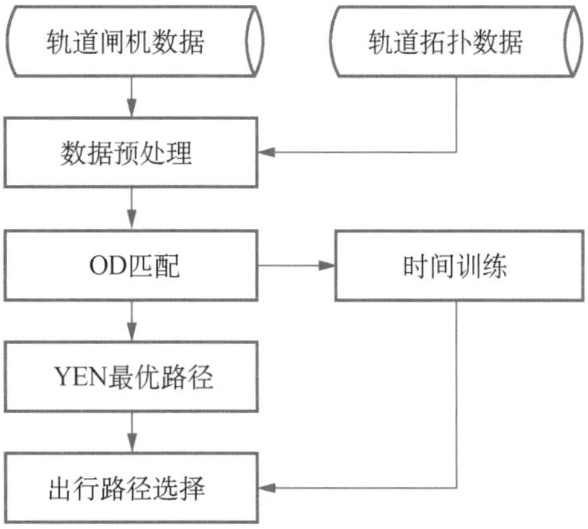

图 3-10 轨道闸机数据建模技术路线图

3.4.1 数据预处理

通过对轨道闸机数据做接入、拆分、清洗以及合并等数据处理,作为模型的输入,主要的信息字段如表 3-2 所示。

3.4.2 进出站 OD 匹配

按照每个卡号进行数据分组,每组数据根据刷卡时间与进出站标记进行 OD 匹配,进出标记正常且时间匹配无误则为正常的 OD,如图 3-11 所示。针对其中出现的异常情况，则进行修复。

表 3-2　　　　　　　　　　　　　轨道闸机数据标准格式

序号	字段名	字段说明	序号	字段名	字段说明
1	票卡编号	票卡唯一标识	6	刷卡日期	
2	票卡类型	票卡类型标识	7	刷卡时间	
3	进出站标识	刷卡操作标识	8	站点编号	站点唯一标识
4	刷卡金额		9	换乘标识	
5	闸机编号	闸机唯一标识	10	上次刷卡站点	

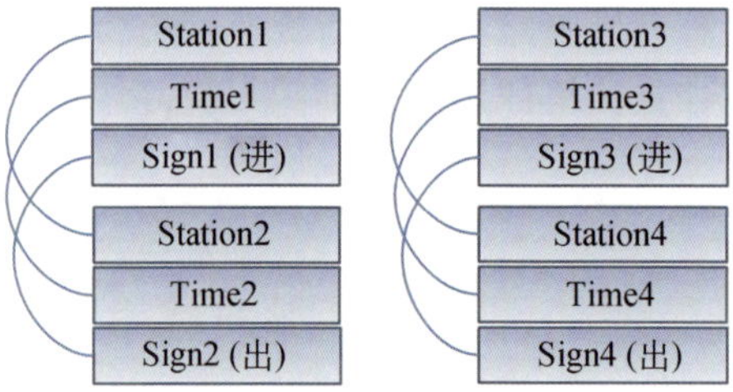

图 3-11　进出站 OD 匹配图

3.4.3　轨道出行路径选择

1. OD 时间学习

通过多天的数据，训练 OD 之间的出行时间，取 OD 间时间分布密度最大值作为各 OD 间的时间训练结果，如图 3-12 所示。换乘站的换乘时间则通过人工调查来获取。

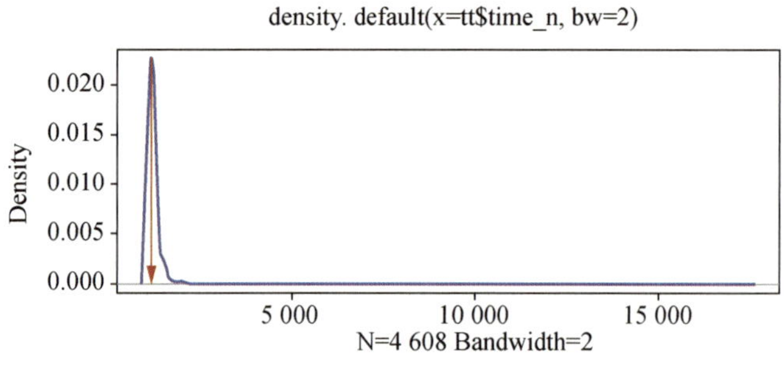

图 3-12　时间训练图

2. 备选路径计算

计算每对 OD 的多条最优备选路径。以重庆市内杨家坪站至红土地站路径为例，如图 3-13 所示，计算得出 3 条路径为：

路径 1：从杨家坪出发，经重庆市地铁 2 号线换乘重庆市地铁 3 号线（牛角沱），换乘重庆市地铁 6 号线（红旗河沟），最终到达红土地站。

路径 2：从杨家坪站出发，经重庆市地铁 2 号线换乘重庆市地铁 1 号线（较场口），换乘重庆市地铁 6 号线（小什字），最终到达红土地站。

路径 3：从杨家坪站出发，经重庆市地铁 2 号线换乘重庆市地铁 1 号线（大坪），换乘重庆市地铁 6 号线（小什字），最终到达红土地站。

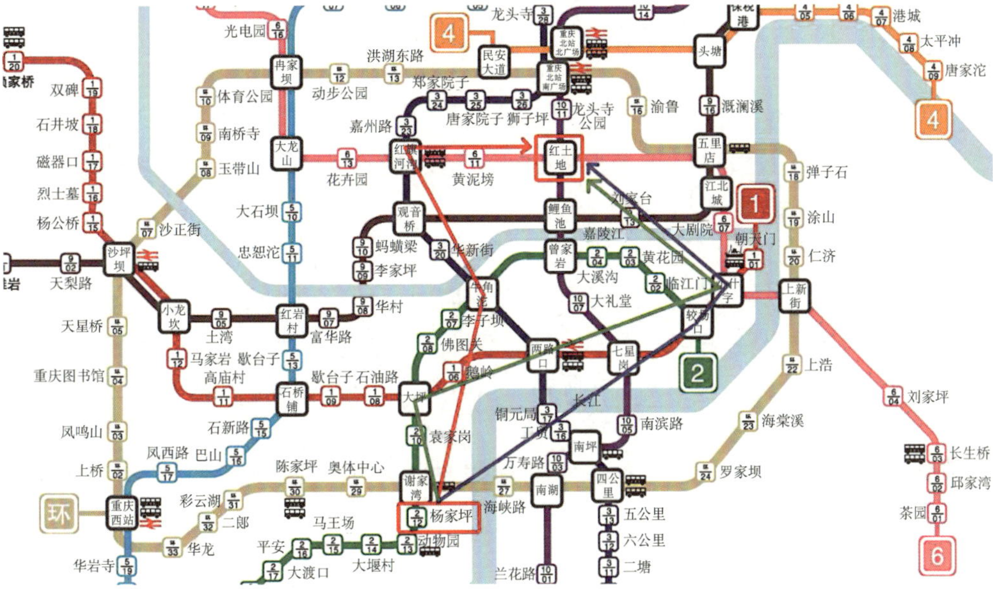

图 3-13 多路径选择示意图

3. 最佳路径选择

综合考虑每条路径的路程、站点数与换乘次数，并与 OD 间训练的时间进行对比，确定最佳路径。以杨家坪至红土地为例，某乘客实际用时为 ΔT，在 K 条备选路径中选择一条最接近实际用时的路径作为乘客该次乘车的最优路径，如图 3-14 所示。

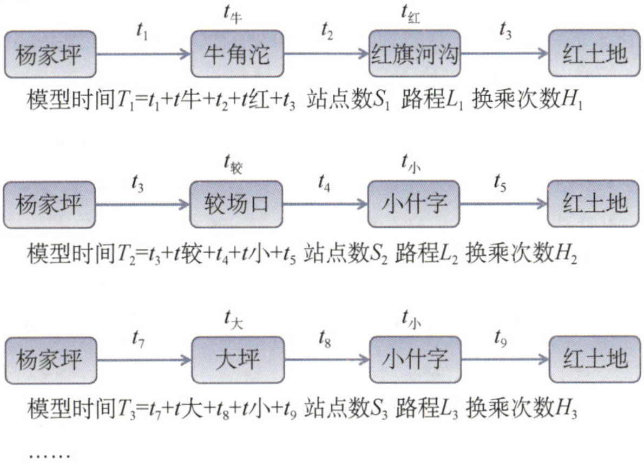

图 3-14 路径选择图

4. 断面客流计算

根据路径、出站时间以及乘车时耗对路径上各站点的到站时间进行反推，得到每条路径上乘客到达每个站点的时刻。将路径分配到轨道线网的各个断面上，统计得到轨道全日断面客流以及高峰断面客流，从而掌握各线路各区段的客流强度。

3.5 基于公交 IC 卡数据的客流特征提取技术

3.5.1 公交 IC 卡数据清洗

基于公交 IC 卡数据和 GPS 数据进行居民公交出行 OD 矩阵推导的过程中，所需相关信息的必要数据字段分别为以下几点。

(1) 公交 IC 卡数据。IC 卡号、线路号、车辆号和刷卡时间。

(2) 公交 GPS 数据。线路号、车辆号、定位时间、定位经度、定位纬度以及速度。

(3) 公交线路站点信息。线路号、方向、站点次序、定位经度和定位纬度。

(4) 公交站间距离矩阵。基于实际站点数目维度的站间距离矩阵(可通过交通模型获取)。

此外，在进行公交上车站点推导之前，还需要再次对公交 GPS 数据进行一定的处理，相关处理步骤如下。

(1) 删除速度非零数据。

(2) 保留在站点位置一定距离范围(如 80 m)内的数据记录。

(3) 分别与公交 IC 卡数据和公交线路站点信息表中的线路匹配，保留匹配到的 GPS 数据记录。

3.5.2 公交上车站点匹配

在公交车上安装 GPS 设备能够实时采集车辆的运行状态信息，如时间、速度和经纬度等，并与该条线路的公交站点位置进行匹配，获取每条 GPS 数据记录的站点位置信息，确定该条线路每个车次到达各个站点的精确时刻。再依据时间对相应车次的 IC 卡数据记录进行匹配，从而确定每条 IC 卡数据记录的上车站点。该匹配方法主要分为两个步骤：一是基于公交线路站点信息的 GPS 数据站点匹配，二是基于 GPS 数据站点信息的 IC 卡数据上车站点匹配，见图 3-15。

1. 基于公交线路站点信息的 GPS 数据站点匹配

基本思路为基于相同的线路号以及不同经纬度的位置信息，确定每个车次依次到达该线路各个站点的具体时刻。在此过程中，基于不同的经纬度确定公交车辆与公交站点之间的空间距离，其计算公式为

$$d = R \cdot \arccos[\sin(g.Lat) \cdot \sin(s.Lat) + \cos(g.Lat) \cdot \cos(s.Lat) \cdot \cos(g.Lon - s.Lon)] \cdot \pi/180 \quad (3\text{-}5)$$

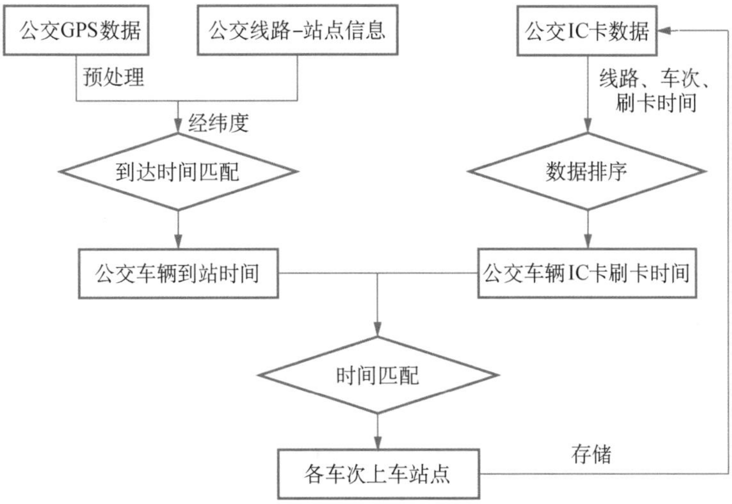

图 3-15　公交上车站点判断基本流程图

式中　d—— 公交车辆与公交站点间的空间距离；

R ——地球半径，一般取地球平均半径 6 371 004 m；

$g.Lon$ ——公交车辆 GPS 数据记录的经度；

$g.Lat$ ——公交车辆 GPS 数据记录的纬度；

$s.Lon$ ——公交线路站点的经度；

$s.Lat$ ——公交线路站点的纬度。

一般来说，经过预处理的 GPS 数据记录包含以下特点：公交车辆停车记录；在公交站点 80 m 范围内。然而，受交叉口停车、路段停车、进站排队以及出站排队的影响，已处理过的 GPS 数据记录虽在该站点 80 m 范围之内，但并不一定属于该线路至站点方向的数据记录，尚需要根据空间距离、站点次序等信息调整站点号，以确定每条 GPS 数据记录的准确站点号，并从中找出相应线路至站点的最早到达时刻。

将匹配过程分为三个阶段：公交 GPS 数据站点号匹配、公交站点停靠时刻确定和公交站点次序调整三个阶段，见图 3-16。

2. 基于 GPS 数据站点信息的 IC 卡数据上车站点匹配

基于已获取的各车次站点到站时刻匹配公交 IC 卡数据的刷卡时间，进而获取该公交 IC 卡刷卡记录对应的公交上车站点，这便是本阶段的基本思想。假设某车次共有 n 个公交站点，公交 IC 卡刷卡时间介于公交车辆的第 i 站与第 $i+1$ 站到站时刻，则认为该刷卡记录的上车站点为第 i 站。

3.5.3　公交下车站点推导

我国城市公交系统一般采用单一票制，实行上车刷卡完成缴费，刷卡记录中并不包含任何有关下车站点的信息。公交下车站点的推导主要是在上车站点判断的基础上，

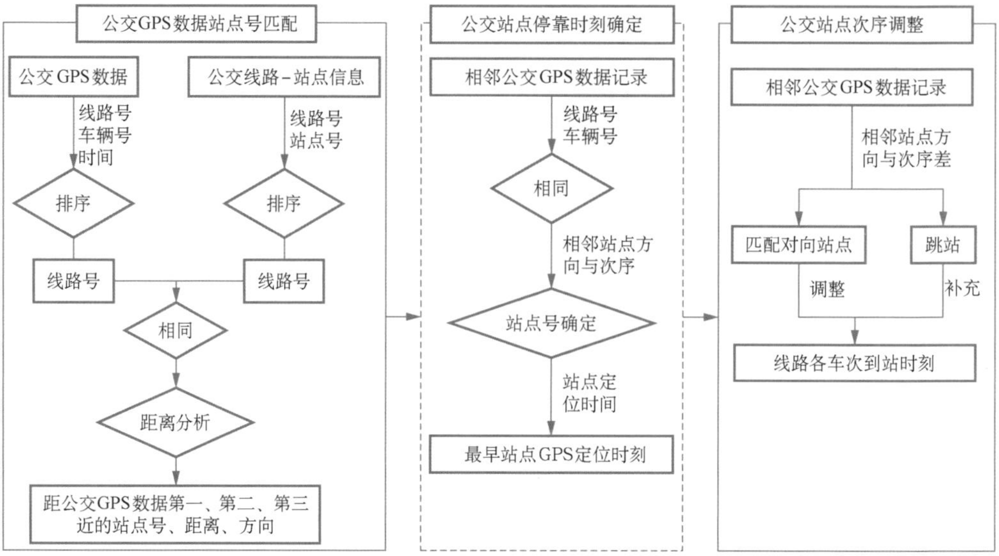

图 3-16　基于公交车辆 GPS 数据和线路站点信息的各车次到站时刻分析流程图

基于城市公交乘客出行的一般规律和特征，对下车站点进行的判断。这是进行公交站点 OD 矩阵推导的关键。

对单个公交乘客出行链下车站点的分析基于乘客环状出行链的假设展开，在此有两个基本的假设条件：一是乘客前一次出行的终点是其进行下一次出行的起点，二是乘客当日最后一次出行的终点是其当日第一次出行的起点。根据乘客是否以公交为单一交通方式完成当日全部出行，将乘客出行链类型划分为乘客闭合公交出行链和乘客不连续公交出行链两类。

乘客闭合公交出行链如图 3-17 所示，是指乘客当日全部出行均以公交作为基本出行工具完成，形成一个闭合的公交出行链结构。即乘客当日相邻两次出行的起讫点在

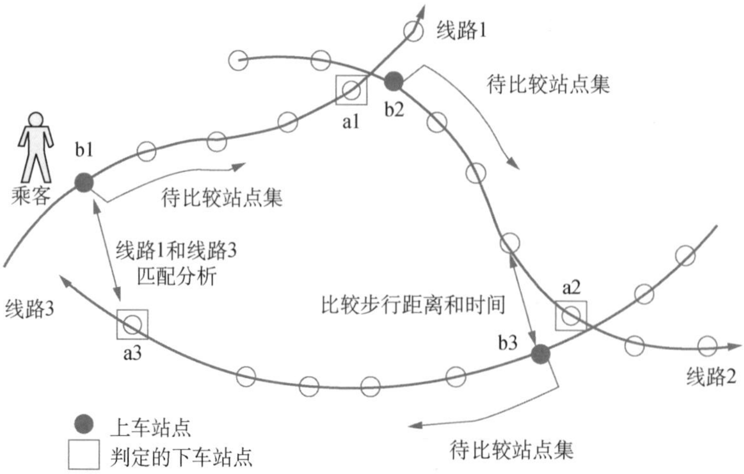

图 3-17　公交下车站点识别策略图

空间距离上满足一定的阈值范围，由此基于后一次出行的起点推导前一次出行的终点，最后一次出行的终点则根据第一次出行的起点进行判断。基于乘客出行链活动行为的下车站点识别流程见图 3-18。主要应用的数据资源包括已推导出公交乘客上车站点的 IC 卡刷卡数据源（有效数据字段为卡号、线路号、车辆号、时间和上车站点），和基于现状路网的公交线路各站点间的距离信息。其中，公交线路各站点间的距离信息可依据当地 GIS 地图或者当地交通模型来获取。

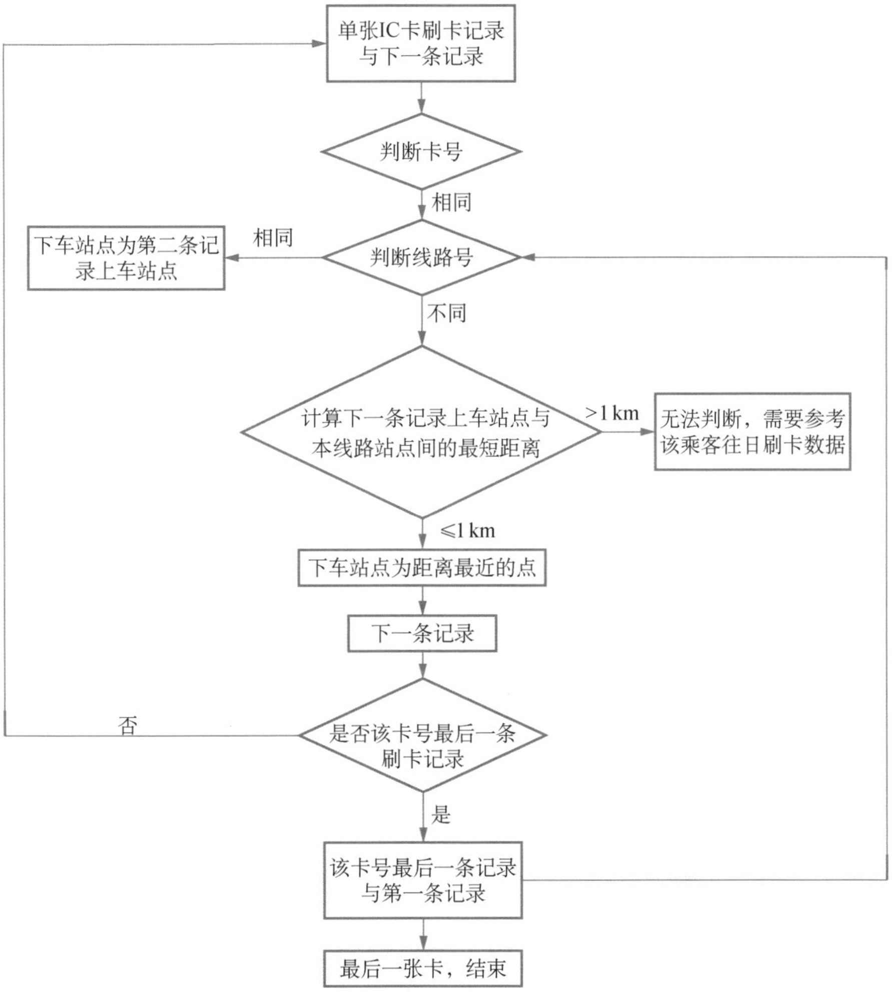

图 3-18　基于乘客出行链活动行为的下车站点识别流程图

3.5.4　公交换乘分析

在城市公共交通出行中，受出行 OD 和公交线路布设的影响，不可避免地会存在需要换乘来实现某一目的的公交出行行为。从乘客角度而言，一般不愿在换乘过程中花费太多的时间，基于此，可根据换乘时间来判断下车站点是否为公交换乘点。

在公交换乘的识别过程中，已完成上下车站点推导的有效信息主要包括卡号、线路号、刷卡时间、上车站点和下车站点。对于一票制线路，我们难以精确获取公交线路的下车时间，可通过该线路的站间距离、公交平均运行速度以及刷卡时间实现下车时段的推算，这种方式可能存在较大误差。为了更加精确地进行公交换乘的识别，还需对公交乘客的换乘步行距离设定一定的阈值加以分析。在判断过程中所需要的公交换乘步行距离，可通过公交线路站点距离表获取。

在实际应用过程中，可将公交换乘识别分析嵌入公交下车站点的推导过程中，从而提高数据分析的效率。

3.6 基于车辆 RFID 数据的车辆出行特征提取技术

3.6.1 车辆 RFID 数据分析框架

为了将 RFID 通行记录数据处理成交通研究的指标数据，需建立三个分析模型，分别为车辆出行 OD 切分模型、通勤 OD 识别模型和流量推算模型(图 3-19)。其中，车辆出行 OD 切分模型是基础模型，通过模型处理识别车辆的停留点和 OD，为后续工作的开展提供基础数据；通勤 OD 识别模型在 OD 出行的基础上，通过多日的分析处理形成具有通勤标记的 OD，即为通勤 OD；流量推算模型以所有车辆的出行轨迹及 OD 为基础，统计各路段的轨迹条数，即为路段的流量。

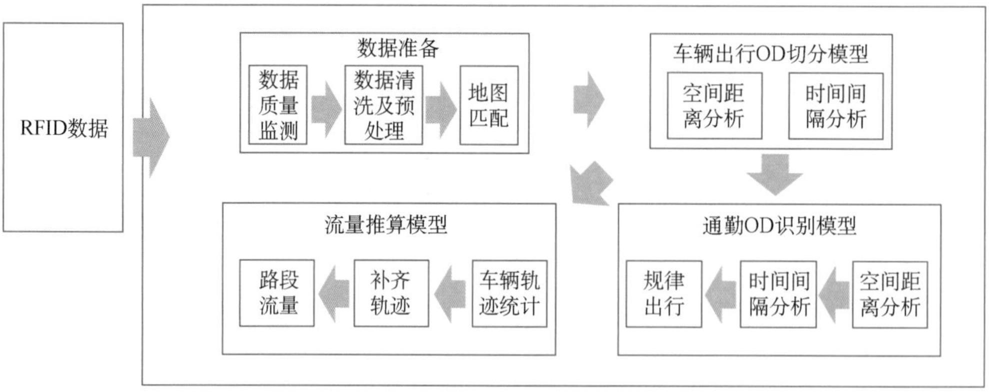

图 3-19 RFID 数据分析框架图

3.6.2 出行 OD 切分模型

车辆出行 OD 是指车辆从起点到终点的全过程轨迹记录，通过识别车辆的停留点来切分 OD。由于 RFID 通行记录数据是连续的时空轨迹数据，传统的 GPS 处理算法和聚类算法并不适用。采用 RFID 数据的车辆出行 OD 切分模型旨在根据 RFID 原始通行轨迹，来判断车辆在两个 RFID 检测点之间的时间间隔和空间间隔，识别停留事件的发生。分析车辆停留位置，计算车辆进入、离开停留点的时间，以实现将车辆出行轨迹划分为若干次出行，并结合后续指标体系，最终实现车辆运行特征的监测，包括车辆保有分布、车辆使用特征、车辆通勤/非通勤出行特征和车辆停放特征，为城市交通规划、建设和管理提供决策支持。

停留点的识别依据为两次相邻 RFID 通行记录的时间间隔。停留点识别的流程如图 3-20 所示。具体阐述为：①计算一辆车相邻两次检测记录的时间间隔 t；②如果 t 大于 1 h，判定两次检测记录的前一次为停留点；③如果 t 大于 30 min 且小于 1 h，则计算时空评价指标（时距相符度），如果该指标大于阈值范围，判定两次检测记录的前一次为停留点，反之则判定为连续点；④如果 t 小于 30 min，判定为连续点。

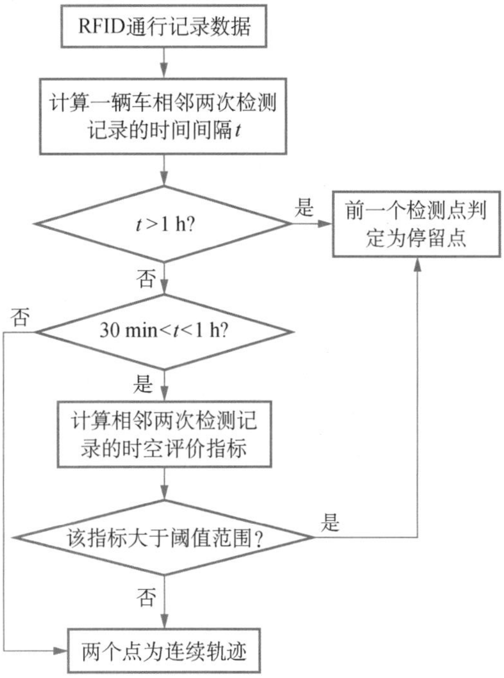

图 3-20　停留点识别算法流程图

时空评价指标即时距相符度（Time and Distance Match Index，TDMI），其原理是参考同时段内通过两个 RFID 点位的车辆行驶时间差，分析研究车辆的时间差是否处于合理的范围，从而判别并研究车辆在这相邻两个 RFID 检测点之间是否发生过停留。计算公式为

$$\mathrm{TDMI}=(t_{b1}-t_{b2})/\min[(t_{b2}-t_{a2}),\ \cdots,\ (t_{bi}-t_{ai})] \tag{3-6}$$

式中　t_{a1}——研究车辆的出发时；

t_{b1}——研究车辆的到达时间；

t_{ai}——第 i 辆车的出发时间；

t_{bi}——第 i 辆车的到达时间。

根据停留点对车辆一天的出行轨迹进行划分，其中停留点作为前一次出行的终点，停留点下一点作为后一次出行的起点。

以一辆车的一天出行记录为例，如图 3-21 所示。该车辆一天内出行记录数为 25 个，从早上 6:20 出发，在中午 11:40 左右结束该天的行驶。

利用 OD 切分模型可以将车辆的出行切分为 5 次出行，分别为陈庹路—菜袁路（龙门架）；四新路（向阳隧道口）—人民路（大溪沟街路口）；滨江路（聚金大厦）—菜袁路水果批发市场；南区路（菜园坝派出所）—北区路；临江门（重医附二院）—菜袁路水果批发市场；具体见图 3-22。

MC	FX	ID	TIME
陈庹路	石坪桥方向	100009	2015/12/1 6:20:25
大公馆立交转盘	石坪桥横街往转盘方向	100009	2015/12/1 6:22:57
长江二路奥体中心车站	袁家岗轻轨	100009	2015/12/1 6:24:17
菜袁路水果批发市场	菜园坝火车站方向	100009	2015/12/1 6:29:32
菜袁路（龙门架）	菜园坝方向	100009	2015/12/1 6:30:24
四新路（向阳隧道口）	牛角沱立交方向	100009	2015/12/1 7:15:07
牛角沱	上清寺方向	100009	2015/12/1 7:16:46
牛角沱	上清寺方向	100009	2015/12/1 7:16:47
人民路（大溪沟街路口）	大溪沟街方向	100009	2015/12/1 7:43:43
滨江路（聚金大厦）	滨江路方向	100009	2015/12/1 8:18:08
滨江路（曾家岩轻轨站）	嘉陵江大桥方向	100009	2015/12/1 8:20:16
嘉滨路（曾家岩轻轨站）	大溪沟方向	100009	2015/12/1 8:58:30
滨江路（聚金大厦）	黄花园轻轨站方向	100009	2015/12/1 9:00:02
北区路	临江门方向	100009	2015/12/1 9:02:09
临江门（重医附二院）	重庆美术馆方向	100009	2015/12/1 9:09:18
临江门（重医附二院）	邹容广场方向	100009	2015/12/1 9:26:58
嘉滨路（洪崖洞）	朝天门方向	100009	2015/12/1 9:34:53
长滨路	菜园坝方向	100009	2015/12/1 9:36:40
菜袁路水果批发市场	龙家湾隧道方向	100009	2015/12/1 9:38:55
南区路（菜园坝派出所）	石板坡立交方向	100009	2015/12/1 10:42:38
北区路	临江门方向	100009	2015/12/1 10:46:58
临江门（重医附二院）	邹容广场方向	100009	2015/12/1 11:24:40
嘉滨路（洪崖洞）	朝天门方向	100009	2015/12/1 11:32:54
长滨路	菜园坝方向	100009	2015/12/1 11:35:32
菜袁路水果批发市场	龙家湾隧道方向	100009	2015/12/1 11:39:51

图 3-21　某辆车一天的出行轨迹

MC	FX	ID	TIME
陈庹路	石坪桥方向	100009	2015/12/1 6:20:25
大公馆立交转盘	石坪桥横街往转盘方向	100009	2015/12/1 6:22:57
长江二路奥体中心车站	袁家岗轻轨	100009	2015/12/1 6:24:17
菜袁路水果批发市场	菜园坝火车站方向	100009	2015/12/1 6:29:32
菜袁路（龙门架）	菜园坝方向	100009	2015/12/1 6:30:24
四新路（向阳隧道口）	牛角沱立交方向	100009	2015/12/1 7:15:07
牛角沱	上清寺方向	100009	2015/12/1 7:16:46
牛角沱	上清寺方向	100009	2015/12/1 7:16:47
人民路（大溪沟街路口）	大溪沟街方向	100009	2015/12/1 7:43:43
滨江路（聚金大厦）	滨江路方向	100009	2015/12/1 8:18:08
滨江路（曾家岩轻轨站）	嘉陵江大桥方向	100009	2015/12/1 8:20:16
嘉滨路（曾家岩轻轨站）	大溪沟方向	100009	2015/12/1 8:58:30
滨江路（聚金大厦）	黄花园轻轨站方向	100009	2015/12/1 9:00:02
北区路	临江门方向	100009	2015/12/1 9:02:09
临江门（重医附二院）	重庆美术馆方向	100009	2015/12/1 9:09:18
临江门（重医附二院）	邹容广场方向	100009	2015/12/1 9:26:58
嘉滨路（洪崖洞）	朝天门方向	100009	2015/12/1 9:34:53
长滨路	菜园坝方向	100009	2015/12/1 9:36:40
菜袁路水果批发市场	龙家湾隧道方向	100009	2015/12/1 9:38:55
南区路（菜园坝派出所）	石板坡立交方向	100009	2015/12/1 10:42:38
北区路	临江门方向	100009	2015/12/1 10:46:58
临江门（重医附二院）	邹容广场方向	100009	2015/12/1 11:24:40
嘉滨路（洪崖洞）	朝天门方向	100009	2015/12/1 11:32:54
长滨路	菜园坝方向	100009	2015/12/1 11:35:32
菜袁路水果批发市场	龙家湾隧道方向	100009	2015/12/1 11:39:51

图 3-22　车辆出行轨迹划分

图 3-23 中的五角星代表停留点，车辆出行的划分以停留点为界线，在停留点之前包括停留点被切割为前一次出行，停留点之后到下一个停留点为后一次出行。该次出行的起终点为出行 OD 点。

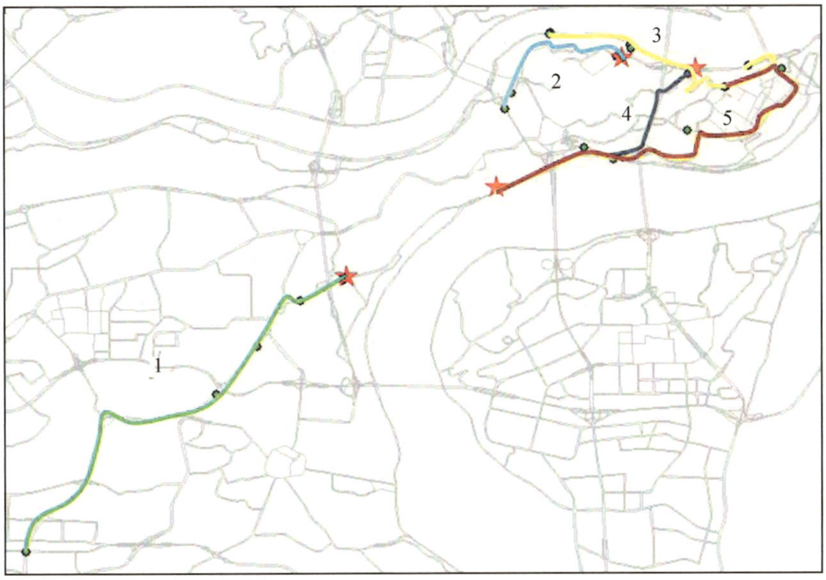

图 3-23　车辆出行 OD 切分示意图

3.6.3　通勤 OD 识别

研究表明，一般情况下大多数人的活动特征是有规律的。通过一段时间的观测，可以找到这种规律。车辆是居民出行的重要机动化方式，结合多天 RFID 数据的车辆出行轨迹，可以分析出居民的小汽车出行规律，以识别车辆的通勤出行行为。

利用长时间的车辆 OD 数据，比较各天 OD 的时间点和位置距离的相似性，将时间和空间都具有相似性的车辆 OD 进行聚合分析，建立基于密度的聚类分析模型，将聚集程度高的车辆 OD 识别为通勤出行，如图 3-24 所示。

3月1日

O	D	TIME_O	TIME_D
渝鲁大道（海事局）新溉大道方向	红旗河沟转盘松树桥立交方向	2016/3/1 7:17	2016/3/1 8:40
紫荆路（市公安局）红旗河沟方向	五里店立交江北城立交方向	2016/3/1 14:07	2016/3/1 14:32
新溉东路（北滨二路路口）内环快速路方向	新溉大道（兴盛大道路口）唐家院子轻轨站方向	2016/3/1 16:48	2016/3/1 17:24

3月2日

O	D	TIME_O	TIME_D
渝鲁大道（海事局）新溉大道方向	新溉东路（北滨二路路口）北滨二路方向	2016/3/2 7:11	2016/3/2 7:25
新溉东路（北滨二路路口）内环快速路方向	新溉大道（兴盛大道路口）唐家院子轻轨站方向	2016/3/2 17:35	2016/3/2 17:47

3月3日

O	D	TIME_O	TIME_D
渝鲁大道（海事局）新溉大道方向	新溉东路（北滨二路路口）北滨二路方向	2016/3/3 7:17	2016/3/3 7:29
新溉东路（北滨二路路口）内环快速路方向	新溉大道（兴盛大道路口）唐家院子轻轨站方向	2016/3/3 17:37	2016/3/3 17:47

图 3-24　某车辆多天的出行 OD 数据

取一段时间(例如一个月)的车辆 OD 记录,查找同一辆车在各天的出行 OD 分布。分别针对 O, D 点进行聚类。聚类的指标为时空距离指标,包括时间间隔和空间间隔。时间间隔是指一辆车在不同天的 O 和 D 点的时间,即 TIME_O2—TIME_O1,TIME_D2—TIME_D1。如果时间间隔在 1 h 以内,说明这两天的两次出行的时间间隔较小,可以认为是在同一时间段出发和到达的车辆。空间间隔是指一辆车在不同天的 O 和 D 点的距离:即 LO201 和 LD201。如果空间间隔小于 3 km,说明这两天的两次出行空间间隔较小,可以认为是在同一地点出发和到达的车辆。取一次出行,查找满足该时间间隔和空间间隔的出行,如果满足条件的出行次数大于等于 10 次,则将该次出行作为一个核心对象,相应的出行作为边缘点。反之,查找下一次出行,直至所有出行均被查找一遍。具体算法框架见图 3-25。

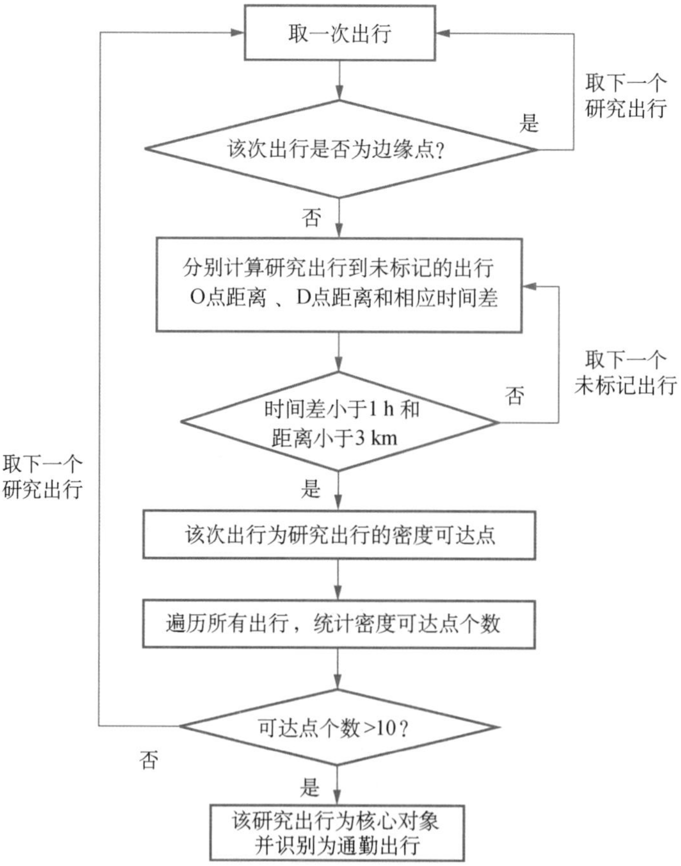

图 3-25　规律出行识别算法框架

3.6.4　路网流量推算模型

道路流量是大量机动车个体在路网上时空行为的聚集效应体现,它直接反映了区域之间的车辆出行强度和路网结构。利用 RFID 数据还原一定时段内城市道路网络的流量，探讨不同等级道路的功能定位和分布特征，可以为区域之间的路网规划和未来改善提供思路与方向。

道路流量分配算法是利用基于 RFID 点位的出行链实现出行路径的仿真，主要包括三个方面：①车辆绕行判断；②断面漏检判断及校核；③将断面流量扩展至各道路截面，可以统计任意截面的流量、车辆的来源去向分布以及交叉口转向流量。

以重庆市为例，由于 RFID 的点位主要分布在主干路和快速路上，因此流量分配的研究对象是内环及内环以内、机场道路沿线和渝遂高速等区域，共 260 条路段。在这些研究路段上分布了 340 个 RFID 检测点，如图 3-26 所示。

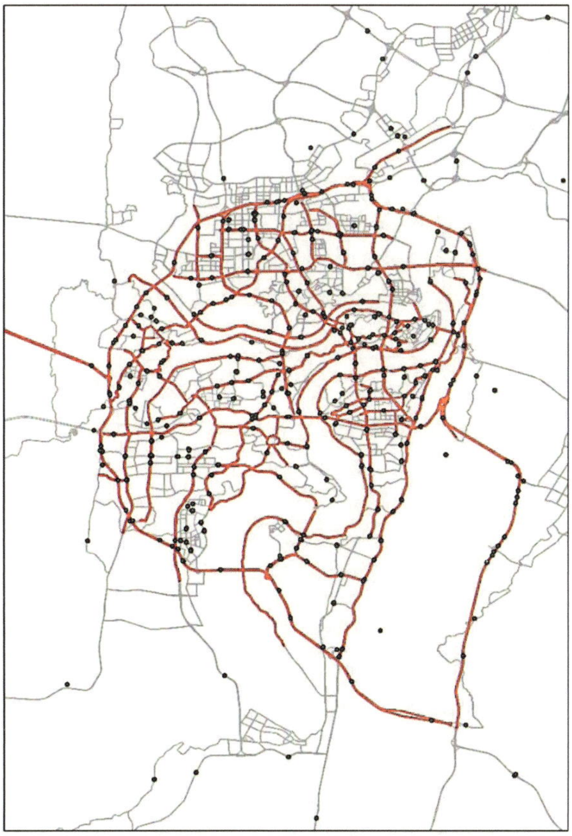

图 3-26 重庆中心城区 RFID 点位分布示意图

流量推算模型规则如下。

(1) 输入数据：车辆基于 RFID 数据的 OD 及出行轨迹。

(2) 输出数据：路段 5 min 的分车型的流量。

(3) 算法实现，见图 3-27。①结合车辆 OD，获取相邻两个 RFID 点位记录；②利用最短路径算法，获取两个相邻 RFID 点之间的路径，实现基于路段的车辆轨迹分配；③以 5 min 作为时间粒度，按照路径分配结果，统计每个路段不同车型的流量。

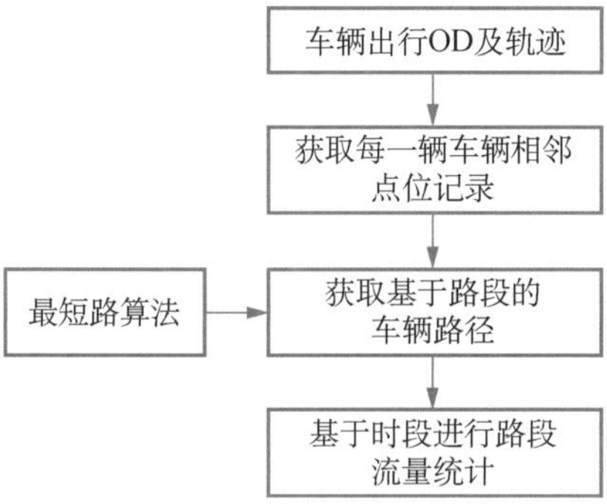

图 3-27　流量推算方法流程

3.6.5　车辆行为画像

用户画像是真实用户的虚拟代表，是建立在一系列真实数据之上的目标用户模型。为了研究人的行为，研究者会建立人群画像，系统地分析人群特性。同样地，利用长期持续的 RFID 数据，根据车辆不同的使用特征数据，对车辆进行分类识别，可以全面掌握每种车型的出行行为。构建车辆出行行为画像分为以下几个步骤(图 3-28)。

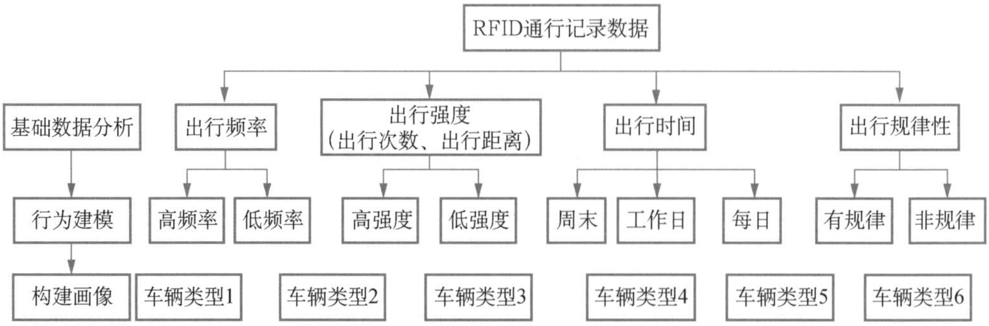

图 3-28　车辆出行行为画像构建示意图

标签是某一种用户特征的符号表示，每个标签都规定了观察、认识和描述用户的一个角度。用户画像是一个整体，各个维度不孤立，标签之间也有联系。利用出行频率、出行强度、出行时间和出行规律性四大标签进行车辆的用户分类，实现车辆出行行为的画像构建。

(1) 出行频率画像。出行频率是指车辆在一定时间内(如 1 个月)有出行记录的天数比例，反映了车辆在较长一段时间内的活动规律。出行频率分为高频率出行和低频率出行。根据聚类结果将一个月内连续 22 个工作日内车辆使用天数大于或等于 11 d 的车辆被定义为高频率出行车辆。

(2) 出行强度画像。出行强度是指车辆在一天中的活跃程度，分为高强度出行和低强度出行，主要参考指标包括出行距离和出行次数。出行距离是指车辆在一天内总的行驶距离，反映了车辆在一天时间内的空间位移；出行次数是指车辆在一天内总的出行次数，反映了车辆在一天时间内的出行频繁程度。根据聚类结果，将每天出行距离大于10 km且出行次数大于3次的车辆定义为高强度车辆。

(3) 出行时间画像。出行时间是指车辆在不同天的出行情况，可以反映车辆的不同用途。出行时间分为工作日出行、周末出行和每日出行。

(4) 出行规律性画像。分析车辆在不同天之间的出行OD相似度，包括出行出发和到达时刻的相似度、出行出发位置和到达位置的相似度，结果可分为规律出行和非规律出行。轨迹相似度是指同一车辆在不同天的出行是否具有规律性，反映了车辆的出行规律特征。根据聚类结果，OD相似天数超过研究天数一半的车辆出行被定义为规律出行。

3.7 基于视频图像的交通参数提取技术

3.7.1 视频图像处理技术

1. 图像增强

图像增强是数字图像处理的基本内容之一，也是完整的图像处理系统中重要的预处理技术。它是按照特定的需要，突出图像中的某些信息，同时削弱或去除某些不需要的信息。图像增强处理包括去除噪声、增强边缘、提高对比度、增加亮度、改善颜色效果和细微层次等。图像增强的方法可分为空间域和变换域两种。空间域增强方法因其处理的直接性，相较变换域增强复杂的空间变换，空间域的运算量相对要少。

空间域的图像增强算法是直接在空间域中通过线性或非线性变换来对图像像素的灰度进行处理。空间域增强的方法主要分为点处理和邻域(模板)处理两大类。点处理是作用于单个像素的空间域处理方法，包括图像灰度变换、直方图处理和伪色彩处理等技术；邻域处理是作用于像素邻域的处理方法，包括空域平滑和空域锐化等技术。

变换域增强方法处理时，首先将图像以某种形式转换到其他空间(如频域或者小波域)中，然后利用该空间的特有属性对变换系数进行处理，最后通过相关的变换再转换到原来的图像空间中，从而得到增强后的图像。图像变换是图像频域增强技术的基础，也是变换域图像分析理论的基础，经过变换后的图像往往更有利于特征的提取、增强、压缩和编码。常用的图像变换方法包括离散傅里叶变换(Discrete Fourier Transform, DFT)[4]、离散沃尔什-阿达玛变换(Discrete Walsh Hadamard Transform, DWHT)[5]、离散卡夫纳-勒维变换(Karhunen-Loeve Transform, KLT)[6]。此外，离散余弦变换(Discrete Cosine Transform, DCT)[7]、离散正弦变换(Discrete Sine Transform, DST)、哈尔变换(Haar Transform, HT)、斜变换和小波变换(Wavelet Transform, WT)等也被应用于图像处理中。

2. 图像分割

图像分割是数字图像处理中的关键技术之一。它是根据图像的灰度、彩色、空间纹理和几何形状等特征把图像划分成若干个不互相交的区域，使得这些特征在同一区域内表现出一致性或相似性，而在不同区域之间则表现出明显的不同。图像分割方法可分为基于边缘的分割、基于区域生长的分割、基于阈值的分割和基于运动的分割等。

（1）基于边缘的分割。首先检测边缘像素，再将边缘像素连接起来，构成边界形成分割。边缘是指图像中像素灰度有阶跃变化或屋顶状变化的像素集合，它存在于目标与背景、目标与目标、区域与区域及基元与基元之间。边缘是灰度值不连续的结果，这种不连续的结果可利用求导数检测到，常用一阶和二级导数来检测边缘。

（2）基于区域生长的分割。其基本思想是将具有相似性质的像素集合起来而构成区域[8]。首先对每个需要分割的区域找一个种子像素作为生长的起点，然后将周围邻域中与种子像素具有相同或相似性质的像素，合并到种子像素所在的区域。

（3）基于阈值的分割。图像中属于同一区域的像素应具有相同或相似的属性，不同区域的像素属性不同。因此，图像的分割就要寻求具有代表性的属性，利用这类属性进行划分，使具有相同属性的像素归属为同一区域，不同属性的像素则归属为不同区域。

（4）基于运动的分割。目的是在序列图像中将变化区域从背景中分割出来。运动图像的分割可直接利用时空图像的灰度和梯度信息进行分割，也可采用在两帧视频图像间来估计光流场进行。

3.7.2 卡口视频的交通信息检测

卡口视频采用固定摄像机，背景比较单一且不会出现太大变化，所以适用于背景差分法来进行车辆检测。

背景差分法利用预先计算的交通场景背景图像，将目标图像与背景图像对应像素点的灰度值相减，并将相减结果中每个像素点的值和一个预先设定好（或者自适应计算）的阈值进行比较。当像素灰度差值大于这个阈值，则认为此像素点为前景像素点，即运动车辆；如果目标图像与背景图像的像素点灰度差值小于这个阈值，则认为此像素点为背景像素点。背景差分法检测车辆的基本思想就是将当前帧和背景图像做差值，它的主要工作流程如图 3-29 所示。

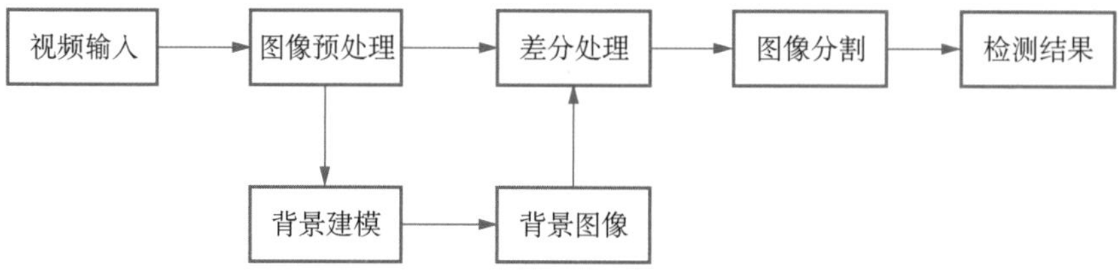

图 3-29　背景差分流程图

具体的背景差分算法步骤如下。

(1) 通过背景建模算法从视频图像序列计算提取出可靠、准确的背景图像。

(2) 计算当前灰度图像与生成的背景图像的绝对差,通过式(3-7)计算。

$$D_k = | I_k - I_{\text{background}} | \tag{3-7}$$

式中 D_k—— 差分图像;

I_k—— 第 k 帧输入图像;

$I_{\text{background}}$ ——背景图像。

(3) 选取或计算出合适的阈值对差分图像进行判断,通过式(3-8)判断。

$$D_k(x, y) = \begin{cases} 1 & D_k(x, y) \geqslant T \\ 0 & D_k(x, y) < T \end{cases} \tag{3-8}$$

式中 $D_k(x, y)$—— 差分图像中坐标为(x, y)的像素点;

T ——阈值。

如果 $D_k(x, y) = 1$,则 $D_k(x, y)$—— 前景像素点,如果 $D_k(x, y) = 0$,则 $D_k(x, y)$ 为背景像素点,判断完成得到二值图像 $B_k(x, y)$。

(4) 得到检测结果后,对二值图像进行形态学处理,继而得到像素值为 255 的连通像素区域,再对图像使用轮廓检测,符合长宽比和面积阈值要求的像素区域即为车辆。其检测结果如图 3-30 所示(视频数据来源:利用 CCD 智能交通网络摄像机在重庆市主城区某路段拍摄而得)。

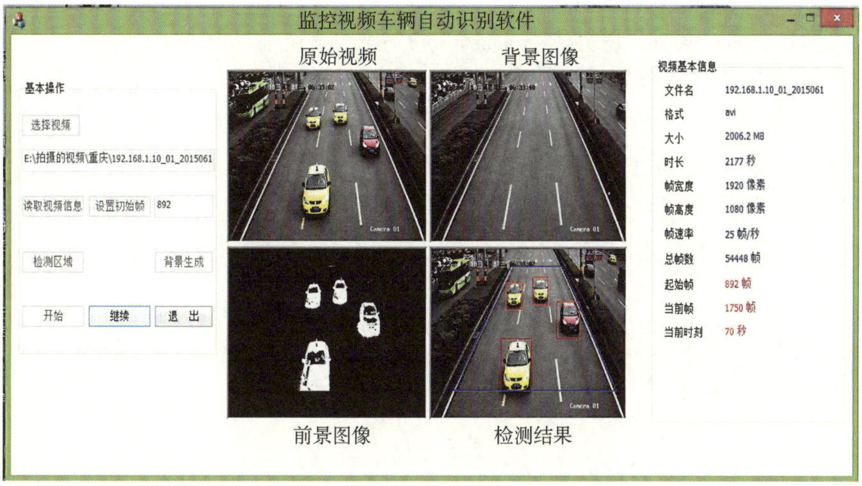

图 3-30 背景差分车辆检测

3.7.3 无人机视频的交通信息检测

无人机可从事广域交通监控与管理、交通参数采集(密度、流量、速度、车辆轨迹和车辆信息等)以及交通应急救援等工作,主要应用场景包括城市重要节点(大型桥梁、关键交叉口和 CBD 商圈环道)在重要时段的交通监控、突发事件或事故的应急调度救援以及大型赛事与会议场地周边的交通监控等。

1. 无人机视频的车辆检测算法

针对无人机视频的车辆检测,本书主要介绍了两种方法:帧间差分法和帧间差分-背景建模。

(1) 帧间差分法。

帧间差分法是一种通过将两帧(或多帧)连续图像逐像素相减,以去除静止或移动缓慢的物体及背景来获取运动变化物体的方法[6]。当环境变化缓慢或者光照亮度变化较小,同时帧间对应像素点灰度值相近时,可认为该像素点为静止的背景;如果帧间对应像素点灰度值区别较大,则可认为是由运动目标引起的,通过判断运动像素点数量和分布,确定目标是否为车辆及其在图像中的位置。帧间差分法是消除连续图像中的静止目标,提取运动车辆的最直接方法。其流程如图 3-31 所示。

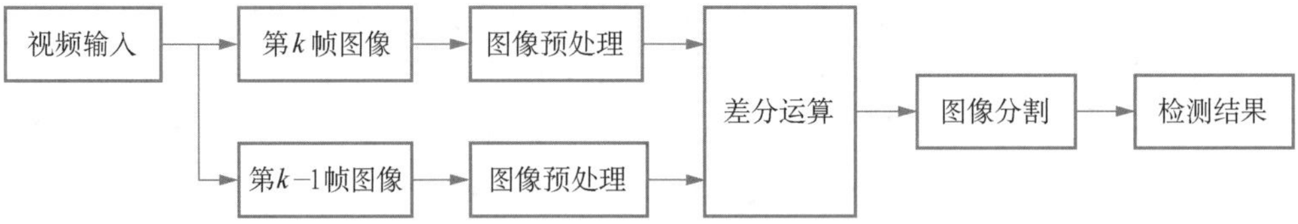

图 3-31　帧间差分法流程图

帧间差分法的基本步骤如下。

① 图像预处理,包括灰度化和设置感兴趣区。

② 帧间差分,计算相邻灰度图像帧的绝对差。

$$D_k = | I_k - I_{k-1} | \tag{3-9}$$

式中　D_k—— 差分图像;

I_k—— 第 k 帧图像;

I_{k-1}—— 第 $k-1$ 帧图像。

③ 图像分割,首先利用最大类间方差算法对差分图像进行计算分割阈值,再通过式(3-10)得到二值图像。

$$D_k(x, y) = \begin{cases} 255 & D_k(x, y) \geq T \\ 0 & D_k(x, y) < T \end{cases} \tag{3-10}$$

式中　$D_k(x, y)$—— 差分图像中坐标为(x, y)像素点的像素值;

T ——阈值。

如果 $D_k(x, y) = 255$,则 $D_k(x, y)$ 为前景像素点,如果 $D_k(x, y) = 0$,则

$D_k(x, y)$为背景像素点。

④ 得到检测结果后，对二值图像进行形态学处理，切断较大区域之间的细长连接带或者使两个非常接近的非连通区域成为连通的，提取图像中的连通区域，将连通区域的外接矩形长宽比、面积同预先设置的阈值进行比较，符合阈值条件则判断为车辆。检测过程如图 3-32 所示。

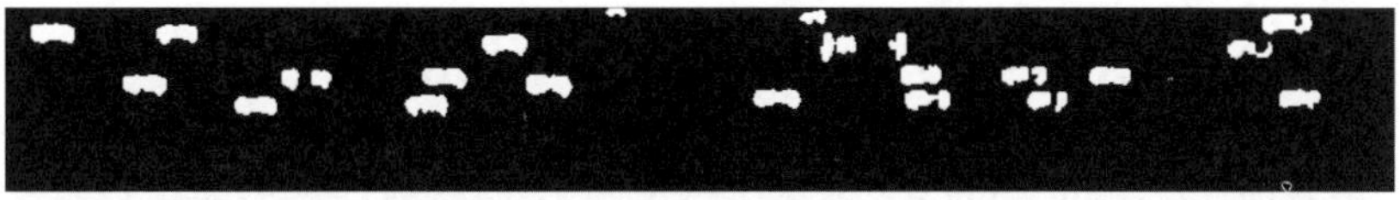

(a) 帧间差分图

(b) 检测结果图

图 3-32　帧间差分检测图

（2）帧间差分-背景建模。

帧间差分-背景建模法将帧间差分和背景建模方法相结合，利用帧间差分剔除大部分背景干扰信息进行背景建模，得到背景图像后利用背景差分法进行车辆检测[9]。这种方法与常用建模方法相比有计算速度快、前景干扰因素少等优点。其流程如图 3-33 所示。

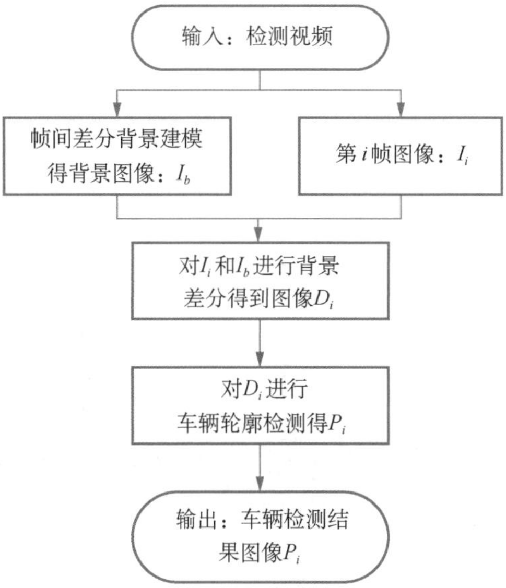

图 3-33　帧间差分-背景建模方法流程图

具体的帧间差分-背景建模法步骤如下。

① 图像预处理，包括灰度化和设置感兴趣区。

② 帧间差分，计算相邻灰度图像帧的绝对差为

$$D_{k1}=|I_k-I_{k-1}| \tag{3-11}$$

式中 D_{k1}—— 帧间差分图像；

I_k—— 第 k 帧图像；

I_{k-1}—— 第 $k-1$ 帧图像。

③ 背景建模，基于 D_k 帧间差分图像中的视频图像序列计算生成出可靠、准确的背景图像 $I_{\text{background}}$。

④ 计算当前灰度图像与生成的背景图像的绝对差，如式(3-12)所示。

$$D_k=|I_k-I_{\text{background}}| \tag{3-12}$$

式中 D_k—— 差分图像；

I_k—— 第 k 帧输入图像；

$I_{\text{background}}$ ——背景图像。

⑤ 选取或计算出合适的阈值对差分图像进行判断，如式(3-13)所示。

$$D_k(x, y)=\begin{cases}1 & D_k(x, y)\geqslant T\\ 0 & D_k(x, y)<T\end{cases} \tag{3-13}$$

式中 $D_k(x, y)$—— 差分图像中坐标为(x, y)的像素点；

T ——阈值。

如果 $D_k(x, y)=1$，则 $D_k(x, y)$ 为前景像素点，如果 $D_k(x, y)=0$，则 $D_k(x, y)$ 为背景像素点，判断完成得到二值图像 $B_k(x, y)$。

⑥ 得到检测结果后，对二值图像形态学处理，得到像素值为 255 的联通像素区域，再对图像使用轮廓检测，符合长宽比和面积阈值要求的像素区域即为车辆。具体过程如图 3-34 所示。

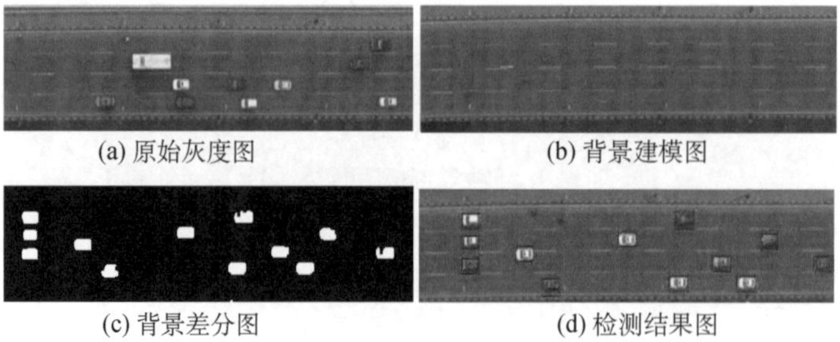

图 3-34 帧间差分-背景建模检测图

2. 无人机视频交通参数提取[10]

无人机视频交通参数提取主要有三个方法：密度检测方法、流量检测方法和速度提取方法。

(1) 密度检测方法。

交通密度是交通流理论中的三个基本参数之一，对于研究交通流具有重要意义。受限于目前交通信息采集的技术和设备，交通密度尚无法实现自动化获取。无人机以其飞行高度和视角的优势，结合车辆检测技术可实现自动、准确地提取交通密度这个重要的交通参数。

首先在道路正上空拍摄大范围的道路交通视频，然后利用车辆检测算法识别出感兴趣区域内的车辆数(辆)，再根据道路的长度(m)和车道数计算交通密度[辆/(km·车道)]，计算方法如下。

$$K=\frac{1\,000\cdot N}{L\cdot \eta} \tag{3-14}$$

式中 K ——交通密度，辆/(km·车道)；

N ——感兴趣区内的车辆数，辆；

L ——道路长度，m；

η ——车道数。

(2) 流量检测方法。

得益于无人机观测角度的优势，在统计道路交通流量时不会受到车辆之间遮挡的影响。因此，利用无人机视频检测车辆会获取更加准确的交通流量。本书采用基于虚拟线圈的检测方式对无人机视频中的车辆数进行统计。

在相同方向的 4 个车道设置虚拟线圈，根据车道宽度和车辆像素大小确定虚拟线圈的长和宽，虚拟线圈的长度可取车长的 0.8 倍，而虚拟线圈的宽度为车道宽度的 0.8 倍。虚拟线圈统计交通流量的原理为车辆从驶入线圈区域到驶离线圈区域的过程中，虚拟线圈内的车辆像素个数从 0 开始增加，然后又逐渐减少至 0。但实际检测过程中，往往会出现噪声导致线圈内像素点个数的变化从而引起误检。为了消除这种影响，设定像素点个数阈值 T。车辆驶入线圈区域时，线圈内像素点个数呈增加趋势，若出现连续 5 帧图像，线圈区域内像素点个数大于阈值 T，则认为车辆到达，流量累加器加 1 并暂停累加。随着视频帧的输入，当出现连续 5 帧图像，线圈区域内像素点个数小于阈值 T，说明车辆正在驶离，流量累加器开启。重复上述流程实现流量的统计，算法流程如图 3-35 所示。

利用本书中的算法，对拍摄高度为 120 m 的无人机视频进行 10 min 的交通流量检测，并对实际车辆数进行人工统计，计算算法的绝对误差 Δ 和相对误差 τ。流量检测及实际统计结果如表 3-3 所列。

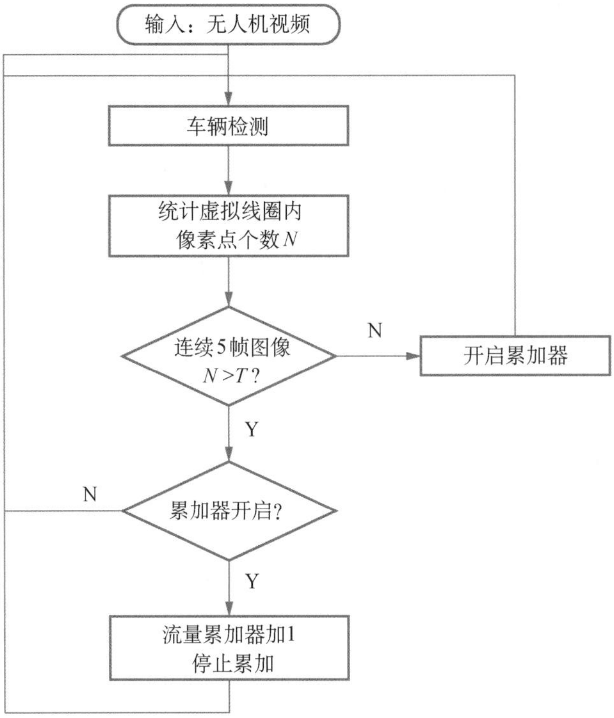

图 3-35 流量提取流程图

表 3-3 实际交通流量和检测流量对比

车道	0～5 min				5～10 min			
	实际值/veh	检测值/veh	绝对误差 Δ	相对误差 τ	实际值/veh	检测值/veh	绝对误差 Δ	相对误差 τ
1 车道	55	52	−3	−5.45%	61	58	−3	−4.92%
2 车道	66	60	−6	−9.09%	73	68	−5	−6.85%
3 车道	61	57	−4	−6.56%	68	62	−6	−8.82%
4 车道	57	53	−4	−7.02%	62	58	−4	−6.45%
总流量	239	222	−17	−7.11%	264	246	−18	−6.82%

以 5 min 为计时单位，流量检测准确率达到 92.89%，可见算法检测流量的结果较好。对结果的分析发现，当车辆颜色与路面颜色接近时，易造成车辆漏检，使提取流量比实际值低。

（3）速度提取方法。

利用无人机视频检测车辆速度时，通常不会受到车辆之间遮挡的影响。同时，目前的线圈、视频、微波和地磁等检测器只能检测某断面速度，而通过无人机视频则能够检测道路上多个断面的速度，甚至能直接获取单个车辆行驶的速度。本书针对无人机视频提出两种车速提取方法：一是基于虚拟线圈的车速提取方法，二是基于车辆轨迹的车速提取方法。

① 基于虚拟线圈的车速提取方法。

基于虚拟线圈的车速提取中，虚拟线圈的长宽以及设置方式与提取交通流量的虚拟线圈相同。提取车速的基本原理是在车辆检测的基础上，识别车辆像素通过图像中的距离，该距离是比例 ω 和车辆驶过像素点个数的乘积，并结合通过该距离消耗的帧数计算车速，车速计算方法如下。

$$V=\frac{3.6\cdot\omega\cdot l}{\frac{T}{Fps}} \tag{3-15}$$

式中 V ——车辆速度，km/h；

ω ——图像比例，m/像素；

l—— 车辆在 T 帧驶过的像素个数，像素；

T—— 车辆在驶过 l 个像素消耗的帧数，帧；

Fps ——无人机视频帧速率，帧/s。

② 基于车辆轨迹的车速提取方法。

提取车辆轨迹的主要流程为：将无人机视频图像转换为色调-饱和度-明度(Hue-Saturation-Value，HSV)图像，算法对 HSV 图像进行处理；通过鼠标在图像中选择车辆目标，初始化搜索窗口的位置和大小，利用 CamShift 算法计算窗口的质心坐标来表示车辆坐标；处理下一帧 HSV 图像，根据窗口内像素值总和的大小自动调整搜索窗口，重新确定质心坐标(车辆坐标)；记录每帧图像中质心坐标，在当前帧图像中显示，得到车辆轨迹。车辆轨迹提取流程如图 3-36 所示。

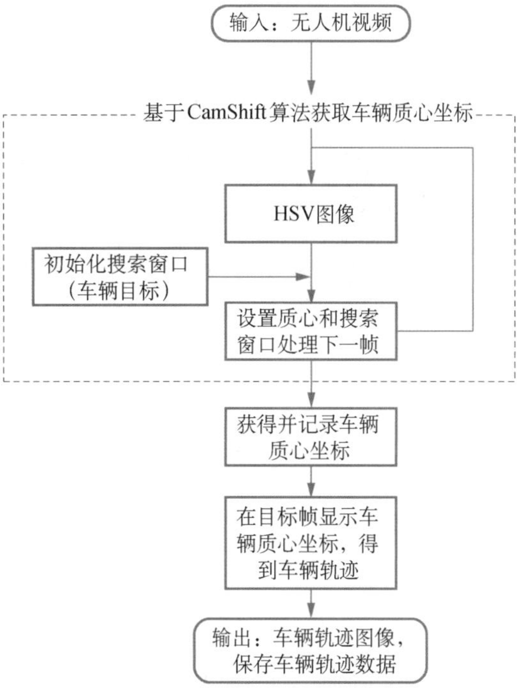

图 3-36 基于 CamShift 算法的车辆轨迹提取流程图

对车辆轨迹的表示是以点的位置来代表车辆位置，因此利用 2 个车辆轨迹点坐标以及时间差即可计算车速。基于车辆轨迹的车速提取流程为：基于

CamShift 算法计算车辆质心坐标，将质心坐标作为车辆轨迹点；记录车辆轨迹点 $l_i(x_i, y_i)$ 及其对应的图像序列帧号 t_i，其中 $i=1, 2, \cdots, n$；根据提取车速的要求(断面或者路段车速)计算车辆行驶距离 l（单位：像素）和时间 T（单位：帧），其计算方法如下。

$$l=\sqrt{(x_i-x_1)^2+(y_i-y_1)^2} \tag{3-16}$$

$$T=t_i-t_1 \tag{3-17}$$

最后，根据车辆行驶距离 l 和时间 T 计算车速 V。

③ 车辆速度检测结果分析。

为了验证车速提取方法的可行性和准确度，进行了相应的现场测试。无人机悬停在道路正上方 120 m 处，相机垂直向下拍摄，测试人员手持雷达测速枪检测并记录经过测试断面的每辆车，如图 3-37 所示。由于雷达测速枪本身存在误差，因此实验中雷达测速枪的测速结果只能作为参考值。

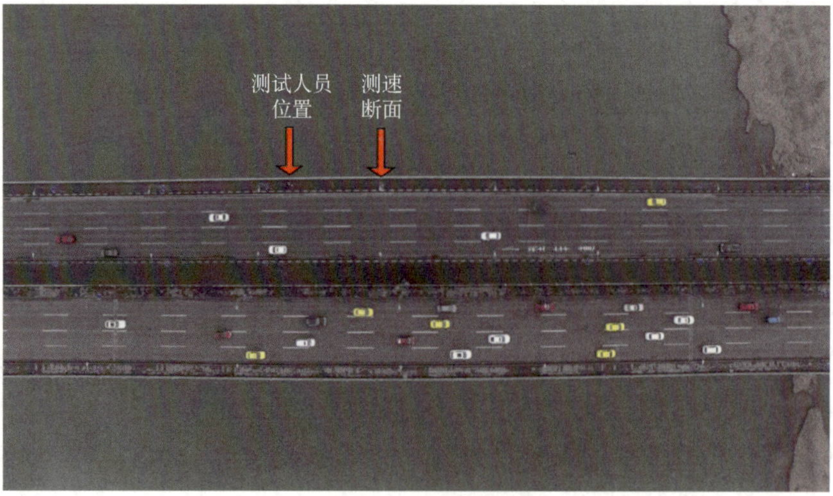

图 3-37 测速现场

分别基于虚拟线圈和车辆轨迹得到 30 组车速检测数据，见表 3-4。

表 3-4 不同方法获取的车速数据结果

序号	参考车速 /(km·h^{-1})	虚拟线圈法 /(km·h^{-1})	CamShift 算法 /(km·h^{-1})
1	51	54.00	51.44
2	50	54.00	49.53
3	47	50.40	54.87

（续表）

序号	参考车速/(km·h^{-1})	虚拟线圈法/(km·h^{-1})	CamShift 算法/(km·h^{-1})
4	45	50.40	46.72
5	45	46.80	49.82
6	45	46.80	48.07
7	45	43.20	44.23
8	44	39.60	42.94
9	44	43.20	44.06
10	44	43.20	43.99
11	48	54.00	55.03
12	44	46.00	44.92
13	50	46.00	47.90
14	52	46.00	50.63
15	46	43.00	49.43
16	52	50.00	52.08
17	66	64.80	64.80
18	63	57.60	63.13
19	61	61.20	62.45
20	59	57.60	55.80
21	53	50.40	53.17
22	56	54.00	54.40
23	54	50.40	53.23
24	51	50.40	52.07
25	50	50.40	51.30
26	46	46.80	46.03
27	61	57.60	59.78
28	47	43.20	43.68
29	44	39.60	43.33
30	48	46.80	47.16

图 3-38(a)和图 3-38(b)分别是虚拟线圈法和 CamShift 算法提取的车速与参考车

速的差值,各方法的最大偏差分别为 6 km/h 和 7.87 km/h。

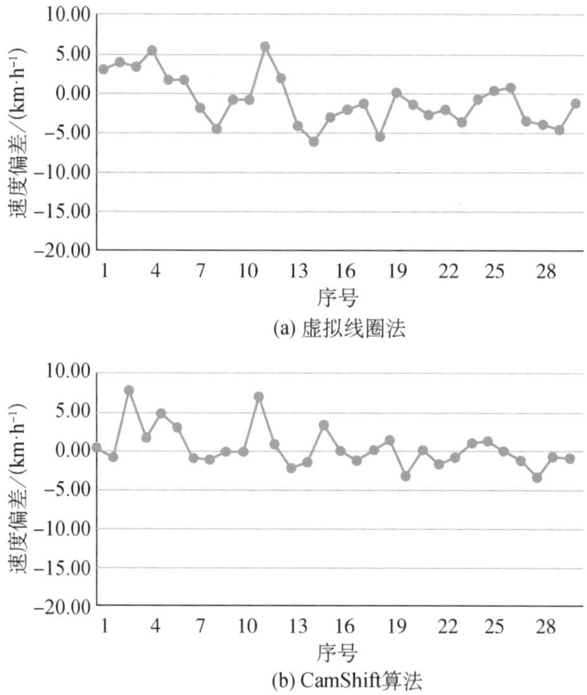

图 3-38　两种方法与参考速度偏差

本章参考文献

[1] YAO Z X, ZHOU, J Y, JIN P J, et al. Trip end identification based on spatial-temporal clustering algorithm using smartphone GPS data[C]. Presented at 98th Annual Meeting of Transportation Research Board, Washington, D. C. , 2019.

[2] YANG F, YAO Z X, JIN P J. GPS and acceleration data in multimode trip data recognition based on wavelet transform modulus maximum algorithm[J]. Transportation Research Record, 2015, 2526(1):90-98.

[3] YANG F, YAO Z X, CHENG Y, et al. Multimode trip information detection using personal trajectory data[J]. Journal of Intelligent Transportation Systems, 2016, 20(5): 449-460.

[4] 辛怡,仲珏,陶然. 基于实数离散傅里叶变换的图像数字水印算法[J]. 兵工学报,2007,28(10): 1261-1266.

[5] COSTANTINI R, BRACAMONTE J, RAMPONI G, et al. A low-complexity video coder based on the Discrete Walsh Hadamard Transform[C]// 2000 10th European Signal Processing Conference. IEEE, 2000:1-4.

[6] 胡剑策,吴国平. 基于 K-L 变换的 BP 神经网络遥感图像分类[J]. 测绘科学,2009,34

(3):137-139.

[7] AHMED N, NATARAJAN T, RAO K R. Discrete cosine transform[J]. IEEE Transactions on Computers, 1974, 100(1):90-93.

[8] GAVILÁN M, BALCONES D, MARCOS O, et al. Adaptive road crack detection system by pavement classification[J]. Sensors, 2011, 11(10): 9628-9657.

[9] 彭博,蔡晓禹,张有节,等.基于对称帧差和分块背景建模的无人机视频车辆自动检测[J].东南大学学报(自然科学版),2017,47(4):685-690.

[10] 张有节.基于无人机视频的交通参数提取技术研究[D].重庆:重庆交通大学,2017.

4 交通大数据系统架构设计

本章结合重庆市实践,对交通大数据的总体框架、基础平台架构、数据仓库以及应用服务框架进行了阐述。重点描述了交通综合信息平台的数据资源门户及目录、综合分析查询系统的构成和主要内容等。

4.1 交通大数据平台总体架构

交通大数据平台作为以数据处理为中心,以政务应用和信息服务为导向的信息化体系,参考经典的分层架构风格,其技术实现框架采用“七横三纵”的总体架构,如图 4-1 所示。

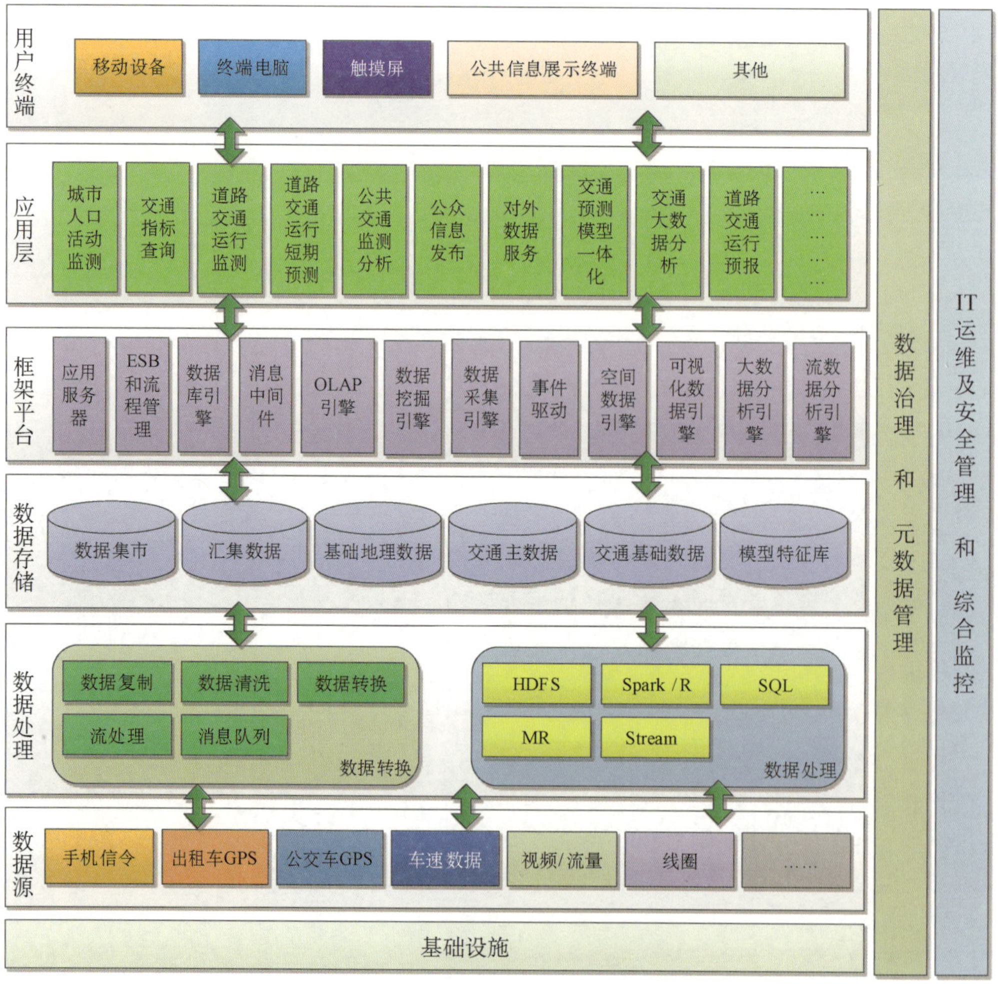

图 4-1 大数据平台总体技术架构

其中,“七横”是指技术实现的主体部分,由底层到上层划分为七个层次,具体内容如下。

(1) 基础设施层。该层提供信息化系统运行所依赖的存储设施、计算设施、网络设施和安全设施等信息化建设必需的软硬件基础设施。

(2) 数据源层。数据源层对各类交通数据进行存储备份与加工处理。数据源层包含数据仓库模块和数据处理模块。数据仓库模块对各类交通数据进行分类存储归档,包括各类交通运行数据、交通基础设施现状和规划数据。数据处理模块对接入的各类数据按照标准规范进行深度加工处理,规范数据格式或融合生产新的数据类型。

(3) 数据处理层。原始的交通数据必须经过清洗、加工、处理过之后,才能供顶层分析或者应用来使用,此处采用数据抽取、转换和加载(ETL)技术以及大数据处理技术(扩展的 Hadoop)来完成数据的接入清洗与数据处理加工工作。

(4) 数据存储层。存储层主要完成对交通基础数据、交通主数据、模型参数数据,以及通过数据接入层及处理层处理的一些成果数据的存储。通过采用数据仓库技术及分布式文件系统技术,完成对关系型数据及非结构化数据的存储。

(5) 框架平台层。平台层作为整个系统框架的中枢系统,完成各种应用需要的数据处理、事件处理及规则处理的中间件,包括大数据处理引擎、空间数据引擎、数据引擎和服务总线等技术平台。

(6) 应用层。包括交通分析、人口监测、交通状况等数据的现状分析、趋势判断、预测等专业主题应用。

(7) 用户终端层。面向终端用户,提供基于 PC、公众媒体及移动设备等载体的各种交通主题的应用。如提供公众服务、交通拥堵情况的移动应用及查询系统。

“三纵”是在技术实现主体之外,还需要数据治理和元数据管理、IT 运维及安全管理和综合监控。

(1) 数据治理管控层。数据的发现、监督、控制、沟通与整合需要有一个从无序到有序、从混乱到井井有条的治理过程。数据治理管控层的主要职责为:①构建和扩大数据仓库;②构建和维护数据视图;③整合、迁移和停用应用程序;④研究和整合大数据。

通过为交通行业主数据创建可信赖的视图,改进了应用程序和业务流程;通过使用统一的元数据、自动查询、最佳实践蓝图和内置的数据模型,提高了整合效率;通过跨转换引擎的高性能并行引擎、高效连接和平衡优化,满足了性能要求。通过数据治理,能够分析数据,实时响应事件,提高业务处理的灵活性。

(2) IT 运维及安全管理层。IT 运维是企业 IT 管理的核心和重点部分,主要包括如下部分。

① 设备管理:对网络设备、服务器设备和操作系统运行状况进行监控,对各种应用支持软件,如数据库、中间件、群件以及各种通用或特定服务的监控管理,如邮件系统、域名系统(Domain Name System, DNS)、万维网(World Wide Web, WEB)等的监控与管理。

② 数据/存储/容灾管理：对系统和业务数据进行统一存储、备份和恢复。

③ 业务管理：对企业自身核心业务系统运行情况的监控与管理。

④ 目录/内容管理：对企业需要统一发布或因人定制的内容管理和对公共信息的管理。

⑤ 资源资产管理：管理企业中各 IT 系统的资源资产情况，这些资源资产可以是物理存在的，也可以是逻辑存在的，并能够与企业的财务部门进行数据交互。

⑥ 信息安全管理：包括企业安全组织方式、资产分类与控制、人员安全、物理与环境安全、通信与运营安全、访问控制以及业务连续性管理等。

⑦ 日常工作管理：规范和明确运维人员的岗位职责和工作安排，提供绩效考核量化依据，提供解决经验与知识的积累与共享手段。

4.2 交通大数据基础平台架构

4.2.1 交通大数据计算框架

交通大数据的复杂性给数据采集、处理、存储和计算带来了非常大的挑战，交通大数据计算系统应以交通行业大数据处理为核心，整合城市交通各行业数据资源，通过 Hadoop/Spark 等大数据处理技术，实现数据采集、数据处理、数据融合、数据存储、数据计算和分析挖掘，最终为城市相关部门做决策和公众出行提供支持与服务，满足高时效性的交通监管、交通企业运营管理和市民交通服务等应用需求。在具体设计大数据计算系统时，可以采用的架构如图 4-2 所示。

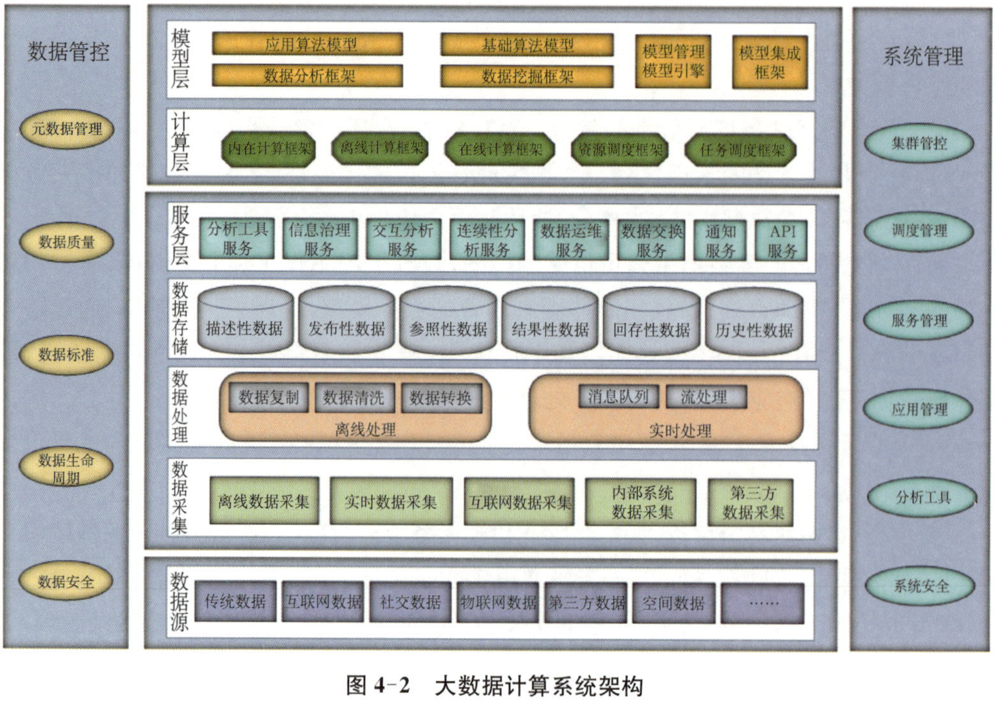

图 4-2 大数据计算系统架构

在进行交通大数据计算时，考虑的主要技术包括数据源数据处理、平衡的大规模并行架构、存储和计算的融合、灵活的配置和线性扩展。

1. 数据源数据处理

交通大数据平台除了支持类SQL的标准化应用之外，还支持在原始数据的体量上实现大数据的分析和挖掘，实现分析挖掘的并行性和可扩展性，充分发挥大数据的规模优势、并行优势和成本优势。

2. 平衡的大规模并行架构

交通大数据的架构结合了非共享架构和大规模并行处理架构的优点，建立了一个能以极快的速度分析PB量级数据的大数据平台。结合大数据丰富的实施经验所总结的最佳时间，对于处理器、磁盘、内存和网络连接的使用与资源调度精益求精。在硬盘物理条件许可的情况下，以最低的成本和能耗快速地处理数据。

3. 存储和计算的融合

交通大数据平台的目的是基于一种新的方法来存储和处理复杂的数据。传统方式依靠SAN满足海量存储和可靠性，然后通过硬件的集合进行处理；而交通大数据平台在软件层面将海量数据均衡地分布到集群上，通过复制副本以确保数据的可靠性和容错。因为数据和处理能力分布在服务器上，因此，处理指令可以直接发送到存储数据的服务器。

4. 灵活的配置和线性扩展

大数据平台能够将用于查询的用户数据容量从几百个GB扩展到PB级。系统架构的高适应性性能够满足不同的数据处理和分析需求，开放式x86服务器的硬件组件能够满足客户对于各种计算能力的要求，具体如下。

(1) I/O密集型的计算，索引、搜索、分组、解码/解压缩、数据导入和导出。

(2) CPU密集型的计算，机器学习、复杂的文本挖掘、自然语言处理和特征提取等。

大数据平台为了减少客户在今后扩容过程中不必要的停机时间，有一套完善的、可视化的在线扩容解决方案。

4.2.2 交通大数据存储管控架构

1. Hadoop分布式文件系统(Hadoop Distributed File System, HDFS)

交通大数据采用分布式文件系统可提供大数据的持久化、高可用和高性能存储。分布式的文件系统可使用开源的HDFS，根据业务需要也可使用支持企业级的POSIX标准兼容的通用并行文件系统(General Parallel File System, GPFS)，其文件组成如图4-3所示。

HDFS有着高容错性的特点，且设计多用来部署在低廉的硬件上。HDFS文件系统是当前的Hadoop平台的基础技术之一，支持海量大数据的分布式、高性能存取。它可以部署在大量低端基础架构(低端刀片服务器和存储等)上，通过维护多个数据副本，

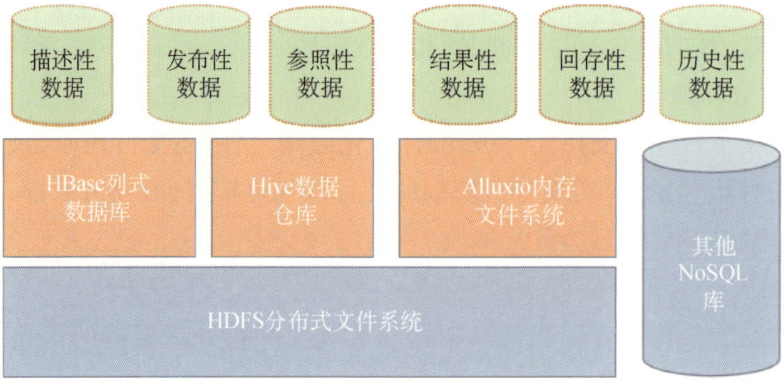

图 4-3 HDFS 分布式文件

实现数据容错性、高度可伸缩，以并行方式高性能存取 PB 级甚至 ZB 级的数据。

HDFS 的主节点(Name Node)是元数据节点用来管理文件系统的命名空间，真正的数据是存在数据节点(Data Nodes)上。数据节点可根据数据量和拷贝数的多少来决定，可以有若干个并可跨越的多个机柜，每份数据可以存多个拷贝(数量可以定义)来保障高可用性和读取的性能。数据的基本存储单位是 64 M 的数据块，和普通文件系统相同的是，HDFS 中的文件是被分成 64 M 一块的数据块来存储的。不同于普通文件系统的是，在 HDFS 中，如果一个文件小于一个数据块的大小，则并不占用整个数据块的存储空间。

2. 交通大数据管控

交通大数据治理体系的目标是在组织的大环境内，建立人、数据和 IT 系统之间的和谐关系，实现业务组织及管理人员在正确的时间、正确的环境得到准确的数据支持及服务。一般数据治理体系的架构如图 4-4 所示。所谓正确的时间，是指数据在其生命周期的适当点时，被交付使用和合理的数据传输、转换机制等；所谓正确的环境，是指合理的数据来源、合理的数据使用环境等；所谓准确的数据，是指一致认同的、清洗过的、文档化的、可获取的数据和对数据结构、内容、维护一致认同的规则等。

数据治理主要的三个目的为保证数据的可用性、数据质量和数据安全。而在实践层面，一般谈到数据治理，其主要目的都是提交数据质量，对于数据安全，往往是有专门的团队和管理举措，从数据治理角度入手则较少。

(1) 元数据管理。

对源系统、数据平台以及数据治理项目中相关的技术、业务元数据进行统一的归集管理，实现数据间的血缘分析和对比分析。元数据管理功能模块及其定义如表 4-1 所列，元数据管理架构如图 4-4 所示。

(2) 数据标准管理。

数据标准管理即管理数据相关的标准和规范，并提供数据标准的查询、监控与反馈等功能。数据标准管理架构如图 4-5 所示，数据标准管理功能模块及其定义如

表 4-2 所列。

表 4-1　　元数据管理功能模块及其定义

功能模块		功能定义
技术元数据	源系统数据结构	导入源系统数据字典，并以系统-表-字段的层级关系展现各级数据关系
	主数据 ER 模型	导入主数据模型，解析生成模型各层级关系
	数据与映射关系	定义数据平台各部分，以及源系统间的数据关联映射关系
	数据影响与血缘分析	依赖所定义的数据平台各部分，以及源系统间的数据映射关系，图形化展现数据变化影响和数据问题溯源
	数据变化对比分析	针对元数据不同版本进行差异部分识别与比较
业务元数据	代码	定义数据平台公共代码及其与源系统代码的关系
	报表表头	定义数据平台业务报表的构成元素与结构
	报表指标	定义数据平台业务报表中指标的计算规则
	报表指标关联关系分析	定义数据平台业务报表中指标间的依赖关系，并进行影响与血缘分析
系统管理	元数据手动采集	手工上传元数据定义文件
	元数据自动采集	提供针对不同目标应用的适配器，实现定时的自动采集
	版本管理	提供元数据定版、批量定版、版本回溯的功能
	访问控制管理	提供针对元数据细节操作的访问控制

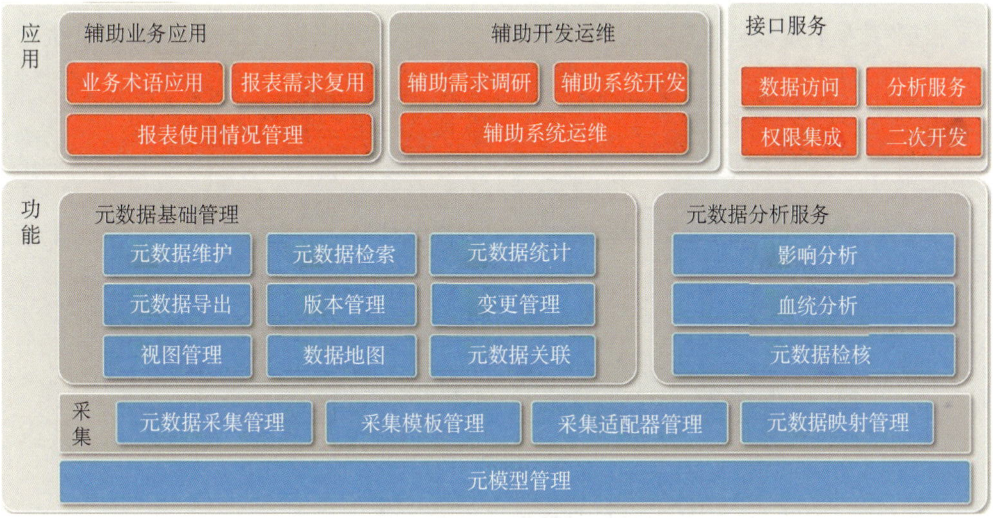

图 4-4　元数据管理架构

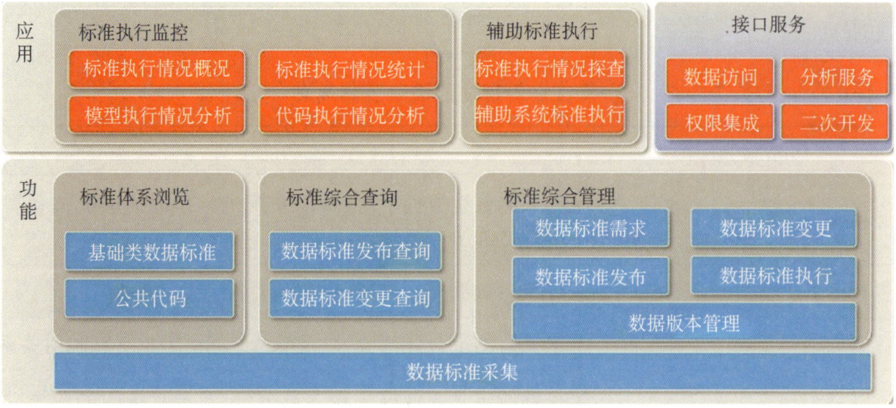

图 4-5 数据标准管理架构

表 4-2 数据标准管理功能模块及其定义

功能模块		功能定义
数据标准文档管理	数据标准文档制定	维护数据标准相关文档类信息
	数据标准文档发布	对数据标准相关文档进行发布管理
	数据标准文档版本管理	对数据标准相关文档的历史版本信息提供查看功能
数据标准信息项管理	标准代码	维护数据标准公共代码
	主数据	维护主数据标准
数据标准查询与反馈	数据标准文档查询与反馈	—
	数据标准信息项查询	—
应用代码标准符合性检查	—	新应用开发者将本应用代码与标准代码进行匹配，提交系统检查

(3) 数据质量管理。

根据“数据质量检核管理办法”中 PDCA 方法论(图 4-6)——Plan(计划)、Do(执行)、

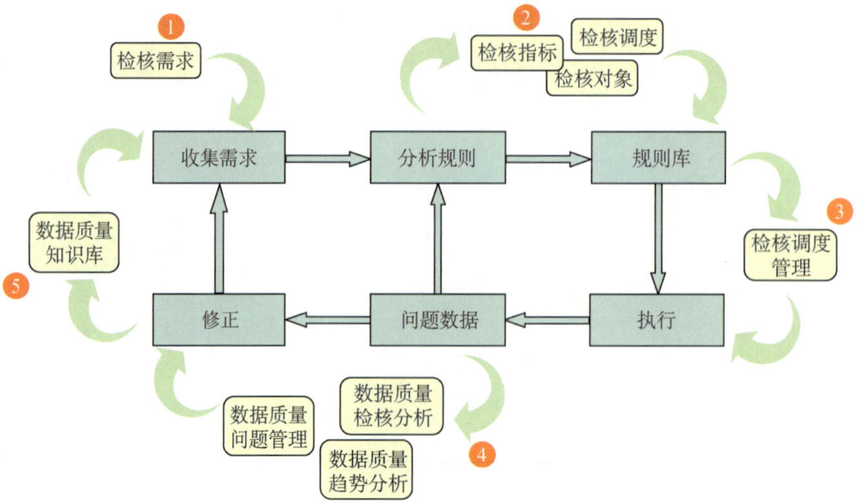

图 4-6 PDCA 方法论流程

Check(检查)和 Action(行动),基于现有数据平台,对其上数据进行全质量生命周期的管理,包括质量问题的定义、检核监控、发现分析和跟踪反馈。数据质量管理架构如图 4-7 所示,数据质量管理功能模块及其定义见表 4-3。

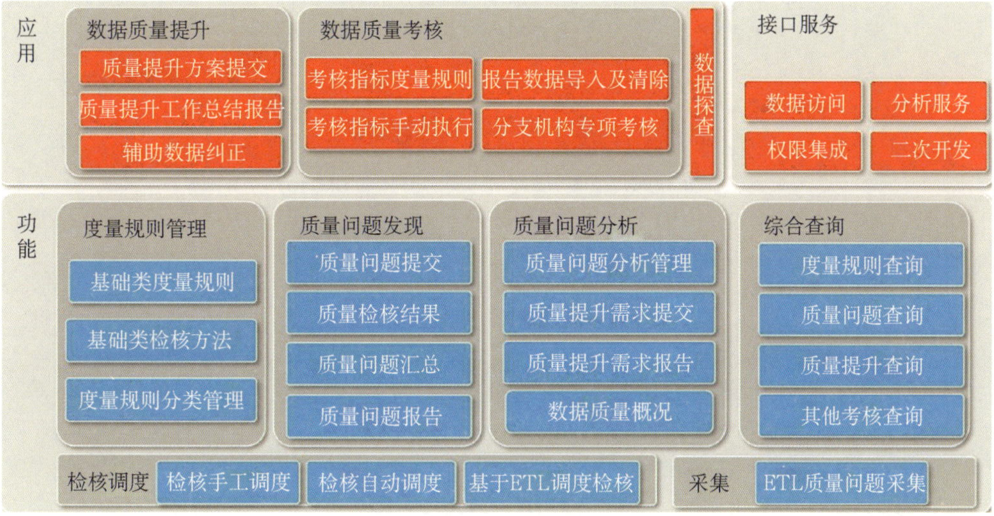

图 4-7 数据质量管理架构

表 4-3 数据质量管理功能模块及其定义

功能模块		功能定义
数据质量检核定义	检核系统	对纳入数据质量管理需求的系统、数据表纳入检核范围,并定义相关信息
	检核指标与规则	遵循数据质量的度量标准,为各类检核指标定义相关属性和数据检查规则
	检核调度策略	为数据质量检核指标类和业务方案定义灵活的检核策略
数据质量检核执行	检核控制引擎	调度符合执行策略数据质量检核指标,并分派给对应的处理器
	检核执行处理器	对数据质量检核指标执行特定于其指标类的检查程序

4.3 数据仓库及应用服务框架

4.3.1 数据仓库

1. 总体架构

基于既有的各类 Oracle 数据库、HDFS 文件系统,整合现有的数据资源,结合规划分析应用需求,开展数据指标抽取与数据同步,将数据汇总至数据仓库,建立时间、空间、类型等维度标签,建设满足应用需求的数据仓库。如图 4-8 所示,从整体架构看,数据仓库是支撑整个平台应用的基础数据层,包括标准库和融合库两个方面。

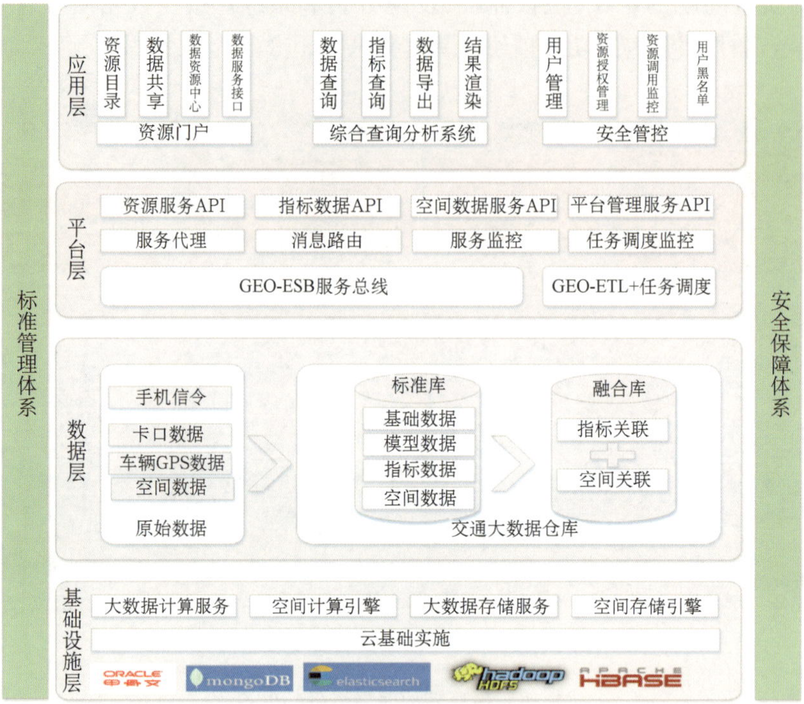

图 4-8 总体设计图

(1) 通过建立标准库,能对历史库中的数据进行清洗转换,将各类杂乱无章的数据进行标准化处理,这个过程包括清洗、转换和编码映射等,建立以交通综合数据为核心标准数据库。

(2) 通过建立融合库,将数据与指标进行关联,进一步挖掘交通要素、现象与特征之间的关联关系,实现城市现象洞察、追溯问题根源。基于融合库,可对城市的交通体征进行诊断,使运行规律进行可视化表达。通过选取与问题相关的指标、实体,在领域专家的参与和指导下,建立选址模型与交通规划模型等,构建交通模型库,并以统计图表、专题图等可视化形式进行表达。

2. 标准库

分为个体数据、指标数据和空间数据三类,共有 284 项。其中,人口数据共有 46 项,道路运行数据有 52 项,车辆运行数据共有 23 项,轨道运行数据共有 44 项,公交运行数据共有 9 项,空间单元数据共有 15 项,交通设施数据共有 89 项,居民出行数据共有 6 项。

(1) 个体数据。

个体数据主要是 GPS 数据和手机信令数据,存储在 HBase 中,个体数据具有数据量大、更新速度快等特点。手机信令等数据是带有空间坐标信息的属性数据,数据条数达 20 多亿，且数据更新速度快，数据易产生冗余。

利用空间大数据存储引擎，将 GPS、手机信令数据由属性数据转为空间大数据，存储在 Elastic Search 数据库中。Elastic Search 支持亿级空间数据查询，聚合统计计算，满足多数情况下的快速综合查询需求。

（2）指标数据。

指标数据主要为各类信息资源整合统计的已有指标成果数据，主要用于指标可视化展示和分析应用。现有指标数据存储在 HBase 中，结合已有的指标数据管理系统，可实现无缝化对接，采用同一套数据存储。

（3）空间数据。

空间数据主要包括 CAD 规划数据、通过 ArcGIS Server 发布的空间数据服务以及以道路信息为主的空间数据。基于 Super Map 空间数据引擎，提供一套完整的空间数据管理体系，从数据处理、制图、发布到调用支撑进行全流程应用。通过 SuperMap 基础软件，可快速实现空间数据的导入、展示，并支持 ArcGIS Server 服务快速对接至 SuperMap iServer 平台，不影响已有应用的使用。

同时，空间数据支持传统的关系型和大数据存储，包括 Oracle、postgreSql、MySQL、HDFS、ElasticSearch 和 HBase 等，满足多种不同的存储需求。

3. 融合库

（1）数据融合流程。

多源数据融合方法的基本思路是以研究对象（空间对象和个体对象）为基础，梳理当前平台的所有数据资源，并建立不同对象之间的关联。具体流程如图 4-9 所示。

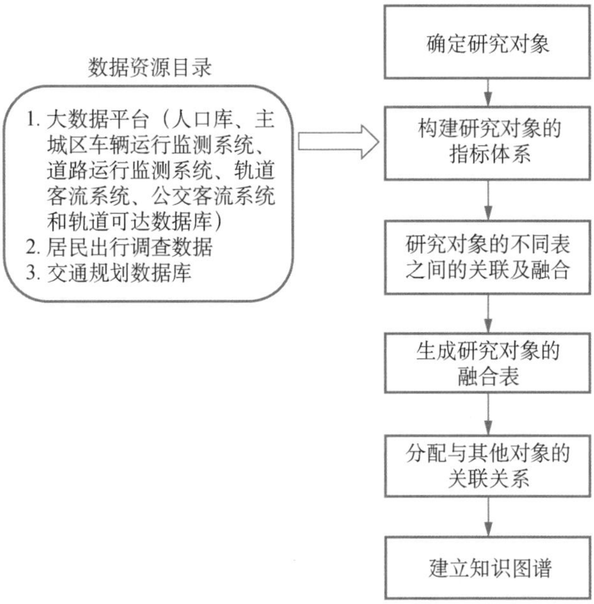

图 4-9 数据融合流程示意图

数据融合流程，具体如下。

① 建立数据标准库，将数据融入统一资源目录。涉及的数据资源包括手机信令数据、车联网数据、轨道客流数据、公交客流数据、居民出行调查数据和交通规划数据库。

② 确定项目研究对象，为综合查询、监测奠定基础。根据交通设施数据库及研究和监测需求，梳理当前的研究对象和需要增加的研究对象，确定数据融合的研究对象。

③ 构建研究对象的指标体系。按研究对象将数据标准库的指标表进行梳理，建立对应的指标体系，梳理出当前缺失的指标表。

④ 研究对象的不同表之间的关联及融合。分析研究对象不同指标表的具体字段，分析关联字段，建立表与表之间的关联关系。针对同一研究对象有多个空间数据的情况，应进行数据融合，保证一套空间数据。

⑤ 生成研究对象的融合表。结合研究对象的监测需求，抽取一部分指标建立研究对象的融合表。

⑥ 分析与其他对象的关联关系。分析研究对象与其他对象的关联关系，结合关联字段，建立对象之间的关联融合。

⑦ 建立知识图谱。将不同研究对象的指标体系、融合表与其他对象的关联关系进行全面梳理，建立面向交通综合查询、分析、监测的知识图谱。

(2) 数据融合方法。

首先建立关系图谱(图 4-10)，关系图谱是一种描述对象之间的关系及关联方法的图形表达，主要优点在于：①对象与对象之间的关系明确，便于搜索、查询及综合分析；②关系图谱将不同对象有机结合，实现融合分析的同时也扩展了针对不同空间的数据属性，建立空间与空间的关系图谱。在此基础上，逐步发展延伸，从而实现对所有交通设施要素、所有运行指标的覆盖。

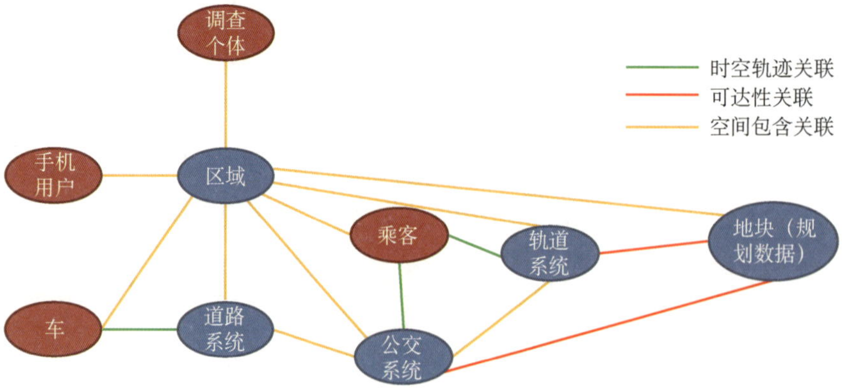

图 4-10　关系图谱

其次是建立空间关联对应关系，如图 4-11 所示。不同区域、交通设施及数据之间的空间关联关系包括三类：①包含关系，一个区域或交通设施属于另外一个区域或交通设施，如道路与区域、公交站点与道路；②可达关系，一个区域或交通设施处于另外一个区域或交通设施的缓冲可达范围内，如轨道站点与公交站点，反映的是轨道站点 300 m 步行范围内的公交站点；③时空轨迹关联关系，时空轨迹数据与对应的空间设施之间的关系，如车辆轨迹与道路，车辆轨迹中通过的道路与对应道路进行关联。

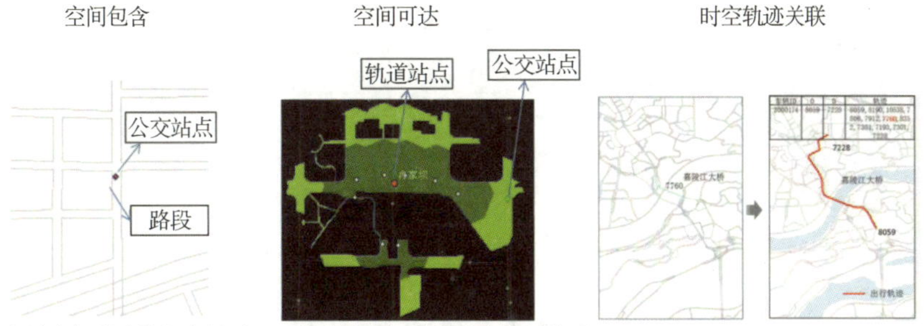

(a) 公交站点与道路的包含关系（公交站点ID–路段ID） (b) 轨道站点与公交站点接驳关系（轨道站点ID–公交站点ID） (c) 路段与车辆轨迹关联关系

图 4-11 关联关系示例

最后是关联实现方法。结合实际工作，关联实现方法主要有三种，包括：①字段关联，将一个字段属性附在另一个对象的字段属性中；②建立外部关系表，结合二者的关联特征，建立属性联系，如公交站点与公交线路；③空间关系和自动生成关系，结合空间处理技术，实时生成不同对象的关联关系。

4.3.2 数据资源门户及目录

根据数据资源共享需要，数据资源门户提供数据的可视化共享管理，包括数据资源展示、数据资源查询、流程管理、数据资源申请、数据资源审核、共享进度管理和数据资源下载等功能。

1. 功能架构

数据资源门户分为四大板块：①数据资源门户网络，为用户提供查询、浏览全部数据资源的窗口；②资源管理，支持交通信息资源目录体系及元数据标准，包括资源检索、资源目录、资源元数据和资源分类展示、历史版本回溯、质量管理信息等；③数据共享，主要是实现各类数据的共享交换，丰富平台的数据资源，通过数据共享，实现对实体对象逻辑调用关系和发布调用管理，将交通大数据仓库中的数据资源，以服务方式统一对外提供服务；④数据接口服务，主要服务于开发用户，提供时空数据地图服务、时空数据服务、时空数据分析服务等服务端服务使用介绍，及以 HTML5 为主的各类 JavaScript API 等使用介绍，为用户提供各类跨终端服务。

数据资源门户功能架构如图 4-12 所示。

2. 门户首页

面向所有用户，它是了解交通综合信息平台的窗口，也是使用交通综合信息平台的

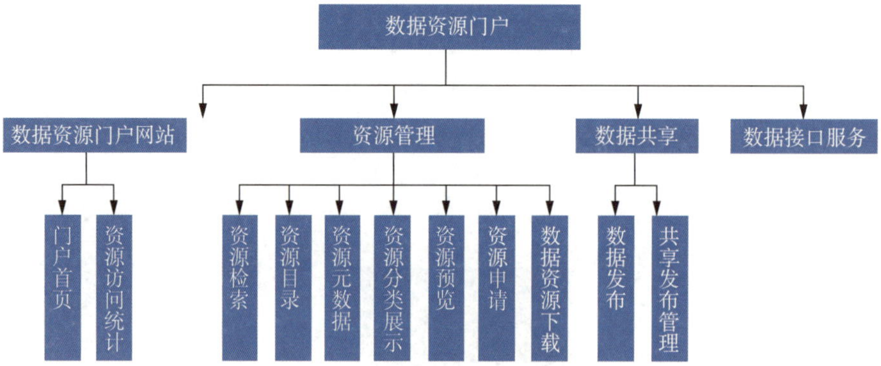

图 4-12　数据资源门户功能架构

入口。如图 4-13 所示，门户经过统一的身份认证，可确保平台的安全；门户导航提供了平台中相关应用的入口；通过平台动态，提供与平台相关资讯的展示；利用门户可以查看所有数据类型、数据格式、数据说明以及样例数据。

图 4-13　门户首页

3. 资源检索

用户可通过资源目录下的搜索框(图 4-14),输入目标服务全称或名称的一部分,查询已接入资源并查看资源情况,查询结果以列表形式展现,用户可查看任意感兴趣的资源。

图 4-14 资源检索

4. 资源目录

资源目录为交互式列表,如图 4-15 所示。用户可通过资源目录树查看资源目录的分类、各目录接入资源的情况。主要包括基础信息资源目录、主题信息资源目录和部门信息资源目录三大部分,每个目录下面包含相关子目录,从每个资源目录中可看到该目录下接入资源总数和有关数据资源。

5. 资源元数据

在资源概述预览区(图 4-16),用户可以查看目录元数据信息,包括数据类别、名称、区域、时点、来源、格式、版本、相关附件、数据样例、属性项取值规范与说明、更新说明和数据说明等,部分项可查看二级或弹出式详情页和关联信息。

6. 资源分类展示

用户查看所选资源时,在信息分类展示区能够查看资源的资源信息项、资源数据、地图预览和服务接口等信息,如图 4-17 所示。

图 4-15　资源目录

图 4-16　资源元数据

7. 资源浏览

为提升平台的标准化水平，资源元数据按照标准信息中的元数据进行展示（图 4-18），提供给用户进行浏览，即展示数据名称、数据分类、数据分类与编码的标准或依据、存在形式、属性字段、更新周期、涉及处室、数据来源和共享等级等信息。

图 4-17　资源分类展示

图 4-18　资源元数据浏览

8. 资源查询

提供资源查询功能，支持对已有权限信息的预览及简要查询，如空间数据支持数据预览，属性数据支持单个字段的属性查询，如图 4-19 所示。

图 4-19　数据资源内容查询

4.3.3　综合查询分析系统

1. 总体架构

综合查询分析系统是一款专门为规划设计人员打造的数据资源浏览、数据查询、分析、制图和渲染一体化的大数据平台（图 4-20），集中解决了交通大数据使用比较困难的问题。平台从应用需求出发，在功能设计和交互设计上都根据规划设计的需要进行了专业设计，直击规划设计人员使用大数据的痛点和难点。

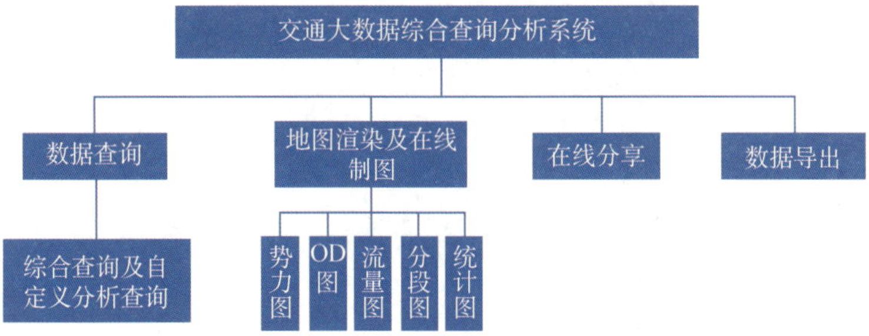

图 4-20　综合查询分析系统框架

查询系统基于多源的城市交通大数据，实现对城市运行的感知、查询和分析，涵盖城市交通系统的四大模块，包括道路运行、人口出行、轨道出行和公交运行。在提供一键查询的基础上，为便于用户的进一步分析，系统提供了可编辑的数据图表制作及结果渲染功能，如图 4-21 所示。

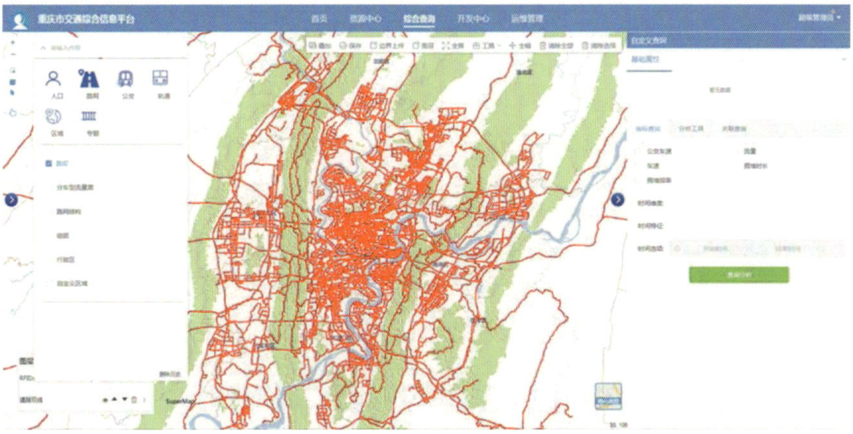

图 4-21　综合查询分析系统界面

2. 系统功能

(1) 道路运行查询分析。

系统设计了道路运行指标查询、路段车辆来源去向分析和车辆起讫点分析 3 个子模块内容。

① 道路运行指标查询。该模块实现了对道路运行全方位监测指标的查询，包括小汽车车速、公交车速、拥堵时长、拥堵频率和道路流量等。使用者可以结合自身需求，查询任意路段的不同年、季、月、天和小时的指标，并进行对比分析，支撑道路交通规划和管理方案的制定。

② 路段车辆来源去向分析及车辆起讫点分析。该模块实现了对特定道路的车流来源去向分析和车辆起讫点分析，可查询任意路段在不同时段的车流 OD 分布特征，支撑道路缓堵规划及车辆使用精细化政策的制定(图 4-22)。

图 4-22　道路车流来源去向分布

(2) 人口出行查询分析。

系统设计了特征人口分析和人口出行分析两个子模块内容。基于三大手机运营商的融合数据，获取任意区域内的人口数量及出行 OD 量。

① 特征人口分析。系统提供了对任意区域的居住人口、就业人口和停留人口等不同特征人口的总量查询及热力分布查询。

② 人口出行分析。系统提供了对任意区域到固定区域(交通小区、街道以及组团等)的出行 OD 分布、多个任意区域之间的出行 OD 分布查询，如图 4-23 所示。

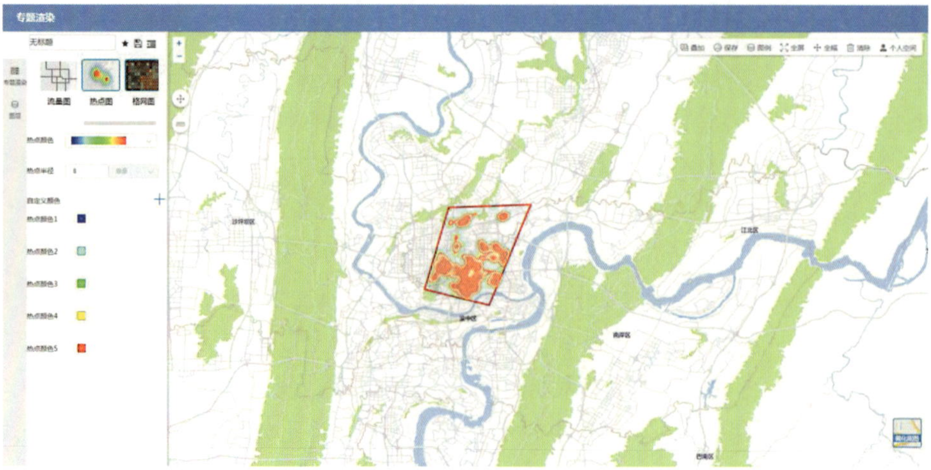

图 4-23　居住人口查询分析

(3) 轨道出行查询分析。

系统设计了轨道客流指标和轨道客流 OD 分布两个子模块内容。

① 轨道客流指标。系统基于轨道闸机数据，提供了对任意站点、线路及区段的客流指标查询，可以按天、小时、分钟等不同粒度进行统计。

② 轨道客流及 OD 分布。系统基于轨道刷卡数据，提供了站点之间 OD 分布、基于任意轨道区段的轨道客流来源去向查询，如图 4-24 所示。

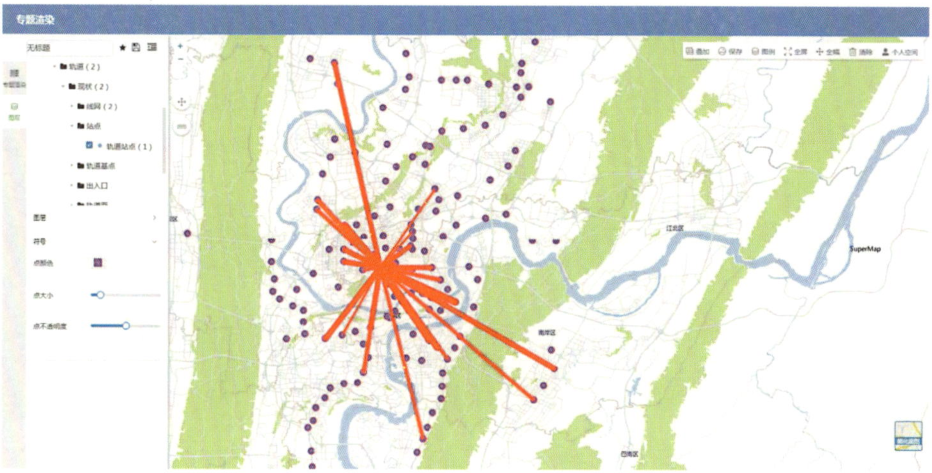

图 4-24　轨道车站客流 OD 分析

5 基于大数据的交通运行监测应用

基于大数据的交通运行监测，是指依托大数据对城市交通运行状况进行动态监测。按照城市交通子系统划分，交通运行监测包括对人口活动、车辆运行、道路运行、公共交通运行、步行系统、非机动车系统、交通枢纽运营和货运物流等的监测。本章将重点围绕重庆市全域和中心城区的人口活动、车辆运行、道路运行以及公共交通运行等方面的情况，详细阐述依托大数据开展的交通运行监测。

5.1 重庆市域特征

为了能够更好地展现相关运行监测成果，先简要介绍重庆市域和中心城区的一些基本情况。

重庆市是我国中西部地区唯一的直辖市，国家重要的中心城市，国家历史文化名城，成渝地区双城经济圈的重要一极，也是著名的山城、江城。市域面积达 8.24 万 km^2，拥有大量的城镇和农村地区，建制上是一个市，地域上相当于一个省。2019 年，全市常住人口 3 124 万人，常住人口城镇化率 66.8%，地区国民生产总值约 2.36 万亿元，人均 GDP 突破 1 万美元。

5.1.1 自然地理

我国地势西高东低，呈三级阶梯分布。重庆市地跨东经 105°至东经 110°，北纬 28°至北纬 32°，是二、三级阶梯的自然过渡带，也是四川盆地与长江中下游平原的过渡地带。

重庆市位于四川盆地东部，四周群山环绕，大巴山、巫山、武陵山与大娄山是盆周山地的重要组成部分，自东北向西南绵延起伏(图 5-1)；中部川东平行岭谷是世界上最典型的褶皱山地地区，23 条山岭纵贯南北、雁行如梳；西部是方山丘陵地区，以丘陵地貌为主。重庆市境内河流众多，水网密布，长江在重庆市境内全长 691 km，与嘉陵江、乌江等构成“三江汇流、河谷纵横、湖泉密布”的水系格局。重庆市是典型的山环水绕、江峡相拥的山水之城。

5.1.2 空间格局

重庆市域在空间上可划分为主城都市区、渝东北三峡库区城镇群、渝东南武陵山区城镇群三大区域，形成“一区两群”的协调发展格局(图 5-2)。

1. 三大区域

(1) 主城都市区。由渝中、大渡口、江北、南岸、沙坪坝、九龙坡、北碚、渝北、巴南、涪陵、长寿、江津、合川、永川、南川、綦江—万盛、大足、璧山、铜梁、潼南与荣昌 21 个区组成，面积达 2.87 万 km^2。在空间上又分为中心城区和主城新区。

(2) 渝东北三峡库区城镇群。由万州、梁平、开州、城口、丰都、垫江、忠县、云阳、奉节、巫山和巫溪 11 个区县组成，面积为 3.39 万 km^2。

(3) 渝东南武陵山区城镇群。由黔江、武隆、石柱、秀山、酉阳和彭水 6 区县(自治县)组成,面积为 1.98 万 km^2。

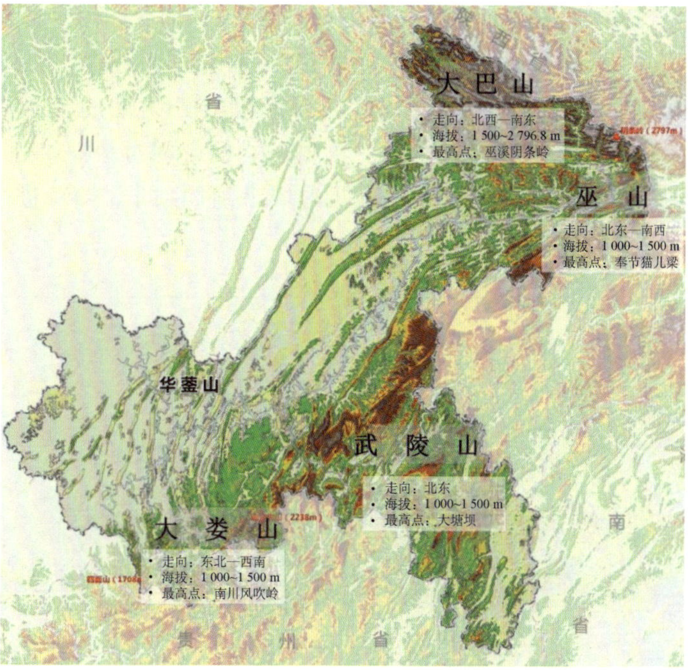

图 5-1　重庆市山系分布示意图

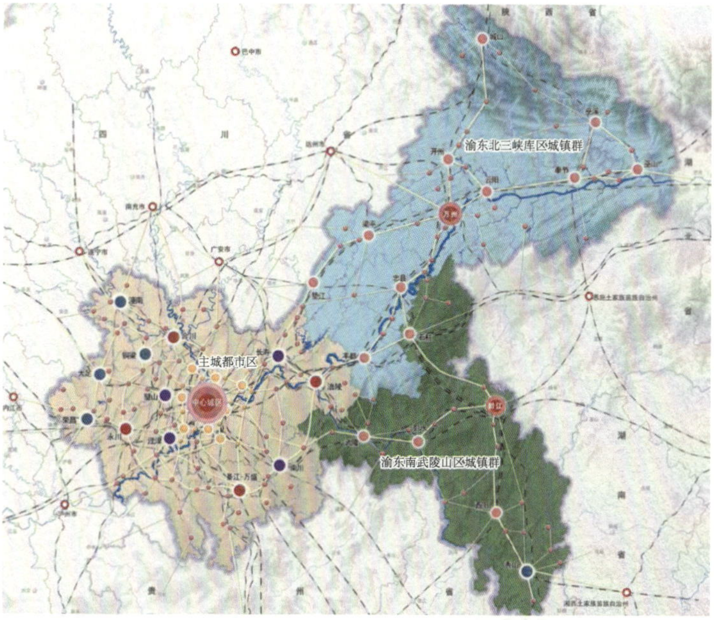

图 5-2　重庆市“一区两群”空间格局示意图

2. 中心城区

中心城区由渝中、大渡口、江北、南岸、沙坪坝、九龙坡、北碚、渝北和巴南 9 个区组成，面积达 5 467 km²，2019 年常住人口 875 万人，形成“两江四山三谷”多中心组团式的空间格局。两江，即东西合抱的长江、嘉陵江。四山，即南北纵贯、自西向东排列的缙云山、中梁山、铜锣山与明月山四条山脉。三谷，即四山之间的东、中、西三大槽谷，是城市建设相对集中的区域。东、中、西三大槽谷之间既相对独立，又联系紧密，形成了功能综合、配套完善、职住相对平衡的九大城市组团（图 5-3），进一步可细分为 21 个片区。

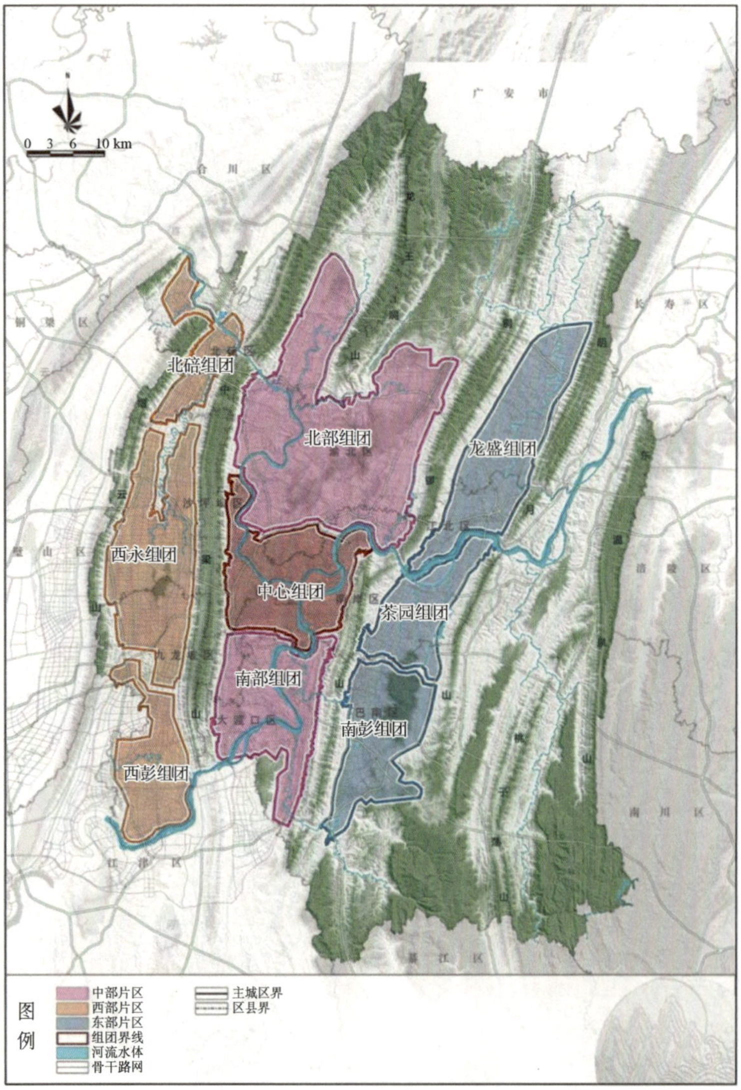

图 5-3 重庆市中心城区三大槽谷九大组团划分示意图

5.1.3 交通发展

重庆市基本形成了集铁路、公路、水路、航空于一体的多式联运综合交通体系，中心城区基本形成了以城市轨道、高快速路为骨架的综合交通网络(图 5-4)。

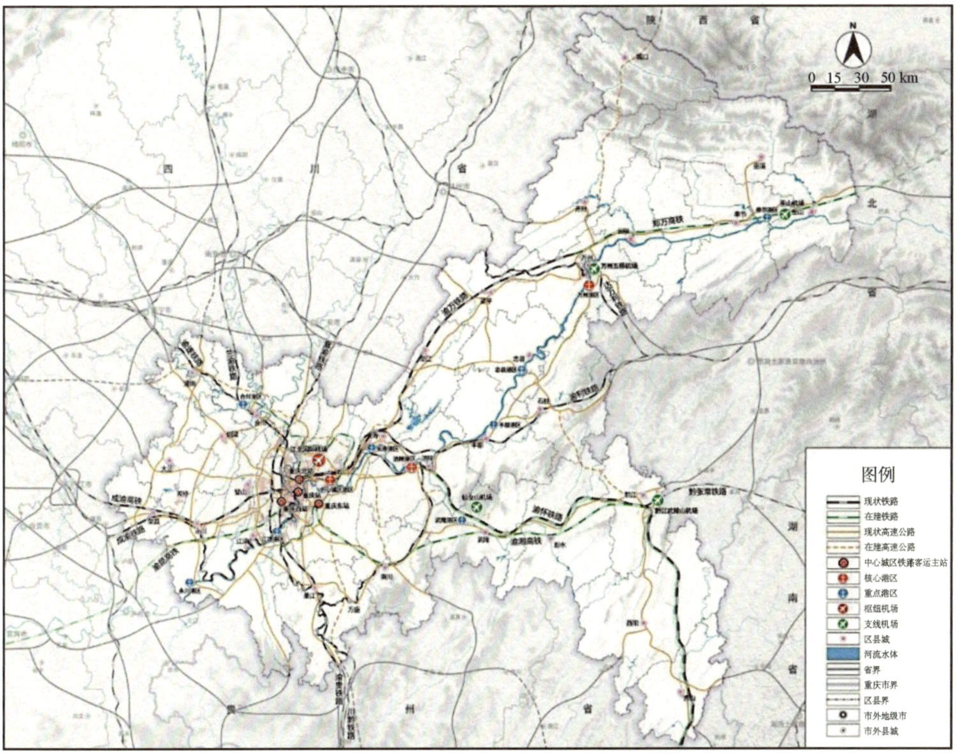

图 5-4 重庆市域综合交通体系示意图

1. 市域交通

(1) 铁路。已建成“八干线三联线”铁路网，运营里程达 2 394 km。其中成渝高铁和渝万铁路两条高铁，运营里程共计 381 km。2019 年，铁路年旅客发送量达 5 464 万人次，年货物发送量共 726 万 t。

(2) 公路。形成了“三环十二射多联线”的高速公路网，通车里程 3 235 km，省际出口通道 22 个。2019 年，全市公路年客运量 5.1 亿人次，年货运量 9 亿 t。

(3) 水路。基本形成果园港、新田港、龙头港与珞璜港四大枢纽港所引领的港口布局体系，建成生产用泊位 632 个。2019 年，港口货运通过能力达 2.1 亿 t，集装箱吞吐能力共计 481 万标箱。

(4) 航空。已建成的有江北国际机场、万州五桥机场、黔江武陵山机场、巫山机场和仙女山机场，形成了“一枢纽四支线”机场格局。2019 年，江北国际机场航线共 366 条，其中国际航线为 91 条，年旅客吞吐量达 4 479 万人次。

2. 中心城区交通

(1) 轨道交通。2019 年年末,建成运营 8 条轨道线路,运营里程达 329 km,在建轨道里程 227 km(图 5-5)。轨道站点 190 个,其中换乘站点共 20 个。轨道交通线网年客运量达 10.4 亿乘次,年换乘量达 3.4 亿人次。

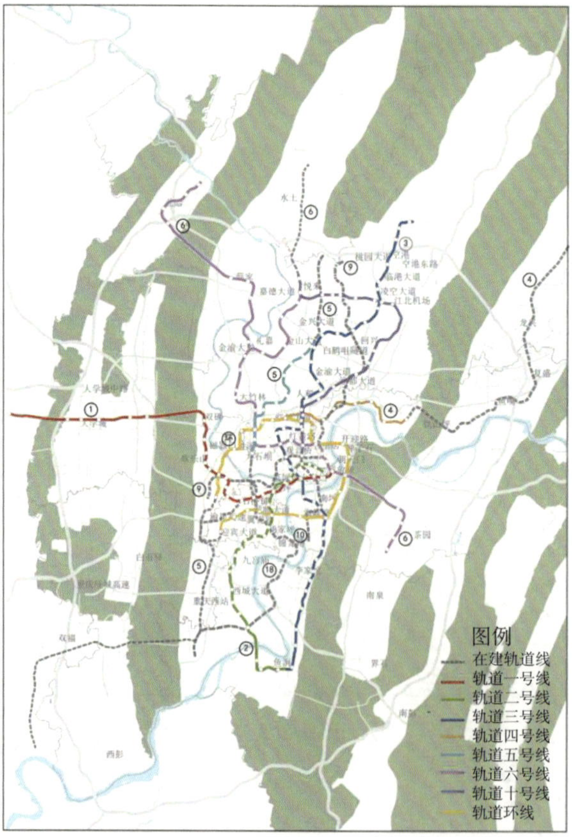

图 5-5　重庆中心城区轨道线网示意图

(2) 地面公交。公交运营线路约 800 条,公交运营线路总长 9 916 km。2019 年,地面公交年客运量达 17.6 亿人次,日均客运量 483 万人次。

(3) 城市道路。基本建成以高、快速路网为骨架,主次干路为基础的,与多中心组团式空间格局相匹配的"片区网格自由式"道路网系统(图 5-6)。2019 年,重庆市中心城区城市道路总长约 5 300 km,其中快速路约 450 km、主次干路约 2 400 km,道路网密度 6.7 km/km^2。其中,"两环七射"的高快速路系统是重庆市中心城区路网的主骨架,内环快速路长约 75 km(环内是重庆市中心城区的核心地区),外环(绕城高速公路)长约 188 km(目前重庆市中心城区的建设用地主要集中在其中)。跨长江、嘉陵江道路桥梁共 29 座,穿中梁山、铜锣山道路隧道有 17 座。

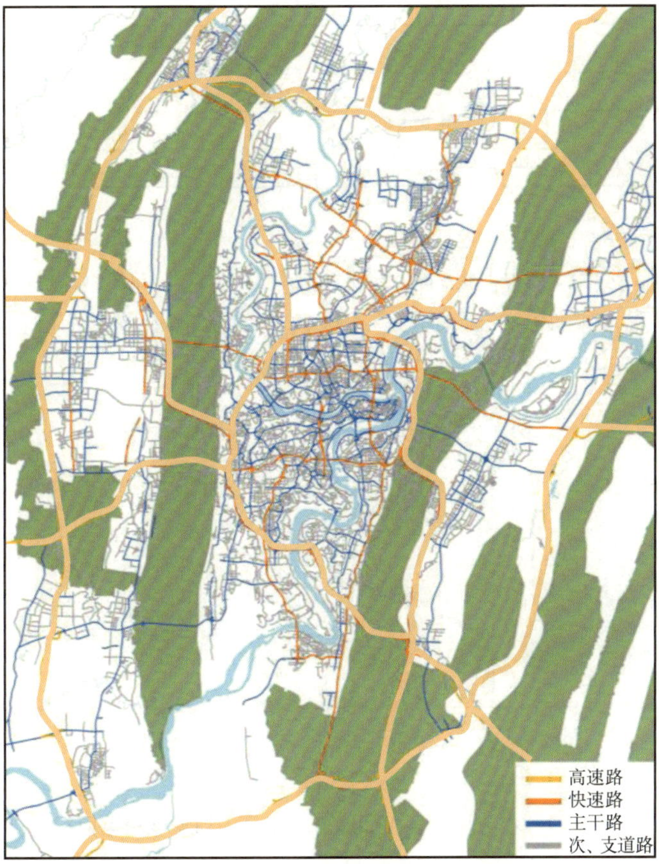

图 5-6　重庆市中心城区城市道路网示意图

5.2 人口活动监测

人口活动监测主要依托手机信令数据及相关模型结果开展，监测的内容包括人口总量及空间分布、职住及通勤特性、出行联系、人口迁徙和人口活动规律等。

5.2.1 人口总量及空间分布监测

根据用户在重庆市中心城区的停留天数，可将城区居住人口分为两大类，一类为长驻人口，即长期居住（重复出现）的人口；另一类为短驻人口，即短期驻留人口。根据短驻人口居住位置的记录，可进一步细分为市外短驻人口和城市远郊区县短驻人口。根据短驻人口的停留天数，又可进一步细分为停留 1～3 d 的短驻人口、停留 4～7 d 的短驻人口、停留 1 周以上的短驻人口，如表 5-7 所示。

表 5-1　　　　基于手机信令的人口分类

<table>
<tr><td colspan="4">城区居住人口</td></tr>
<tr><td rowspan="3">长驻人口</td><td colspan="3">短驻人口</td></tr>
<tr><td colspan="2">市外短驻人口</td><td>远郊区县短驻人口</td></tr>
<tr><td>居住 1～3 d 的短驻人口</td><td>居住 4～7 d 的短驻人口</td><td>居住大于 8 d 的短驻人口</td></tr>
</table>

1. *居住人口(服务人口)*

居住人口即实际服务人口，包括长驻人口和短驻人口，即每天真实地驻留在城区里的人口。城市各种功能设施的配套数量和规模应该以实际居住人口数量来规划建设。监测结果表明，2019 年，重庆市中心城区日均实际服务人口约 1 093.5 万人(图 5-7)。

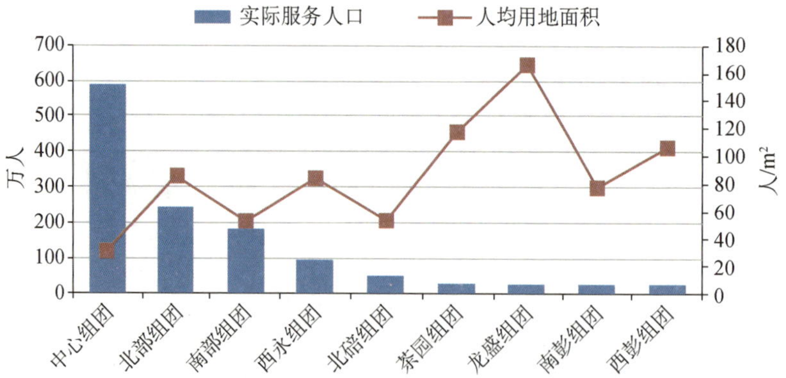

图 5-7　中心城区各组团服务人口及人均建设用地面积

2. *长驻人口*

研究中，将一个自然月时间内在中心城区过夜停留天数≥18 d 的用户，定义为中心城区的长驻人口。

根据 2019 年 4 月重庆市移动、重庆市联通和重庆市电信三家运营商的手机信令数据，可推算出中心城区长驻人口约 945 万人。九大组团中，中心组团人口为 443.2 万人，聚集度最高，占中心城区 13%的建设用地面积并聚集了 48.9%的居住人口。两江组团和南部组团也是居住人口聚集较多的区域，居住人口分别为 164.8 万和 132 万。九龙组团和樵坪组团居住人口相对较少，均在 14 万人左右。重庆中心城区各组团(板块)居住人口分布如图 5-8 所示。

3. *居住人口密度*

以交通小区为范围，统计中心城区居住人口密度分布。如图 5-9 所示，中心城区内环以内，居住人口聚集度较高，平均密度达到 1.37 万人/km^2，其中居住密度大于 3 万人/km^2 的区域包括观音桥、冉家坝、新牌坊、黄泥塝、龙头寺、渝中半岛、南坪、大坪、杨家坪、石桥铺、三峡广场和大渡口商圈等区域。内环以外人口聚集度相对较低，但回兴、两路、鱼洞以及北碚局部区域居住密度较大。

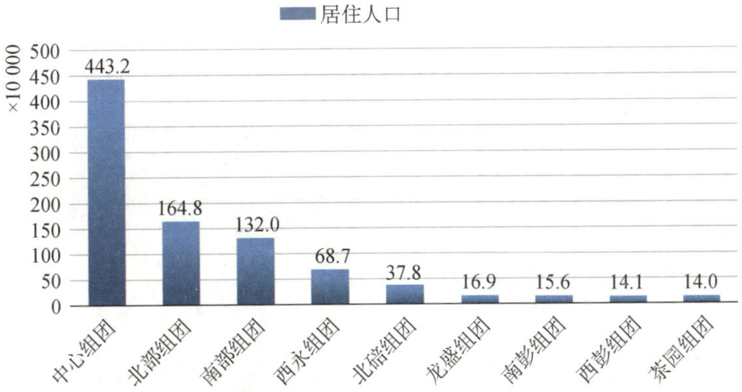

图 5-8　重庆市中心城区各组团(板块)居住人口分布

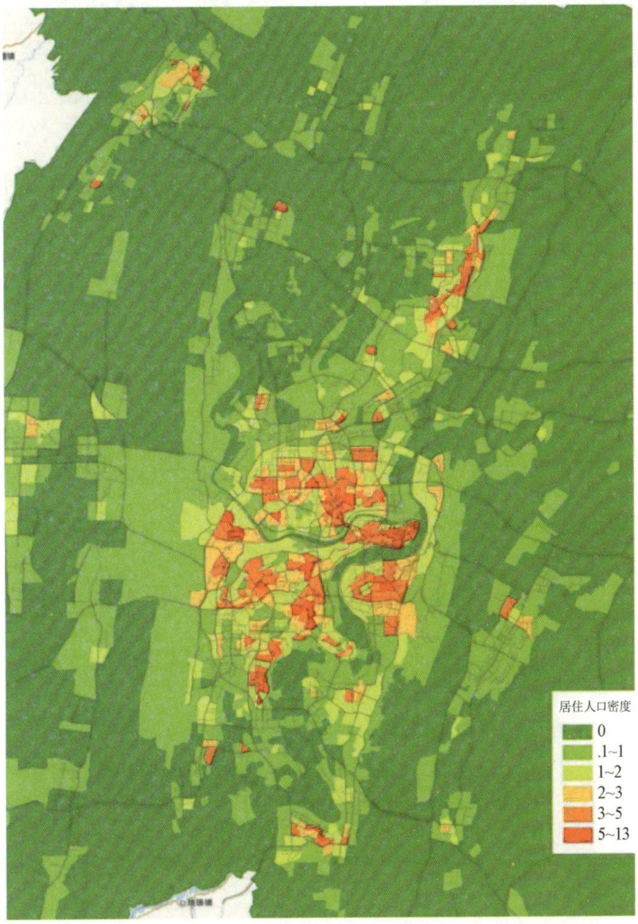

图 5-9　重庆市中心城区居住人口密度分布示意图

4. 白天、夜间人口分布

以小时为单位统计用户的停留情况,得到白天和夜间每小时的人口动态分布情况。根据

2019 年 4 月某工作日上午 10:00—11:00 和晚上 9:00—10:00 居住人口停留位置情况，筛选出停留时间超过 1 h 的停留位置，分析居住人口在该时段的空间分布情况，如图 5-10 所示。

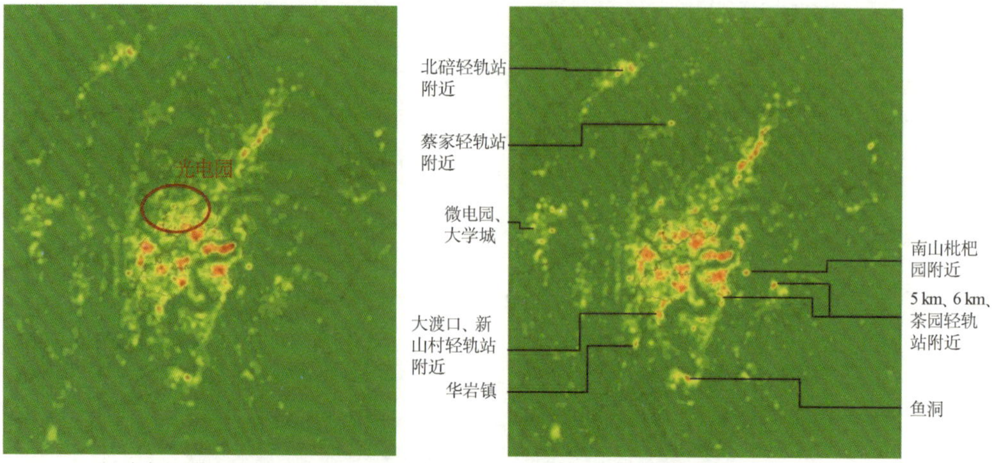

(a) 上午10:00—11:00　　(b) 晚上9:00—10:00

图 5-10　重庆市中心城区居住人口实时分布

5.2.2　职住及通勤监测

基于识别出的用户居住地、工作地数据，对城市的职住关系进行监测，职住监测主要使用的指标包括以下几点。

（1）职住比：就业岗位数与就业人口数的比值，反映职住总量平衡情况，合理范围为 0.8～1.2。

（2）外出就业比例：外出就业人口占总就业人口的比例，反映对外就业强度。

（3）外来就业比例：外来就业人口占总就业岗位数的比例，反映外来就业强度。

1. 就业岗位分布

重庆市中心城区九大组团就业岗位约 505.9 万个。其中，中部槽谷岗位 408 万个，东部槽谷岗位 27 万个，西部槽谷岗位 64 万个，如图 5-11 和图 5-12 所示。

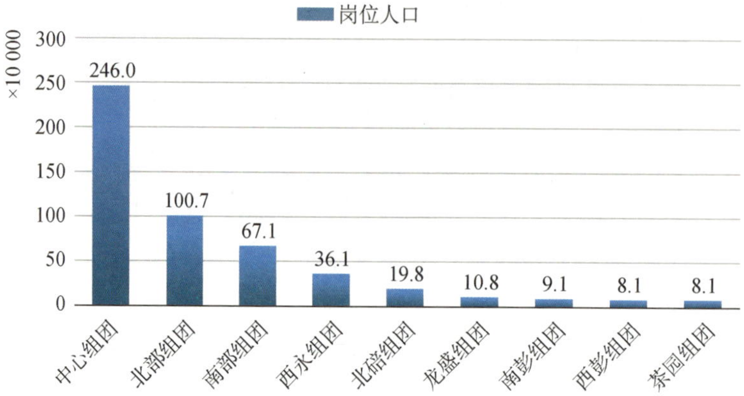

图 5-11　重庆市中心城区各组团(板块)就业岗位分布

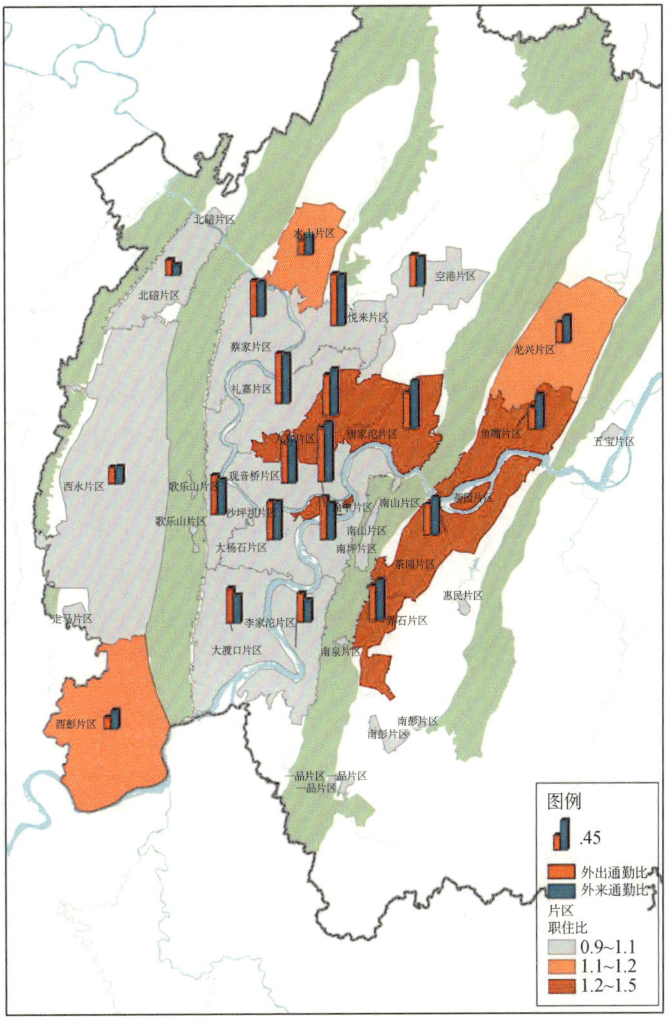

图 5-12　重庆市中心城区各片区职住比分布示意图

2. 通勤距离和跨江穿山通勤量

重庆市中心城区居民平均通勤距离为 3.8 km，较 2015 年增长了 0.4 km，约 81%的通勤距离在 10 km 以内（图 5-13）。内环以内平均通勤距离 2.9 km，内环以内到内环以外区域就业的平均通勤距离是 10.9 km。

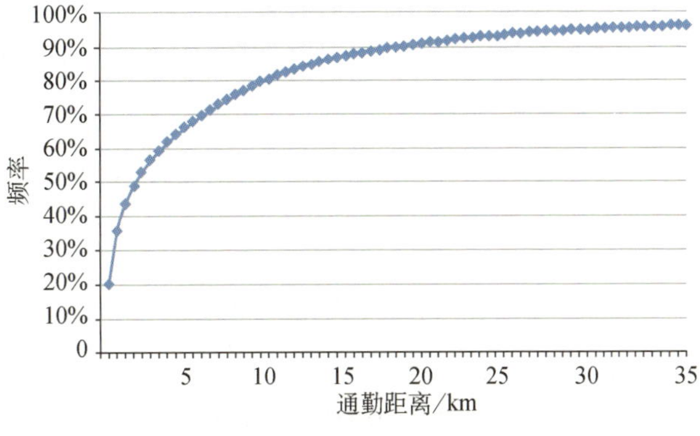

图 5-13　重庆市中心城区居民通勤距离累计分布

中心城区跨两江、穿两山通勤总量达 87.2 万人次，占中心城区通勤总量的 15.7%。跨两江通勤总量约 68.1 万人次，其中跨嘉陵江 40.9 万人次，跨长江 27.2 万人次。穿两山通勤总量约 19.1 万人次，其中穿中梁山共 12 万人次，穿铜锣山 7.1 万人次。

5.2.3 出行联系监测

利用手机信令数据识别用户出行距离，以出行距离超过 1 km 为标准，统计用户每天的出行量(以下出行量数据均以此为标准)。重庆市中心城区日均出行总量约 1 023 万人次，包含长驻人口和短驻人口。

从三大槽谷的分布来看，中部槽谷日均出行量达 849 万人次，占中心城区出行总量的 83%；西部槽谷日均出行量共 123 万人次，占出行总量的 12%；东部槽谷日均出行量为 51 万人次，占比 5%。其中，穿越中梁山联系中部和西部槽谷的出行量约为 71 万人次，穿越铜锣山联系中部和东部槽谷的出行量约为 40 万人次。

从 21 个片区的出行分布来看，工作日日均跨片区出行量共 606 万人次，占中心城区出行总量的 59.2%。其中，观音桥跨片区出行量达 92 万人次，跨片区出行比例 64%；大杨石跨片区出行量 81 万人次，跨片区出行比例 64%；南坪跨片区出行量 56 万人次，跨片区出行比例 65%；西永跨片区出行量 24 万人次，跨片区出行比例 33%。如图 5-14 和图 5-15 所示。

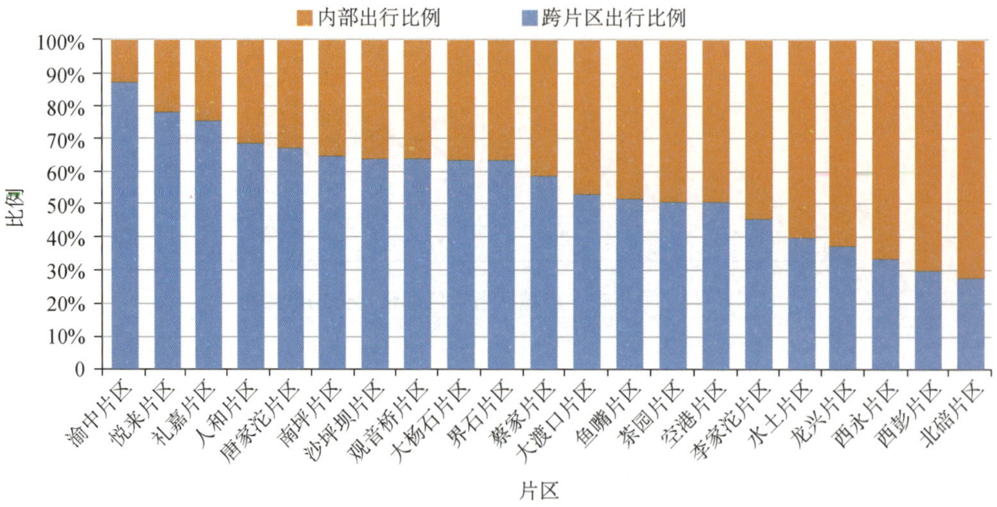

图 5-14 重庆市中心城区各片区内、外出行占比

5.2.4 人口居住地迁徙监测

通过三大运营商手机信令数据分析居住地变化，以居住地发生直线距离大于或等于 5 km 变化界定为居住地发生变化，得到人口迁徙分布特征。通过对比年度数据，对重庆市域范围内人口迁徙进行监测(基于数据获取原因，暂时不能覆盖跨省的人口迁徙情况)。

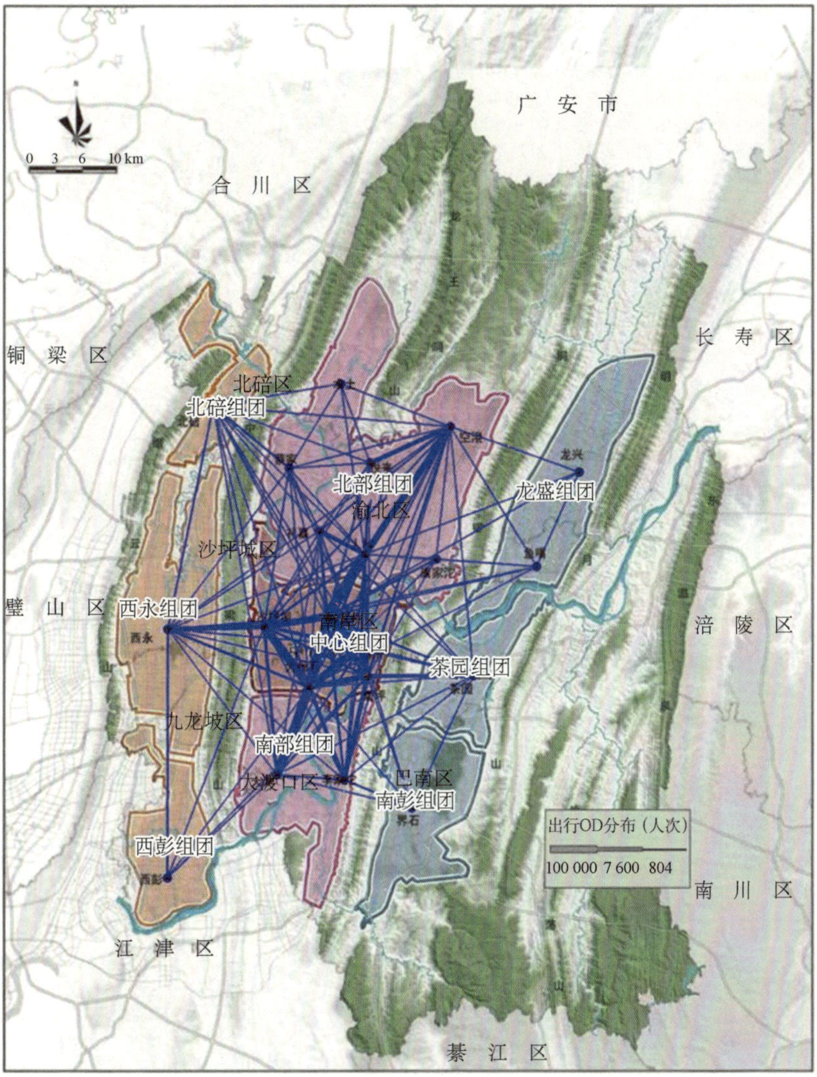

图 5-15 重庆市中心城区日均出行 OD 分布示意

对比 2019 年下半年和 2018 年下半年的手机信令数据，重庆市全市有效监测（2018 年以及 2019 年均能够识别居住地的用户）人口数达 1 500 万，全市 2018 年年底常住人口为 3 102 万，样本占比约 48.4%。

1. 各行政区人口迁徙情况

2019 年，除中心城区以外，主城都市区潼南、铜梁、璧山、江津、綦江、南川和涪陵为人口净流入，合川和永川为人口净流出，长寿、荣昌和大足人口基本持平。渝东北垫江和丰都为净流入，忠县、万州、云阳、开州、奉节和巫溪为净流出，城口、梁平和巫山人口基本持平。渝东南武隆为净流入，黔江、石柱为净流出，如图 5-16 所示。

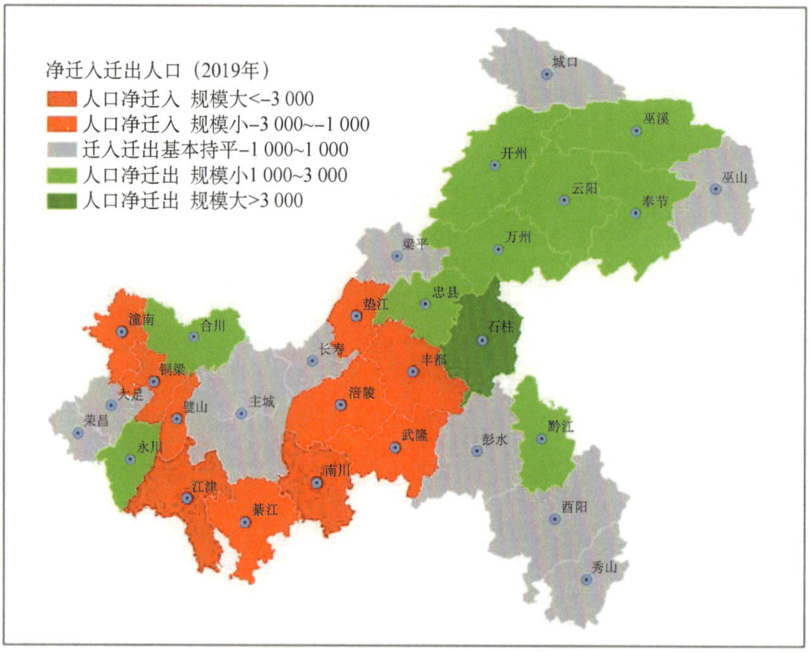

图 5-16 重庆市各区县人口迁徙情况

2. 迁徙目的地特征

各远郊区县都以区县内部迁徙为主，区县内部迁徙人口占全部迁徙人口的 74.9%，跨区县迁徙量占全部迁徙人口的 25.1%。在跨区县迁徙中，流入中心城区的占比为 56%，占主导地位。流入主城都市区的占 19.5%，如图 5-17 所示。

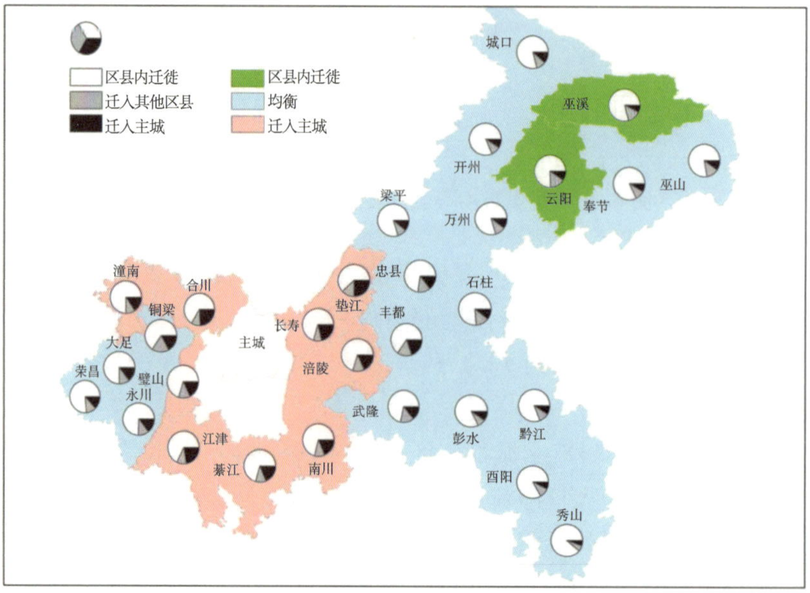

图 5-17 重庆市各区县人口迁徙结构示意

中心城区相邻的区县流入中心城区的人口数量最大，万州、永川流入中心城区的人口也较多，如图 5-18 所示。

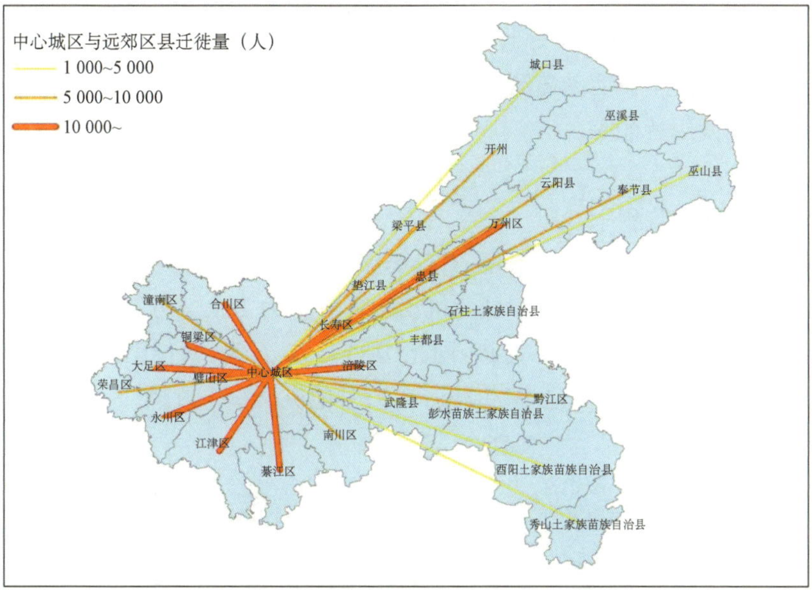

图 5-18　重庆市中心城区与远郊区县迁徙量

部分区县之间也存在较大规模的迁徙，包括永川与江津、万州与云阳、綦江与江津、铜梁与合川、万州与开州以及璧山与江津之间，如图 5-19 所示。

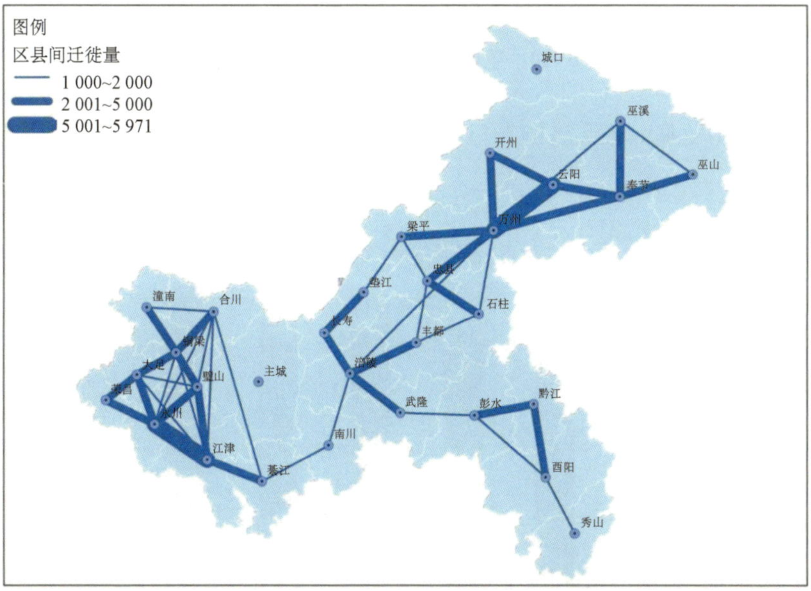

图 5-19　重庆市各远郊区县间人口迁徙

5.3 车辆活动监测

借助视频卡口、车载 RFID 等监测设备，以及浮动车（出租车为主）车速采集系统，开展重庆市中心城区的车辆活动监测，监测内容主要包括车辆拥有量、车辆出行 OD、出行车辆轨迹和车辆使用特征等。

5.3.1 车辆拥有量监测

车辆拥有量监测通常以月为单位，对各类型的机动车拥有量进行持续动态监测。

截至 2019 年年底，重庆市中心城区机动车拥有量为 191.5 万辆，同比增加 19.5 万辆，增长 11.3%。其中，汽车 168 万辆，同比增加 15.5 万辆，增长 10.2%（图 5-20）；摩托车 22.5 万辆，同比增加 3.9 万辆，增长 21%；其他机动车 1 万辆。

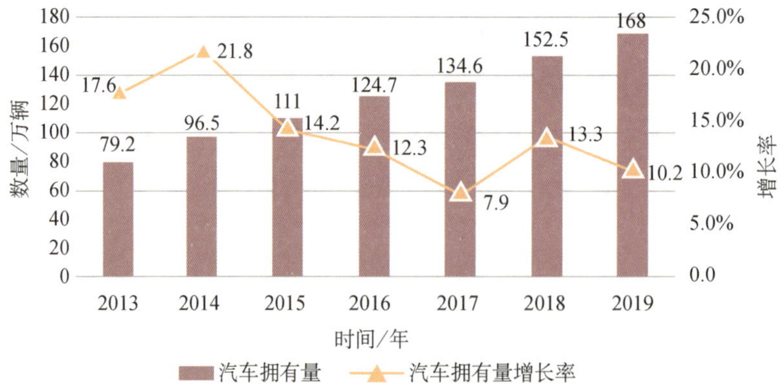

图 5-20 重庆中心城区历年汽车拥有量

截至 2019 年年底，按照常住人口计算，中心城区千人汽车拥有量达 190 辆/千人（图 5-21）。

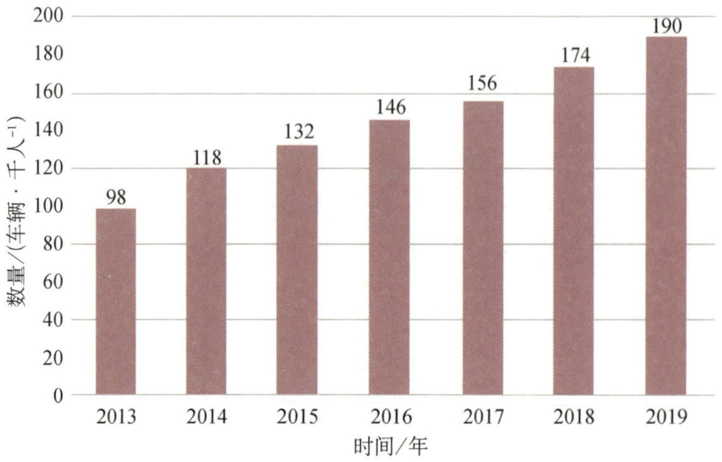

图 5-21 重庆中心城区历年千人汽车拥有量

5.3.2 车辆使用监测

借助视频卡口和车载 RFID 等监测设备,结合汽车使用问卷调查数据,对小汽车的使用情况进行监测。

1. 出车率

出车率是指每天上路行驶的小汽车数量占汽车拥有量的比例。重庆市中心城区工作日小汽车的出车率为 74.1%(图 5-22),有出行的小汽车日均出行次数达 3.63 次,均呈缓慢下降趋势。周末小汽车的出车率是 73.8%,同比持续上升。

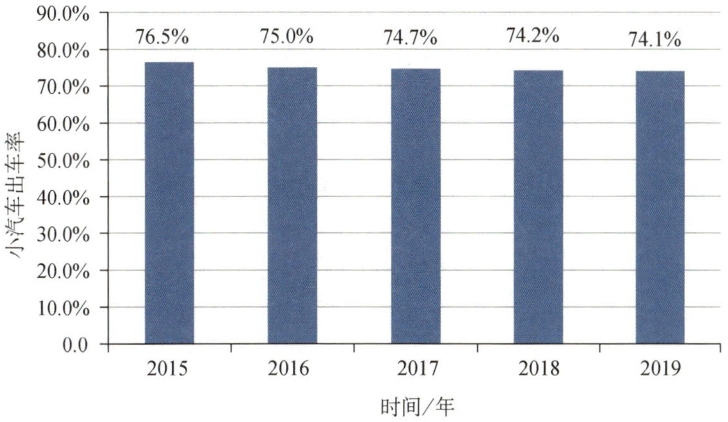

图 5-22 重庆市中心城区小汽车出车率

2. 汽车使用量

汽车使用量是指实际每天上路行驶的汽车数量。内环及以内区域工作日汽车使用量为 100.3 万辆(其中渝籍车辆 90.2 万辆),同比增加 8.1 万辆,增长了 8.8%(图 5-23)。早高峰(8:00—9:00)在路上行驶的车辆数为 23.5 万辆,同比增加 1.6 万辆;晚高峰(18:00—19:00)在路上行驶的车辆数为 21.5 万辆,同比增加 1 万辆,如图 5-24 所示。

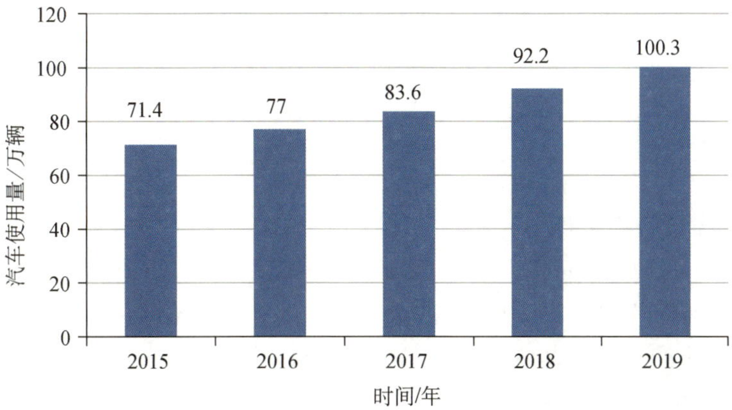

图 5-23 重庆市内环及以内区域汽车使用量

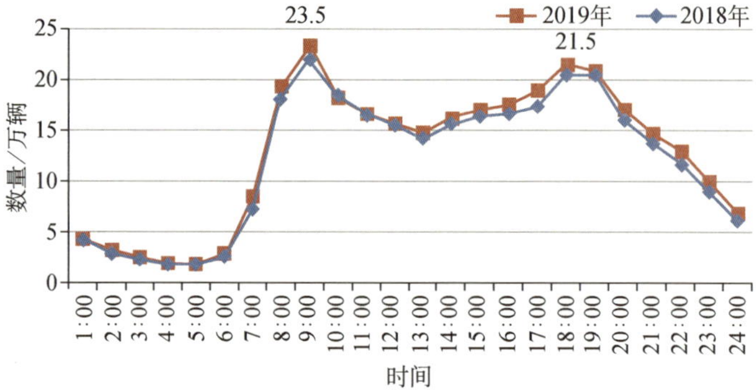

图 5-24　重庆市内环及以内区域全天在网车辆数分布

3. 汽车行驶里程(车公里)

汽车行驶里程是表征每天上路行驶的车辆使用量和出行距离的综合指标,反映了车辆对道路资源的消耗。

2019 年,重庆市中心城区工作日汽车行驶总里程 4 819.5 万车公里,同比增加 412.7 万车公里,增长了 9.4%。其中,内环及以内区域汽车行驶总里程 2 756.5 万车公里,同比增加 222.6 万车公里,增长了 8.8%;内环以外区域汽车行驶总里程 2 063 万车公里,同比增加 190.1 万车公里,增长 10.1%。

4. 出行距离、出行时耗

出行距离、出行时耗是指车辆单次出行的距离和时耗,可以进一步区分为通勤出行的距离、时耗以及非通勤出行的距离、时耗。表 5-2 为 2015—2017 年重庆市中心城区汽车日均通勤情况。

表 5 2　重庆市中心城区 2015　2017 年汽车日均通勤情况

年份	2015 年	2016 年	2017 年
通勤里程/km	10.5	11.4	11.8
通勤时耗/min	30.2	31.5	32.3
通勤出行车公里占所有车公里比例	26.2%	25.8%	25.4%
周末非通勤里程/km	10.8	10.2	11.8
周末非通勤时耗/min	28.2	28.8	29.9

5.3.3 车辆出行分布监测

基于汽车出行起讫点(OD),监测城市不同区域之间的出行分布,或者针对特定的道路,监测车辆出行 OD 分布。图 5-25 为重庆市内环快速路各进出口之间的货运车辆 OD 分布情况,可明显看出各路段车辆 OD 分布的差异性很大,总体呈现出西北段流量大,而东南段流量较小的特征。

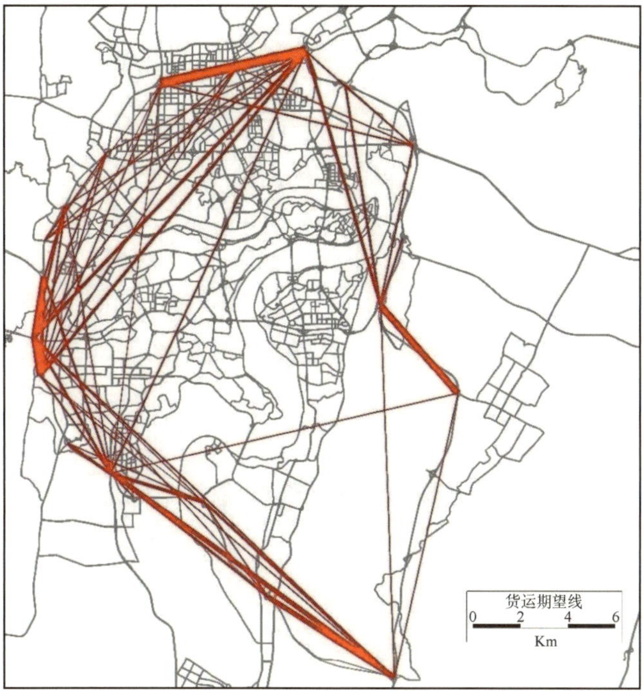

图 5-25　重庆市内环快速路段的货车 OD 分布

5.3.4　车辆路径监测

针对特定的路段，追踪通过该路段的车辆行驶轨迹，掌握车流的流向分布。重庆市中心城区山水分隔，跨江桥梁、穿山隧道是整个路网中车辆通行的主要瓶颈。通过车辆路径分析发现，内环以内小汽车出行量的 42.8%需要跨江。图 5-26 为中心城区跨嘉陵江的几个主要大桥的车辆流向分布情况。

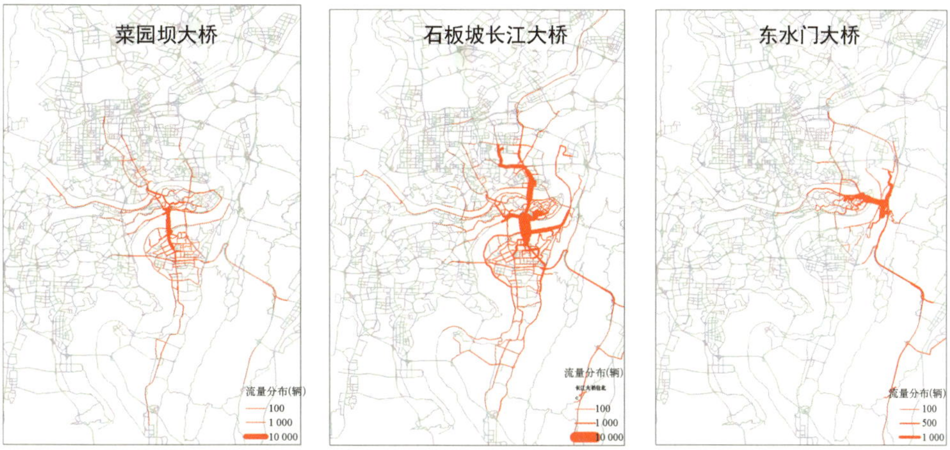

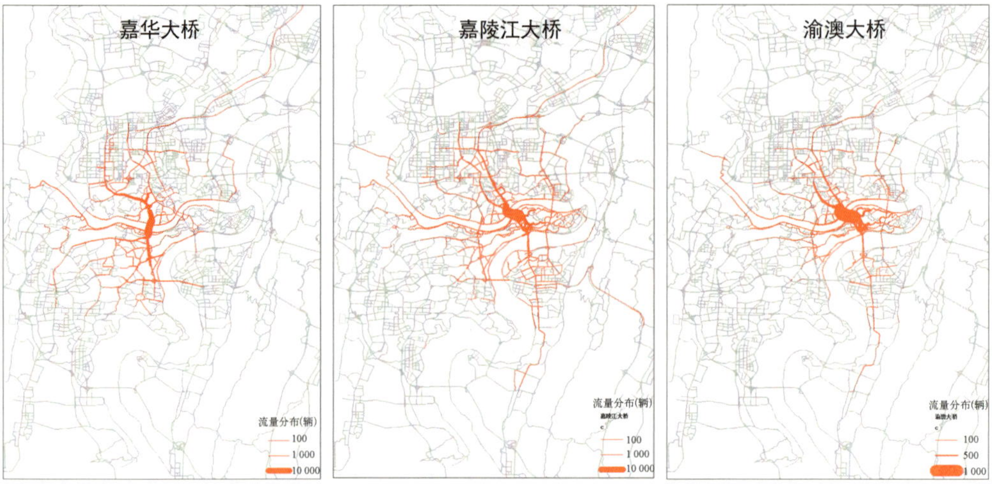

图 5-26　重庆市中心城区跨嘉陵江桥梁车辆流向分析

5.4 道路运行监测

道路运行监测是对道路运行状况的监测，主要包括车流量监测、车速监测、指数监测和拥堵监测等。

5.4.1 车流量监测

路段车流量监测是指对路段的高峰车流量、全日车流量和平峰车流量进行监测。图 5-27 为红锦大道观音桥方向早晚以及全日高峰小时流量监测数据对比。

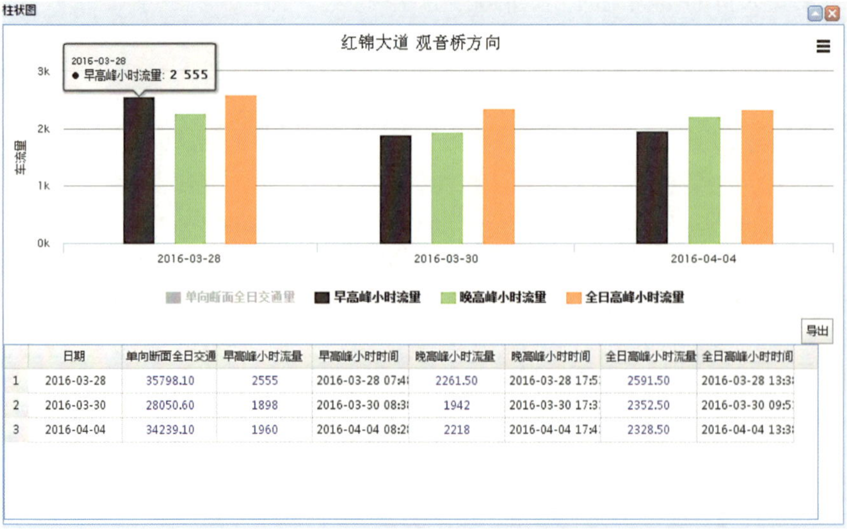

	日期	单向断面全日交通	早高峰小时流量	早高峰小时时间	晚高峰小时流量	晚高峰小时时间	全日高峰小时流量	全日高峰小时时间
1	2016-03-28	35798.10	2555	2016-03-28 07:4	2261.50	2016-03-28 17:5	2591.50	2016-03-28 13:3
2	2016-03-30	28050.60	1898	2016-03-30 08:3	1942	2016-03-30 17:3	2352.50	2016-03-30 09:5
3	2016-04-04	34239.10	1960	2016-04-04 08:2	2218	2016-04-04 17:4	2328.50	2016-04-04 13:3

图 5-27　红锦大道观音桥路段流量监测数据对比示意

5.4.2 车速监测

1. 路段行程车速

依托浮动车(出租车为主)车速采集系统,以 5 min 为间隔,对路段行程车速进行监测,如图 5-28 所示。

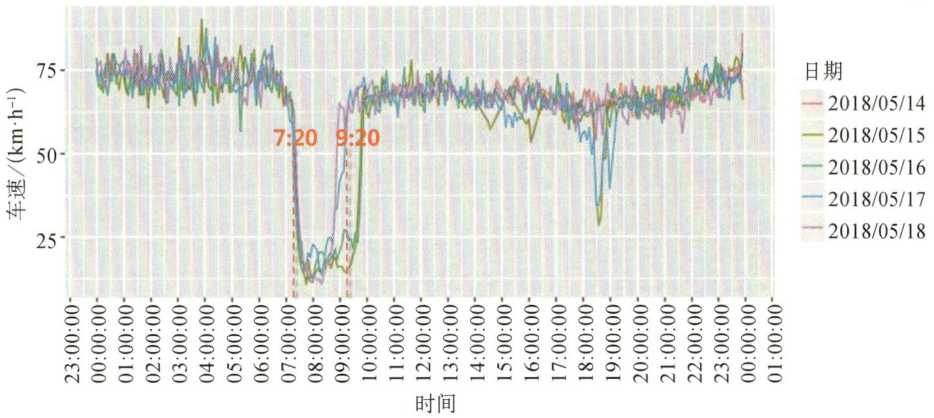

图 5-28　某路段 24 小时车速分布

2. 路网平均车速

道路和路网的平均行程车速按照各路段的空间平均速度进行计算,计算方法为

$$V_k = \frac{\sum_{j=1}^{n} l_j}{\sum_{j=1}^{n} (l_j / V_{kj})} \tag{5-1}$$

式中　V_k—— 路网在时间片段 k 的平均行程速度,km/h;

l_j—— 路段 j 的长度,m;

V_{kj}—— 路段 j 在时间片段 k 的平均行程速度,km/h;

n ——路网中统计路段数。

高峰时段、日、周、月、季、年的车速指标采用算术平均计算。可通过图 5-29 进行实时展示。

3. 自由流车速

自由流车速是指车辆不受其他车辆干扰情况下的车速,可综合反映道路的行车环境。针对评价路段按如下步骤进行计算,单位为 km/h。

(1) 将 6:00—24:00 按给定时间间隔等分,其间隔时间跨度不超过 15 min。

(2) 计算每一时间间隔平均行程速度的算术平均值,样本天数应不少于 30 d。

(3) 将计算出的平均值从大到小进行排序,取排序结果的前 1/9 进行平均,其结果作为路段的自由流速度。

(4) 当计算得到的自由流速度超过道路限速时取限速。

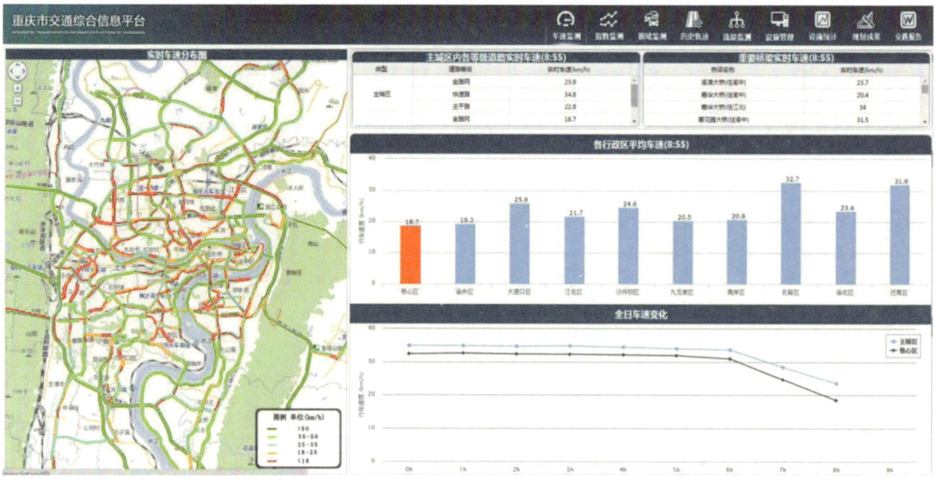

图 5-29　车速实时监测展示示例

5.4.3　运行指数监测

交通运行指数是综合反映路网交通运行状况的指标。按照以下步骤进行计算。

（1）计算以车道数为权重的路网行程时间比为

$$TPI_k = \frac{\sum_{j=1}^{n} d_j \cdot (l_j / V_{kj})}{\sum_{j=1}^{n} d_j \cdot (l_j / V_j^f)} \tag{5-2}$$

式中　TPI_k——路网在时间片段 k 的行程时间比；

d_j——第 j 个路段的车道数；

l_j——第 j 个路段的长度，m；

V_{kj}——第 j 个路段在时间片段 k 的行程速度，km/h；

V_j^f——第 j 个路段的自由流速度，km/h；

n——路网中统计路段数。

（2）按照路网行程时间比与交通运行指数的转换关系，线性插值计算得到路网交通运行指数（表 5-3），以及全天的运行指数时间分布（图 5-30）和空间分布（图 5-31）。

表 5-3　路网行程时间比与交通运行指数推荐转换关系

道路网行程时间比	[1, 1.3)	[1.3, 1.6)	[1.6, 1.9)	[1.9, 2.2)	[2.2, 2.5)	≥2.5
交通运行指数	[0, 2)	[2, 4)	[4, 6)	[6, 8)	[8, 10)	10
运行状态等级	畅通	基本畅通	轻度拥堵	中度拥堵	严重拥堵	
颜色表示						

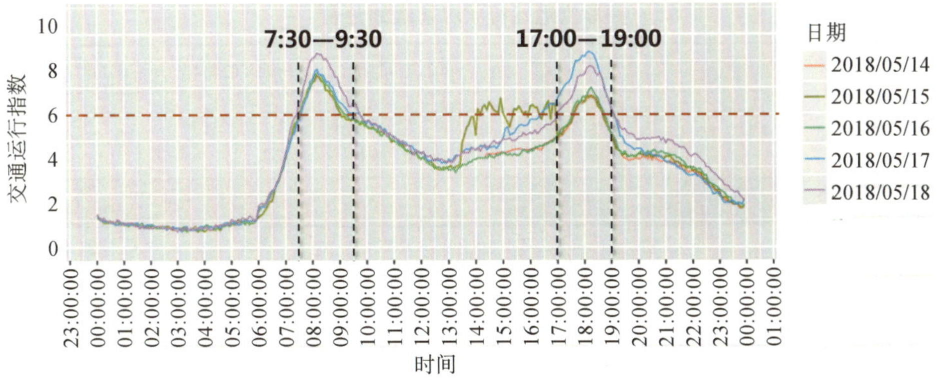

图 5-30　交通运行指数 24 h 分布

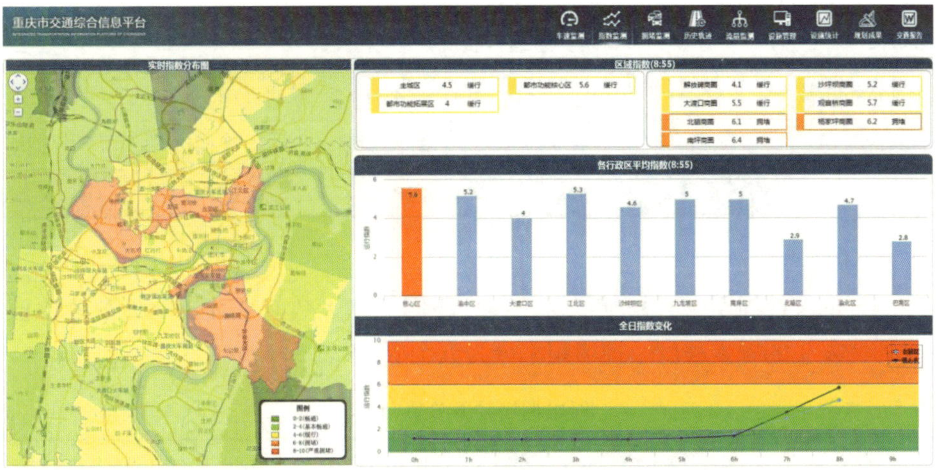

图 5-31　交通运行指数实时监测(区域拥堵实时监测)

5.4.4 拥堵监测

1. 拥堵状况分级

按照路段平均行程速度与自由流速度的比值关系,将路段交通运行状况划分为五个等级(表 5-4)。

(1) 路段平均行程速度大于自由流速度的 70%为畅通等级。

(2) 路段平均行程速度大于自由流速度的 50%且小于或等于自由流速度的 70%时为基本畅通等级。

(3) 路段平均行程速度大于自由流速度的 40%且小于或等于自由流速度的 50%时为轻度拥堵等级。

(4) 路段平均行程速度大于自由流速度的 30%且小于或等于自由流速度的 40%时为中度拥堵等级。

(5) 当路段平均行程速度小于或等于自由流速度的 30%为严重拥堵等级。

表 5-4 路段交通运行状况等级划分表

运行状况等级	畅通	基本畅通	轻度拥堵	中度拥堵	严重拥堵
取值范围	$V_{kj} > V^f \times 70\%$	$V^f \times 50\% < V_{kj} \leqslant V^f \times 70\%$	$V^f \times 40\% < V_{kj} \leqslant V^f \times 50\%$	$V^f \times 30\% < V_{kj} \leqslant V^f \times 40\%$	$V_{kj} \leqslant V^f \times 30\%$
颜色表示					

注：V_{kj} 表示路段平均行程速度，V^f 表示路段自由流速度。

2. 拥堵时长

按照路段、路网运行状况等级划分标准，统计特定时段（早高峰/晚高峰/全日）内，路段、路网处于严重拥堵状况的累计时间，反映拥堵持续时间。路段、道路按照表 5-4 确定运行状态，路网按照表 5-5 确定运行状态。

表 5-5 路网交通运行状况等级划分表

城市交通运行指数	[0, 2)	[2, 4)	[4, 6)	[6, 8)	[8, 10]
运行状况等级	畅通	基本畅通	轻度拥堵	中度拥堵	严重拥堵
颜色表示					

3. 拥堵频率

在一定的统计周期（周/月/年）内，路段、路网拥堵天数与统计周期天数的比值，反映路段拥堵发生的频繁程度。拥堵频率分为五个等级（表 5-6）。

表 5-6 路段拥堵频率分级标准

拥堵频率	[0, 0.2)	[0.2, 0.4)	[0.4, 0.6)	[0.6, 0.8)	[0.8, 1]
拥堵分级	畅通	偶发拥堵	低频拥堵	中频拥堵	高频拥堵

一般按早高峰、晚高峰、全日三个时段统计拥堵频率，也可对任意时段统计拥堵频率。

(1) 按早高峰统计拥堵频率：统计周期内，早高峰时段处于严重拥堵 0.5 h（含）以上的天数与统计周期天数的比值。

(2) 按晚高峰统计拥堵频率：统计周期内，晚高峰时段处于严重拥堵 0.5 h（含）以上的天数与统计周期天数的比值。

(3) 按全日统计拥堵频率：统计周期内，全日拥堵时长处于严重拥堵在 1 h（含）以上的天数与统计周期天数的比值。

(4) 按任意指定时段统计拥堵频率：统计周期内，指定时段严重拥堵时长超过（含）50%的指定时段时长的天数与统计周期天数的比值，时段长度建议不超过 1 h。

拥堵频率大于规定阈值的路段为常发拥堵路段，按照统计周期长度将常发拥堵路段分为周常发拥堵路段、月常发拥堵路段和年常发拥堵路段。

(1) 周常发拥堵路段指一周 5 个工作日内,大于或等于 4 d 拥堵的路段。

(2) 月常发拥堵路段指一月 4 个周内,大于或等于 3 周为周常发拥堵的路段。

(3) 年常发拥堵路段指一年 12 个月内,大于或等于 6 个月为月常发拥堵的路段。

4. 常发拥堵里程比例

统计常发拥堵路段长度与道路网总长度的比值,按照式(5-3)计算区域常发拥堵里程比例。

$$PFCR = \frac{\sum_{i=1}^{m} l_i^{fc}}{\sum_{j=1}^{n} l_j} \tag{5-3}$$

式中 $PFCR$ ——常发拥堵里程比例;

l_i^{fc} —— 区域内第 i 个常发拥堵路段的长度,km;

m ——区域内常发拥堵路段数;

l_j —— 区域内第 j 个路段的长度,km;

n ——道路网中统计路段数。

重庆市中心城区路网拥堵实时监测如图 5-32 所示。

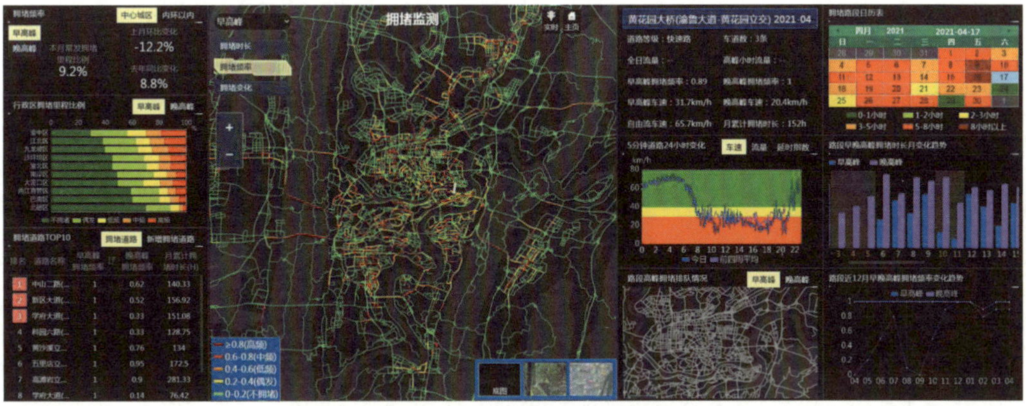

图 5-32 重庆市中心城区路网拥堵实时监测示例

5.4.5 行程时间波动性

多天中相同的时段通过路段、路网的行程时间标准差与均值的比值为波动性,波动性值越大,行程时间波动性越大。行程时间波动性指数反映的是多天中相同时间段交通运行状况的波动程度。

路段的行程时间波动性指数按照以下步骤计算。

(1) 计算路段在时间片段 k 每天的平均行程时间 $\overline{t_{kj}}$,$\overline{t_{kj}} = \frac{\sum_{i=1}^{n} t_{kji}}{n}$,$n$ 为车辆数,建

议分析时间片段长度为 20～30 min。

(2) 计算多天的平均行程时间 $\overline{t_{kj}}$ 的均值μ_{kj} 和标准差σ_{kj}，按照式(5-4) 计算得到路段 j 在时间片段k 的行程时间波动性指数为

$$TVI_{kj}=\frac{\sigma_{kj}}{\mu_{kj}} \tag{5-4}$$

式中 TVI_{kj}—— 路段在时间片段 k 的行程时间波动性指数；

σ_{kj}—— 路段在时间片段 k 的平均行程时间$\overline{t_{kj}}$ 的标准差；

μ_{kj}—— 路段在时间片段 k 的平均行程时间$\overline{t_{kj}}$ 的均值。

路网的行程时间波动性指数按照以下步骤计算。

(1) 计算各路段 j 在时间片段k 每天的平均行程时间$\overline{t_{kj}}$，将所有路段的平均行程时间加和作为路网的平均行程时间 $\sum_j \overline{t_{kj}}$，建议分析时间片段长度为 20～30 min；

(2) 计算多天的平均行程时间 $\sum_j \overline{t_{kj}}$ 的均值μ_k 和标准差σ_k，按照式(5-5) 计算得到路网在时间片段 k 的行程时间波动性指数为

$$TVI_k=\frac{\sigma_k}{\mu_k} \tag{5-5}$$

式中 TVI_k—— 路网在时间片段 k 的行程时间波动性指数；

σ_k—— 路网在时间片段 k 的平均行程时间 $\sum_j \overline{t_{kj}}$ 的标准差；

μ_k—— 路网在时间片段 k 的平均行程时间 $\sum_j \overline{t_{kj}}$ 的均值。

5.5 公共交通运行监测

公共交通运行监测包括地面公交和轨道交通的运行监测，主要有公交分担率监测、地面公交运行监测、轨道客流监测和轨道拥挤监测等。

5.5.1 公共交通分担率监测

公共交通分担率(特别是公共交通的机动化分担率)是城市交通总体评价指标中最重要的指标之一，公交都市建设对城市的公共交通机动化分担率提出了考核要求。公共交通分担率监测可进一步细分为城市整体分担率监测和不同片区的分担率监测。

1. 城市整体分担率

2019 年，重庆市中心城区公共交通机动化分担率为 58.5%。其中轨道分担率 18%，同比上升 1.7%，保持持续上升趋势；公共汽车分担率 40.5%，同比下降 1.6%，持续下滑。个体机动化方式分担率 35.3%，同比上升 0.3%，增速有所放缓(2018 年相比

2017 年提升 0.7%），如图 5-33 所示。

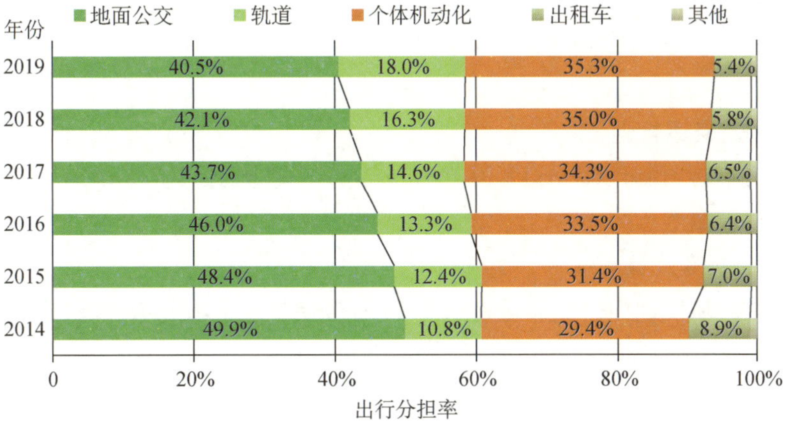

图 5-33 重庆中心城区居民机动化出行分担率

2. 分区域分担率

由于城市不同区域可能处于不同的发展阶段，且各自的功能结构和自然禀赋可能存在差异，因此有必要进行分区域的分担率监测，以指导不同区域的差异化发展。

（1）穿两山分担率。

重庆市中心城区被中梁山、铜锣山南北纵向分隔，分为西、中、东三个槽谷。

中部槽谷与西部槽谷间日均机动化出行量为 60.4 万人次，其中公共交通出行量达 26.2 万人次（轨道出行量为 19.3 万人次，公共汽车出行量为 6.9 万人次），小汽车及出租车出行量共计 34.2 万人次。公共交通分担率 43.4%（轨道分担率 31.9%，公共汽车分担率 11.5%），小汽车及出租车分担率 56.6%。

中部槽谷与东部槽谷间日均机动化出行总量为 45.7 万人次，其中，公共交通出行量达 23.2 万人次（轨道出行量为 12 万人次，公共汽车出行量为 11.2 万人次），小汽车及出租车出行量 22.5 万人次。公共交通分担率 50.8%（轨道分担率 26.3%，公共汽车分担率 24.5%），小汽车及出租车分担率 49.2%。

（2）跨内环快速路分担率。

重庆市中心城区内环以内区域发展相对成熟，内环以外的区域大部分属于城市新发展区域，内环内、外之间的联系非常紧密。

跨内环日均机动化出行量共计 367.1 万人次，其中，公共交通出行量达 153 万人次（轨道出行量为 86.2 万人次，公共汽车出行量为 66.8 万人次），小汽车及出租车出行量达 214.1 万人次。公共交通分担率 41.7%（轨道分担率 23.5%，公共汽车分担率 18.2%），小汽车及出租车分担率 58.3%。

（3）内环以内跨两江分担率。

内环以内跨江日均机动化出行量是 364.2 万人次，其中公共交通出行量为

167.4 万人次(轨道出行量 103.8 万人次,公共汽车出行量 63.6 万人次),小汽车及出租车出行量共计 196.8 万人次。公共交通分担率 46%(轨道分担率 28.5%,公共汽车分担率 17.5%),小汽车及出租车分担率 54%。

5.5.2 地面公交运行监测

地面公交运行监测包括公交客流监测、公交车速监测、公交与小汽车车速比监测以及公交优先道监测等。

1. 地面公交客流监测

重庆市中心城区地面公交客运量从 2014 年开始呈现下滑趋势,2017 年下滑有所放缓,2019 年又有加速下滑的态势,如图 5-34 所示。

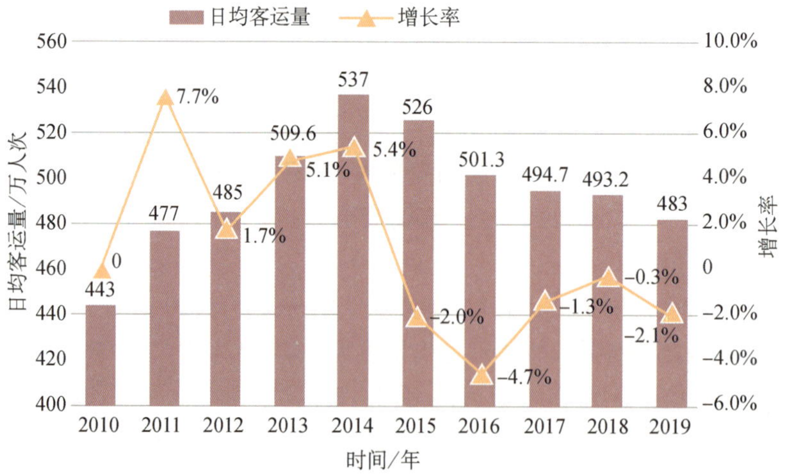

图 5-34　重庆市中心城区地面公交日均客运量变化趋势

地面公交客运量也呈现出季节变化,不同的月份有较大的波动,如图 5-35 所示。重庆市中心城区高峰小时公交客流分布如图 5-36 所示。

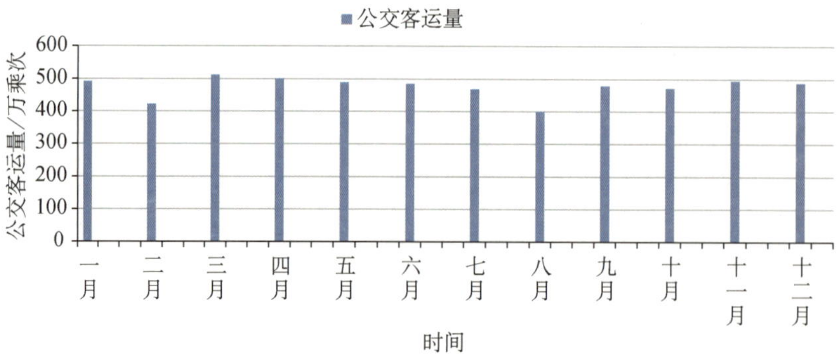

图 5-35　重庆市中心城区全年公交客运量

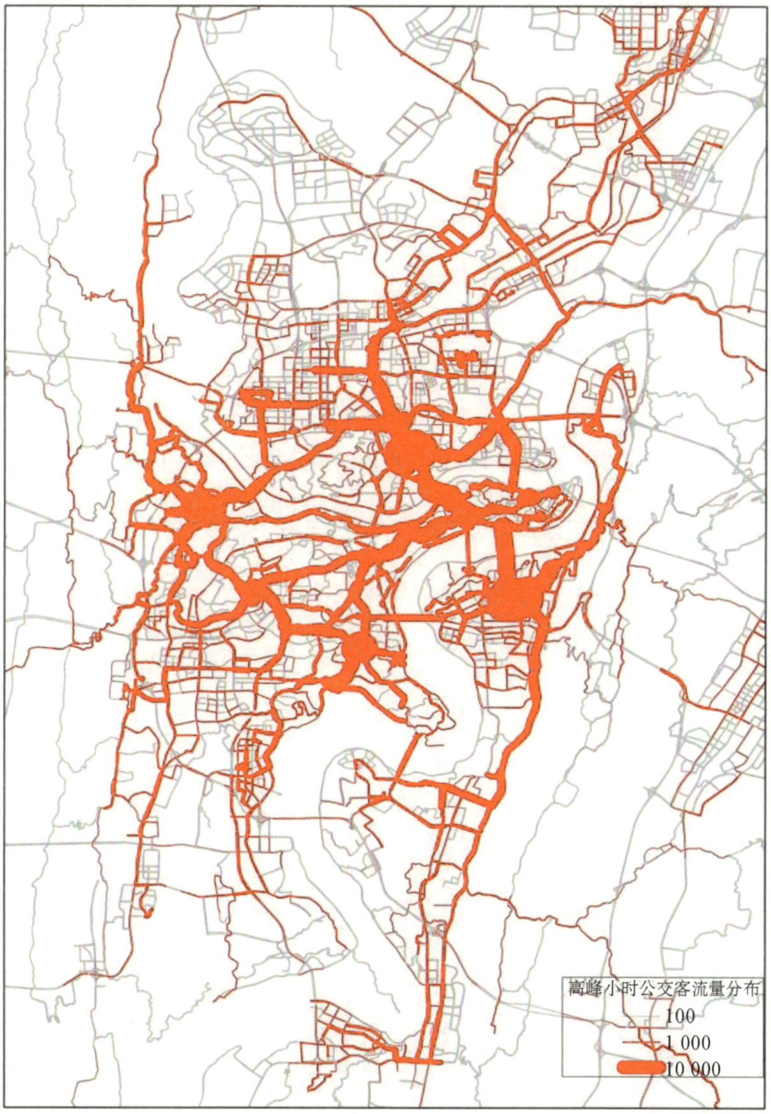

图 5-36 重庆市中心城区高峰小时公交客流分布

2. 地面公交运行监测

重庆市中心城区公交车高峰小时运行速度普遍在 10～25 km/h 之间，且多偏向于低速值，2019 年为 14.1 km/h。从与小汽车车速对比来看，2019 年小汽车高峰小时车速达 22.9 km/h，是公交车的 1.62 倍。其中，50%以上的道路小汽车车速是公交车车速的 1.5 倍以上，仅有 25%的道路小汽车车速低于公交车车速的 1.2 倍。重庆市中心城区小汽车与公交车运行车速比值如图 5-37 所示，重庆市中心城区小汽车与公交车车速比值空间分布如图 5-38 所示。

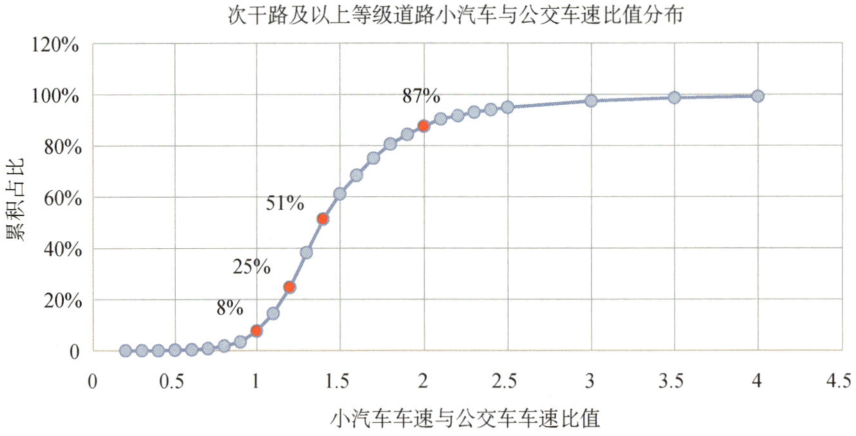

图 5-37　重庆市中心城区小汽车与公交车运行车速比值

图 5-38　重庆市中心城区小汽车与公交车车速比值空间分布

2019 年,重庆市中心城区公交优先道共 28 条,如图 5-39 所示,总里程约为 161 km。

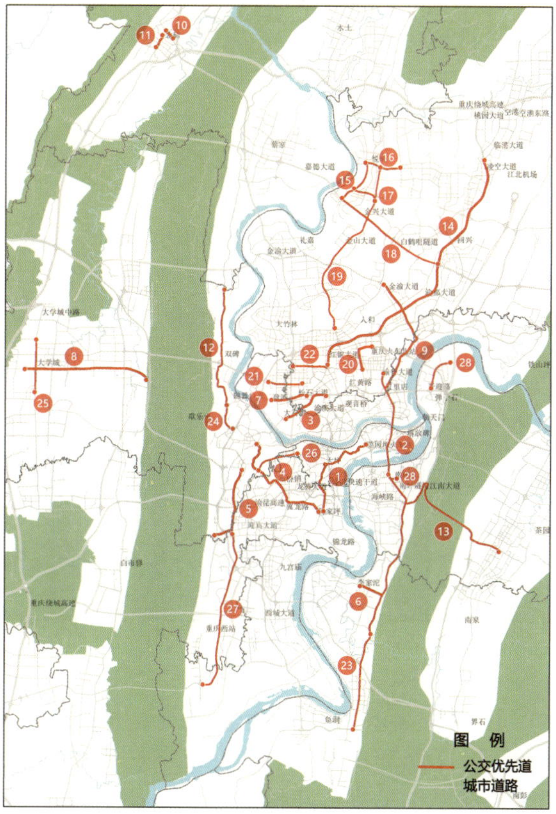

图 5-39　重庆市中心城区 2019 年公交优先道分布

从整体运行车速来看,近几年公交车高峰运行车速呈持续下降的态势,2018 年略有回升,2019 年又有所下降(图 5-40)。

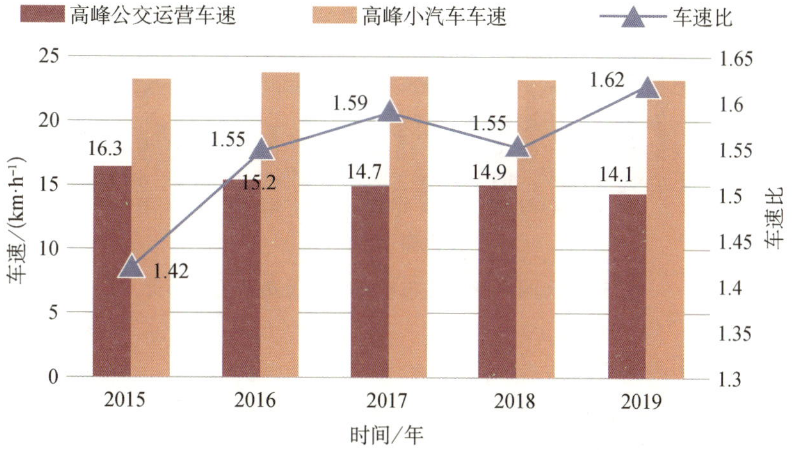

图 5-40　重庆市中心城区公交优先道高峰运行速度

5.5.3 轨道运行监测

轨道运行监测主要包括线路客流监测、轨道线路客流监测、轨道进出站客流监测和轨道换乘监测等。

1. 线路客流监测

2019 年重庆市中心城区轨道线网日均客运量 285.4 万人次，同比增加 50.3 万人次，增长了 21.4%(图 5-41)。

图 5-41 重庆市中心城区轨道线网日均客运量及增长率

轨道线网客运强度是指单位里程运送的乘客数，反映轨道的客流效益。重庆市中心城区轨道线网客运强度 0.91 万人次/(km · d)，处于较低水平(图 5-42)。

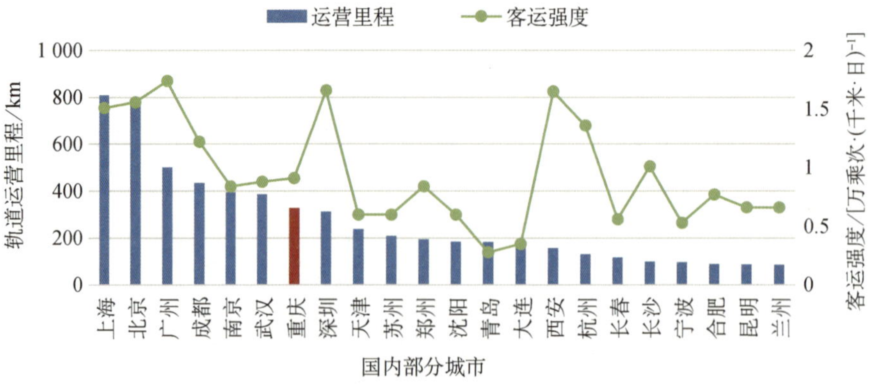

图 5-42 国内部分城市轨道里程及负荷强度对比

2. 轨道线路客流监测

2018 年、2019 年重庆市中心城区轨道线路日均客运量、客运强度、高峰断面客运量如表 5-7 所示，图 5-43 为重庆中心城区轨道线路断面客流分布情况。

表 5-7　　重庆市中心城区轨道客流一览表

运营指标	年度	线路								
		重庆市轨道交通1号线	重庆市轨道交通2号线	重庆市轨道交通3号线	重庆市轨道交通6号线	重庆市轨道交通5号线	重庆市轨道交通10号线	重庆市轨道交通6号线支线	重庆市轨道交通4号线	重庆市轨道交通环线
日均客运量/万人次	2018年	56.4	31.6	83.3	48.8	3.7	9.5	1.8	1.1	14.3
	2019年	56.9	33.4	84.8	57.8	7.6	16.9	2.3	1.6	24.1
客运强度/[万人次/(km·d)$^{-1}$]	2018年	1.45	1.01	1.24	0.77	0.22	0.28	0.14	0.07	0.43
	2019年	1.46	1.07	1.26	0.91	0.46	0.49	0.18	0.10	0.72
高峰小时高断面客运量/万人次	2018年	2.99	2.21	3.75	2.62	0.67	0.68	1.81	0.11	0.88
	2019年	2.78	2.22	3.77	2.79	0.87	1.10	1.76	0.27	1.49

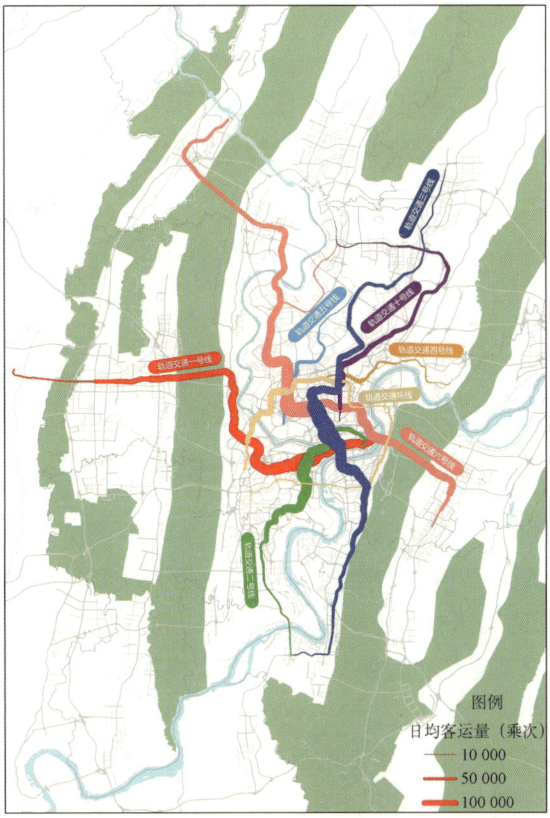

图 5-43　重庆市中心城区轨道线路断面客流分布

3. 轨道进出站客流监测

进出站客流反映单个轨道站的客流吸引能力，与轨道站所在的区位以及周边的用地开发、人口聚集和功能聚集紧密相关。

2019 年重庆市中心城区轨道日均进站量 193.3 万人次，同比增加 16.7 万人次，增长 9.5%。重庆中心城区轨道站点客流分布如图 5-44 所示。

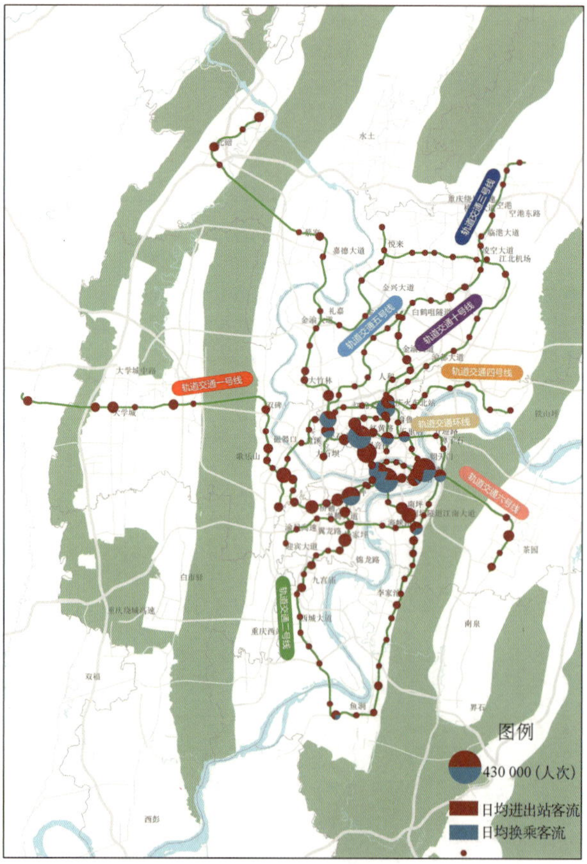

图 5-44　重庆市中心城区轨道站点客流分布

4. 轨道换乘客流监测

重庆市中心城区轨道线网日均换乘量达 92.1 万人次，同比增加了 23.9 万人次，增长了 35.0%。轨道交通网络换乘系数为（网络日均进站客流量与日均客运量的比值）1.46，同比上升了 0.06。重庆中心城区轨道站公交换乘客流分布，如图 5-45 所示。

5. 轨道拥挤监测

以高峰小时车厢立席密度来评价轨道拥挤状况。定义高峰小时车厢立席密度：超过 5 人/m^2 的状况为拥挤状态，重庆市中心城区轨道线网高峰小时处于拥挤状态的区段长度为 31.1 km。重庆中心城区轨道线路拥挤区段分布，见图 5-46。

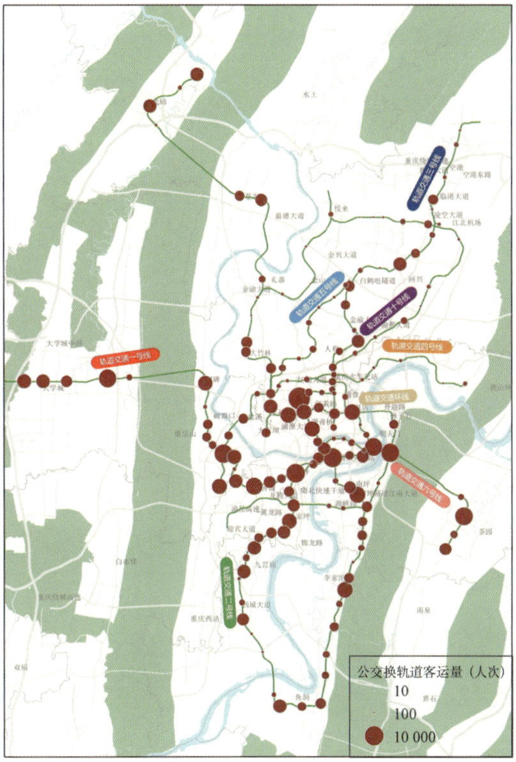

图 5-45　重庆市中心城区轨道站公交换乘客流分布(含换乘客流)

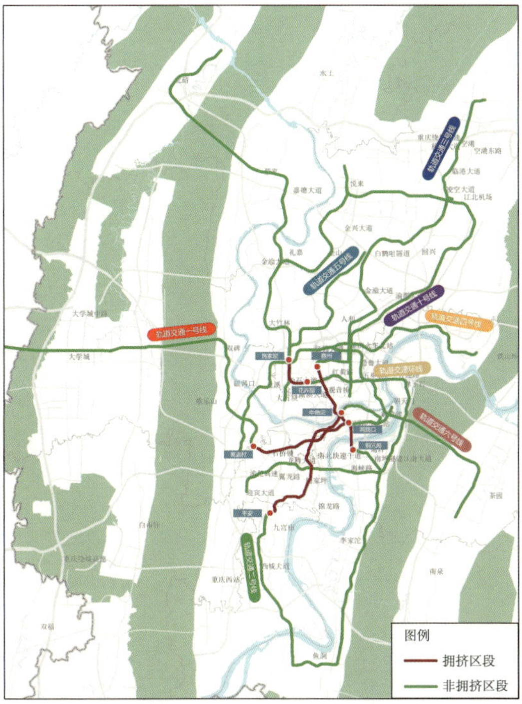

图 5-46　重庆市中心城区轨道线路拥挤区段分布

6 基于大数据的综合交通模型改进

传统交通模型主要根据城市社会经济、人口岗位、居民出行和道路流量等大量基础调查数据，将一个城市居民的出行分布、出行距离、出行方式以及出行路径等出行行为特征进行数学化总结，并通过计算机软件构建出反映城市居民交通出行规律的数据模型组合。传统的交通模型一般包括交通网络模型和出行需求模型(图 6-1)。前者主要包括道路网、地面公交网和轨道交通线网及其附属属性和函数；后者指各阶段互相反馈的四阶段模型，主要模块为路网分配模型和公共交通网络分配模型。

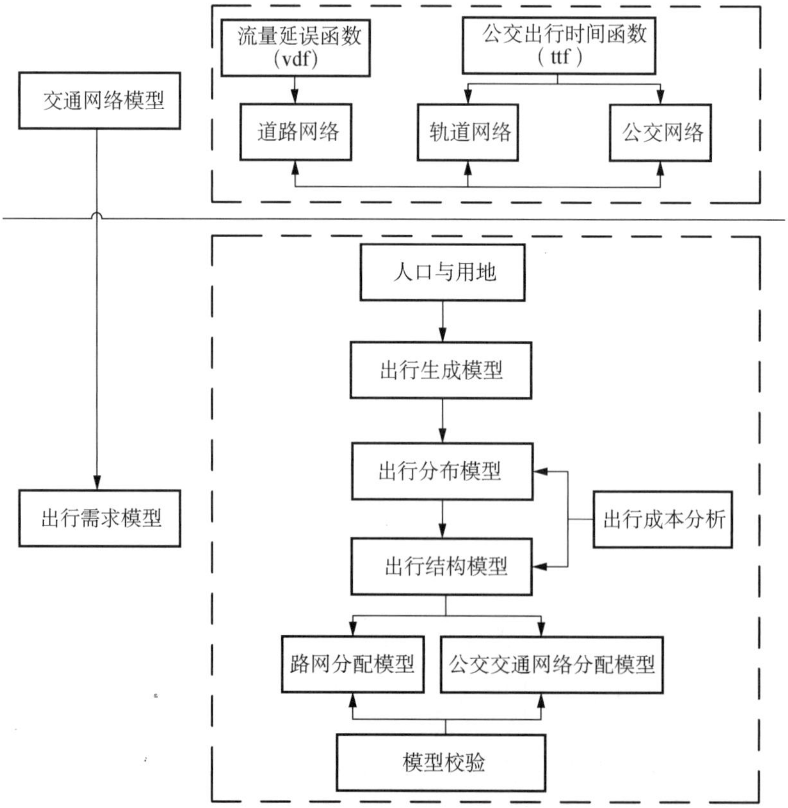

图 6-1　传统交通模型框架示例

在传统交通模型构建框架下，结合海量、多源的交通大数据，经过多年的研究和积累，在交通调查、交通网络模型和出行需求模型等方面对传统交通模型进行了一些积极的改进和探索。主要包括公交线网构建、流量延误函数标定、交通小区人口细化、出行分布修正以及公共交通出行需求分析等方面。

6.1　传统交通模型的不足

传统交通模型最早出现于 20 世纪 60 年代美国芝加哥市发表的《芝加哥地区交通

研究》(*Chicago Area Transportation Study*)中，即经典“四阶段模型”，将交通需求分析分为交通发生、交通分布、交通方式划分和交通分配四个步骤。此后，“四阶段模型”交通预测理论和方法被广泛应用于城市交通规划与研究中。

6.1.1 传统交通模型理论的不足

传统交通模型是一种集计模型，即以交通小区为基本单元，采用分类、回归等数理统计分析方式建立的交通模型，用“均值”来表现某一类群体的出行行为特征，抹杀了个体的复杂出行行为特征。其不足具体表现在以下方面。

(1) 在出行生成、出行分布和方式划分过程中，均采用集计型变量来反映其出行行为特征，如产生率、吸引率、产生吸引回归系数、平均出行阻抗分布与出行比例系数等，但这并未反映出行需求与交通网络系统之间的相互影响，最终的供需平衡不得不通过四阶段的反馈循环迭代实现。

(2) 以单一的完整出行行为为基本分析对象，难以反映出多目的地、多种交通方式的换乘行为，如小汽车与轨道或者地面公交之间的换乘行为、上班过程中送小孩上学、下班过程中购物等出行行为。

(3) 出行次数基本以天为统计单元，通过高峰小时系数来反映高峰小时出行需求，难以反映潮汐出行现象、道路拥堵和停车条件等对于出行时间选择的影响。

(4) 四阶段模型之间相互独立，缺乏系统内部的统一性。如出行产生和出行吸引之间、人车出行转换之间、系统内部和外部出行之间、出行阻抗(时间费用)在出行分布以及方式选择和交通分配之间的一致性问题。

(5) 四阶段模型较难直接、准确地反映交通出行政策对于出行行为和出行需求的影响，如公交补贴、小汽车牌照拍卖、拥挤收费、停车收费、燃油价格调整、停车换乘和公交专用车道设置等，特别是多种政策的组合，如拥挤收费和公交补贴的同时实施等。

近年来，为了克服传统四阶段模型存在的不足，美国、欧洲和国内一些学者已经开始了出行行为模型的研究[1, 2]，并已在一些美国大城市得到了实际应用，期待出行行为模型逐渐由最佳理论走向最佳实践。

6.1.2 传统交通模型数据采集的不足

目前，传统交通模型在交通基础数据获取和交通模型构建方面，主要存在以下问题。

(1) 交通基础数据获取主要采取人工调查方式，存在大规模交通调查难度大、调查频次低、抽样率低、样本分布不均匀、调查费用过高和性价比较低等问题。

(2) 构建交通模型的过程中，重点采用人工调查数据和统计数据，存在数据错误、数据样本量不足、难以精确到较小的统计单元和模型函数无法精确标定等影响模型精度的问题。

（3）在构建交通网络模型，特别是地面公交线网模型时，公交线路和站点的数据采集工作通过传统人工问询和调查统计数据获得，存在工作效率低下、无法精确定位站点以及长期维护困难等问题。

6.2 基于大数据的交通调查技术改进

随着公交 IC 卡刷卡数据、车辆 GPS 数据、手机信令数据、车辆 RFID 数据以及腾讯、高德和百度等开源数据的可获取性越来越高，这些海量、实时的时空数据具有多维度分析、连续追踪的优势，可以较好地弥补传统调查方式无法长时间不间断调查、调查抽样率低与调查人工成本高等不足。

1. 基于 GIS 的居民出行调查

居民出行调查的目的是了解居民的出行特征，调查结果也是建立交通预测模型的重要数据来源。通过调查，可以掌握全市居民的出行需求总量、出行需求在时间和空间上的分布，并分析总结出交通需求产生的规律，从而建立起交通预测模型。

采用基于 GIS 的居民出行信息采集系统，由调查员手持平板电脑进行入户数据采集（图 6-2—图 6-9）。该采集系统不仅在各个指标中植入了大量的逻辑判断，同时还内嵌了城市电子地图数据，可以精确提取各种地址的经度和纬度信息，在数据应用时可以适用于不同标准的交通小区划分，从而提高数据的可利用性。从实际调查效果和调查员的反馈信息来看，该技术的使用减少了调查员的工作量，缩短了调查时间，增加了被访用户的配合程度，大大提高了调查效率和精度。该技术具有以下特点。

图 6-2　登录界面

图 6-3　家庭列表

图 6-4　家庭信息

图 6-5 成员列表

图 6-6 成员信息

图 6-7 出行列表

图 6-8 出行信息Ⅰ

图 6-9 出行信息Ⅱ

(1) 调查表格数字化。利用数据采集终端设备，将居民出行信息内容电子化，免去大量调查表格的印刷和携带。

(2) 家庭地址和出发地、到达地地图搜索。利用嵌入式地图引擎技术和搜索引擎技术，实现家庭地址信息和出发地、到达地的位置信息搜索定位，并自动将坐标信息(X、Y)保存到数据库。规避了居民出行调查时查看纸质《交通小区编码图》的环节，大大提高了居民出行位置信息的精度，有效缩短了调查时间。

(3) 免去了巨量调查表格数据的录入工作量，减少了所需时间并降低了误差。

(4) 数据采集实时纠错功能。系统预先设定调查指标项的纠错规则，当访问人员出现错误填写调查指标项内容时，系统自动报错并给出修改建议。

2. 基于车载 RFID 和视频数据的交通流量调查

通过道路交通流量调查，分析并了解路网的车辆流量、流向，车流的时间和空间分布规律，车辆构成情况与方向不均匀性等。结合道路基础设施分析路网容量，了解路网交通负荷、服务水平，可用于校验交通模型，支撑交通规划方案的制定。采用 RFID 检测数据、卡口监测数据和视频数据等相结合的调查方式采集道路交通流量。

利用车载 RFID 采集道路断面流量及车型、行程时间(车速)、机动车客流分布等数据。重庆市 RFID 系统应用实例见图 6-10。

图 6-10　重庆市 RFID 系统应用实例

通过高清卡口可获取车辆的通过时间、地点、行驶方向、号牌号码、号牌颜色等数据。

视频调查即在调查路段或交叉口附近布置一个或若干个摄像机点位，对调查对象实施连续视频摄像，待外业采集完成后，再对所拍录像进行计数分析，统计出调查对象的车流量情况(图 6-11)。视频调查法的优点在于数据质量的可追溯性，大大提升了对调查质量的把控能力。

图 6-11　某视频摄像调查示意

3. 基于车辆 GPS 数据的车速调查

利用车辆 GPS 的车速建模技术，通过获取装有 GPS 设备的各种车辆运行数据，可以计算得到道路网或路段的实时车速。较好地解决了传统的人工计数和计算方式所存在的数据量小、精度不高以及无法大规模获取数据等问题。

6.3 基于大数据的交通网络模型改进

6.3.1 公交线网构建

在大数据背景下，丰富的数据源为提高构建地面公交线网的效率提供了可能：一是可通过公交车辆 GPS 定位数据构建公交线网，即根据公交车辆 GPS 数据的行车轨迹构建公交线路，当公交车运行至车站时，将会停车上、下客，此时车辆速度降至 0，经过较长时间的训练可以以此获取公交车站的经纬度坐标，进而获取各行车方向的公共汽车线路及车站信息，并构建公交线网；二是通过下载开源数据，如百度、高德等网站的公共汽车线路车站信息，通过相应的坐标转换、车站识别等操作，导入至本地交通模型中，构建公交线网。

1. 基于公交 GPS 数据构建公交线网

采用公交车辆 GPS 数据构建公交线网，需要通过公交站点聚类识别—公交站点路网构建—公交线路站点准备—公交线路构建—核查校验等步骤的实现，具体操作如下。

(1) 公交站点聚类识别：采集平峰时段公交车辆 GPS 车速数据降低至 0 的数据记录，根据对应线路不同运行方向的站点数进行聚类分析，获取各线路站点的经纬度坐标。进而根据线路站点的经纬度坐标进行二次聚类分析，获取整体线网公交线路物理站点的经纬度坐标。

(2) 公交站点路网构建：运用交通规划软件 Transcad，采用类似于添加形心连杆的步骤，以站点为形心，将对应的公交站点落入到路网中(图 6-12)。

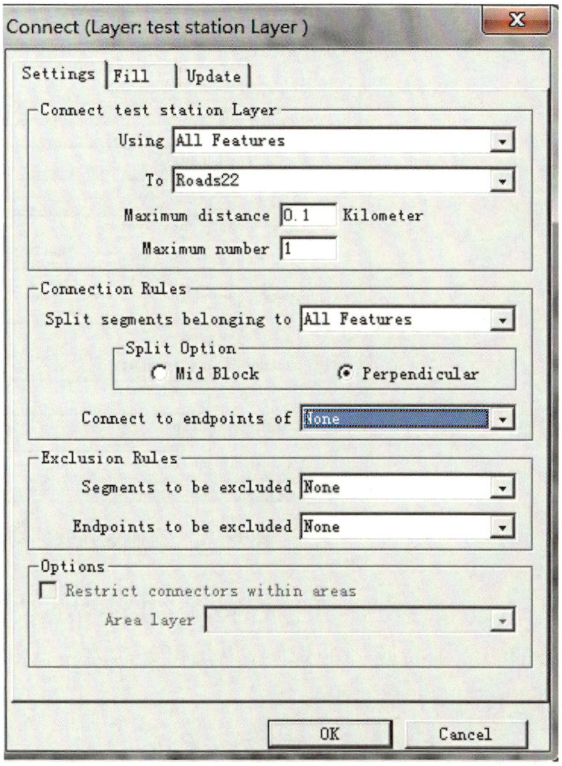

图 6-12　交通规划软件生成型心连杆设置

(3) 公交线路站点准备：构建公

交线路需要准备三列数据，包括公交线路号（含公交线路方向）、路网中站点对应编号以及站点标识码（表 6-1）。

表 6-1　　公交线路站点构建准备基础数据示例

Route	Node	Stop	Route	Node	Stop
1011	53536	1	1011	55425	1
1011	53700	1	1011	53798	1
1011	53702	1	1011	53840	1
1011	53744	1	1011	53836	1
1011	53806	1	1012	53836	1
1011	53818	1	1012	53852	1
1011	53820	1	1012	53802	1

（4）公交线路构建：运用交通规划软件 Transcad，基于 GIS 路网，采用公交线路相邻站点间走行最短路径方法依次构建公交线路（图 6-13）。

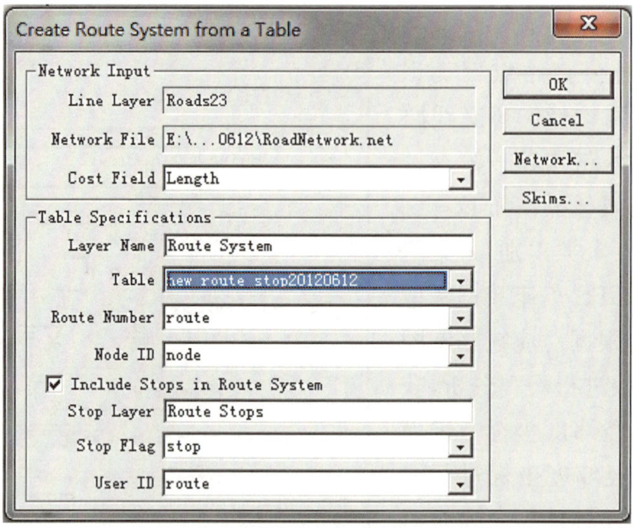

图 6-13　交通规划软件构建公交线路设置

（5）核查校验：所生成的公交线路受站点位置匹配误差、道路立交形式以及公交线路的实际走行路径的影响，仍然可能存在一定的问题，这需要对公交线路 GPS 行走轨迹进行逐一排查（图 6-14）。

2. 基于开源数据构建公交线网

采用开源数据，经过公交线路信息下载—公交线路导入—公交线路坐标调整—公交

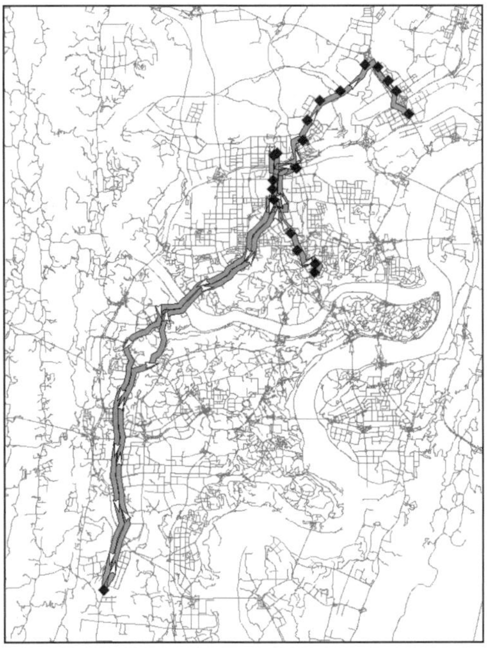

图 6-14　位置匹配错误示例

线网转移(模型路网)—公交线路修正—公交线路站点识别等步骤,获取地面公交线网。

(1) 公交线路信息下载:采用 JavaScript 脚本语言,编辑程序抓取公交线路与站点信息,包括线路名称、线路起终点、服务时间、所属公司、站点数量、站点名称与经纬度以及沿途节点经纬度等信息(图 6-15)。


```
city, 重庆市
keyword, 203
number_of_lines, 4
203路(民安华福e区-天陈路(沙客站))
203路(天陈路(沙客站)-民安华福e区)
永川203路(棠皇坝-动物园)
永川203路(动物园-棠皇坝)
name, 203路(民安华福e区-天陈路(沙客站))
start_time, 05:45
end_time, 21:00
company,  重庆公交集团第二公交公司
number_of_stations, 34
0, 民安华福e区, 106.452107, 29.429838
1, 民安华福3站, 106.449394, 29.434391
2, 民安华福2站, 106.451415, 29.438622
3, 民安华福1站, 106.447912, 29.440663
4, 恒大雅苑, 106.44832, 29.445522
5, 华福大道2站, 106.449142, 29.452095
6, 西城绿锦, 106.449322, 29.454863
7, 华福大道1站, 106.449964, 29.459431
8, 人和后街, 106.448325, 29.46245
9, 盾安(九龙), 106.44616, 29.465693
10, 四十七中学(环宇中学), 106.440438, 29.470952
11, 动力厂, 106.441327, 29.476977
12, 玉清寺, 106.441579, 29.480884
13, 华玉路, 106.442589, 29.486327
14, 半山环道口, 106.443447, 29.490485
15, 西山村, 106.444979, 29.495818
```


图 6-15　开源数据抓取公交线路站点信息示例

(2) 公交线路导入:将抓取的公交线路站点信息导入交通规划软件 EMME,并输出公交线路站点格式信息文件(图 6-16—图 6-18)。

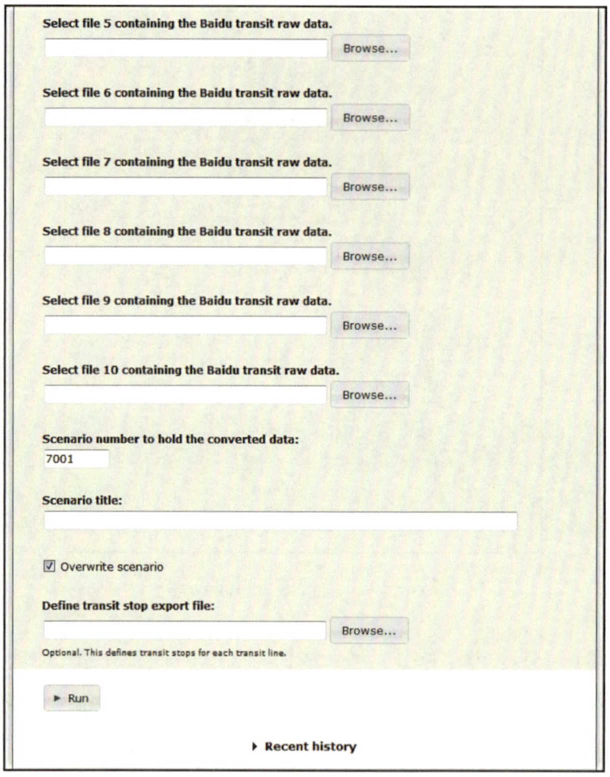

图 6-16　公交线路站点抓取信息导入

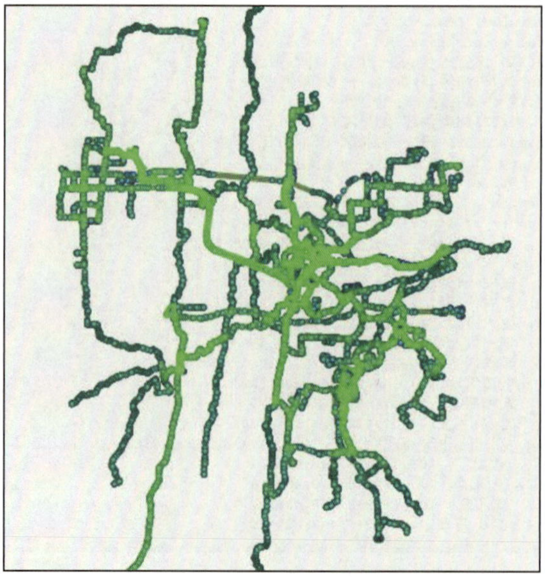

图 6-17　通过开源数据抓取的公交线路示意图

Transit_Line	Line_Name	Transit_Node	Stop_Type	Stop_x	Stop_y
203d1	203 路（堂皇坝-动物园）	505001	Y	105.8614	29.39364
203d1	203 路（堂皇坝-动物园）	505027	Y	105.8664	29.38486
203d1	203 路（堂皇坝-动物园）	505044	Y	105.8693	29.37932
203d1	203 路（堂皇坝-动物园）	505062	Y	105.87	29.37399
203d1	203 路（堂皇坝-动物园）	505080	Y	105.873	29.37029
203d1	203 路（堂皇坝-动物园）	505085	Y	105.8747	29.36939
203d1	203 路（堂皇坝-动物园）	505089	Y	105.876	29.36835
203d1	203 路（堂皇坝-动物园）	505097	Y	105.8791	29.3652
203d1	203 路（堂皇坝-动物园）	505111	Y	105.8821	29.36276
203d1	203 路（堂皇坝-动物园）	505115	Y	105.8839	29.36163
203d1	203 路（堂皇坝-动物园）	505125	Y	105.8863	29.36117
203d1	203 路（堂皇坝-动物园）	505133	Y	105.8878	29.36073
203d1	203 路（堂皇坝-动物园）	505145	Y	105.8898	29.35856
203d1	203 路（堂皇坝-动物园）	505152	Y	105.8917	29.35737
203d1	203 路（堂皇坝-动物园）	505164	Y	105.8967	29.35652
203d1	203 路（堂皇坝-动物园）	505173	Y	105.8994	29.35415
203d1	203 路（堂皇坝-动物园）	505184	Y	105.9015	29.35346
203d1	203 路（堂皇坝-动物园）	505201	Y	105.9065	29.35393

图 6-18　输出公交线路站点信息格式

（3）公交线路坐标调整：抓取的公交线路站点信息拥有自身设定的坐标系统，与实际的 WGS-84 坐标系存在一定偏差，需进行相应的坐标转换；采用 EMME 交通规划软件调整经纬度信息，移动抓取公交线路与站点坐标（图 6-19 和图 6-20）。

图 6-19　调整前公交线路与 WGS-84 坐标系地图的关系

图 6-20　调整后公交线路与 WGS-84 坐标系地图的关系

(4) 公交线网转移(模型路网):利用 EMME 交通规划软件将已调整好的坐标开源公交线网导出为 shape 文件,并将 shape 文件导入至现状路网,修改公交的线路模式(mode)和车型(vehicle)(图 6-21 和图 6-22)。

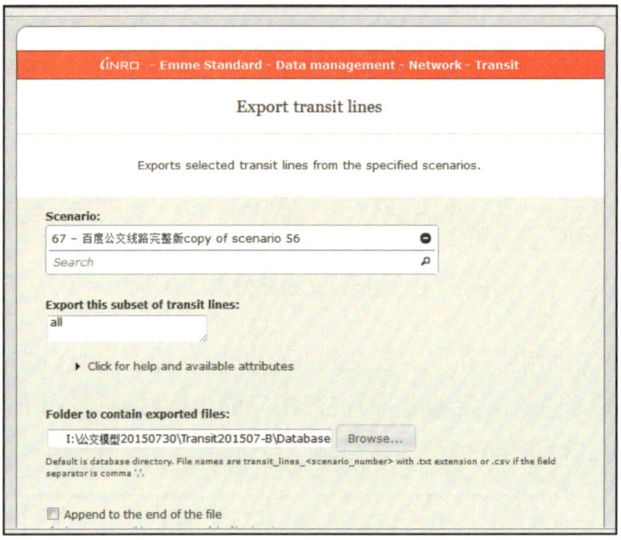

图 6-21 公交线路导出设置

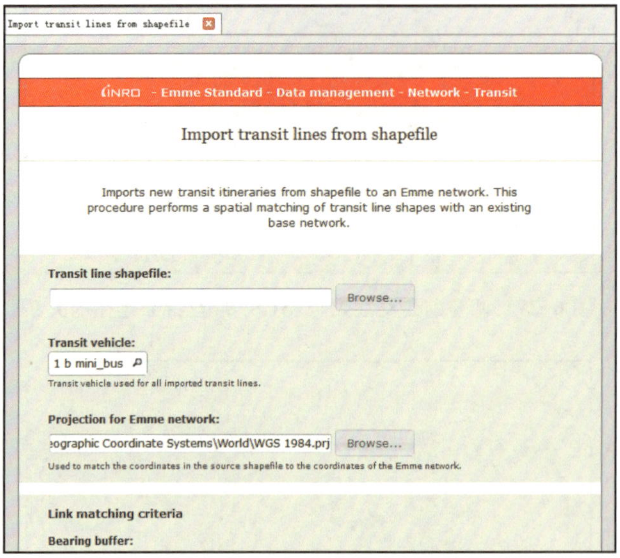

图 6-22 公交线路导入设置

(5) 公交线路修正:开源数据自身坐标系统与现状路网 WGS-84 坐标系统存在偏差,EMME 交通规划软件部分路段缺少站点,加之受重庆市中心城区立交节点过多等多种因素的影响,仍需对部分公交线路的走行路径进行修正(图 6-23)。

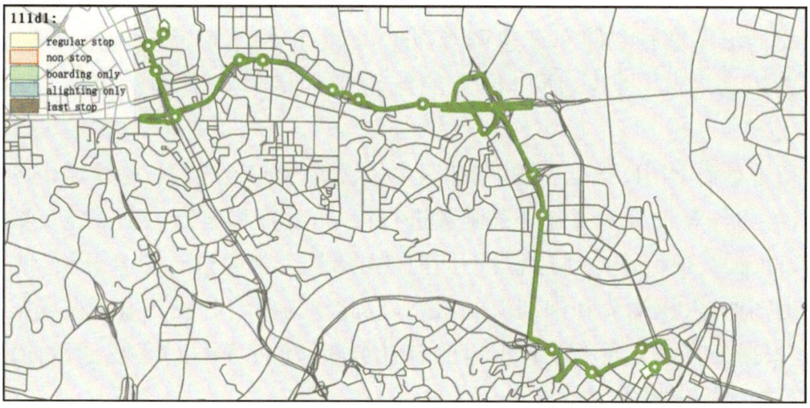

图 6-23　某公交线路在立交节点附近走行路径存在问题

(6) 公交线路站点识别：基于调整好坐标的开源公交线路站点信息，采用 EMME 交通规划软件定义公交线路站点(图 6-24)。

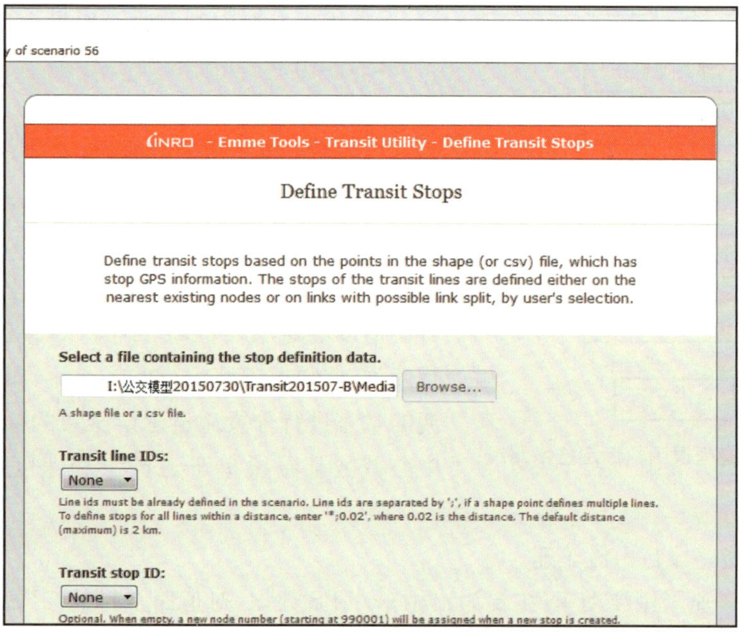

图 6-24　交通规划软件公交站点设置

6.3.2　流量延误函数标定

流量延误函数(Volume Delay Function，VDF)是路段行驶时间与路段交通负荷、交叉口延误与交叉口负荷之间的数学关系表达式，是进行出行路径选择和交通分配的关键参数。主要函数类型包括美国公路局的 BPR 函数、加拿大 INRO 公司开发的 Conical 函数、Akcelik 在 Davidson 函数基础上提出的 Akcelik 函数和以色列交通规划研究部提出的基于 Logit 的流量延误函数[3]。传统标定流量延误函数的数据基础主要为人工交通流量调查和跟车车速调查数据，所采用的车道通行能力一般为经验值。因为调查费用高、样本量少，所以标定的流量延误函数精度相对较低、模型敏感度不高。

充分利用车辆 RFID 数据、视频卡口及各类型车辆 GPS 数据，构建城市的实时车速运行系统，可为各等级道路流量延误函数进行标定，并提供丰富的断面流量数据和车速基础数据。根据交通流理论，将路段不同时段的流量、密度进行拟合分析，能够比较清晰地划分出畅通流、压缩流和饱和流的状态，以此作为标定分段流量延误函数的重要基础。此外，根据分时段交通流量和车速的统计分析，还可为不同区域、不同道路等级的单车道通行能力标定提供定量参考。

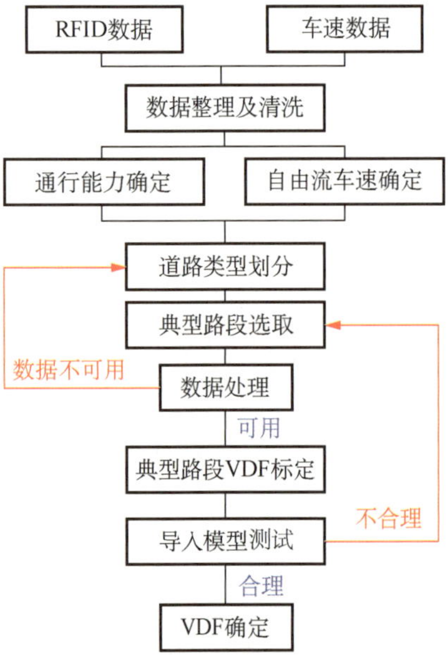

图 6-25　流量延误函数标定技术路线

1. 函数标定技术路线

对采集的 RFID 和车速数据进行整理、匹配、筛选和清洗，确定路段单车道通行能力和自由流车速，然后进行道路类型划分，选取典型道路路段，参考国内外路阻函数研究成果进行 VDF 标定及测试，如图 6-25 所示。

2. 函数标定

(1) 确定单车道通行能力。

整合路段的 RFID 车流量数据、视频卡口分时段车流量数据和对应路段的 GPS 车速检测数据之后，可根据分时段的单车道流量值，取其 95% 分位值以确定不同区域、不同等级路段的车道通行能力，并根据道路运行的畅通流、压缩流和饱和流的状态进行分段流量延误函数的标定。重庆市中心城区某路段单车道流量和速度时段分布见图 6-26。

(2) 确定路段自由流车速。

自由流车速采用浮动车(主要为出租车)GPS 数据，对道路全日的 GPS 数据进行处理，采用累积车速数据的 85%分位数作为每个路段的自由流车速，该数据能够综合反映车道数、道路等级、路段间距和信号控制等影响行驶的多种因素。

(3) 道路类型划分。

道路类型划分依据宏观性原则和客观性原则进行。

宏观性原则。由于一个特大城市的路网非常庞大，路阻函数研究不可能也没必要穷尽所有路段的微观特征，需从整体上考虑影响路段行程车速的宏观因素。

客观性原则。路段行程时间受道路条件、交通条件、环境条件和交通管理等制约，

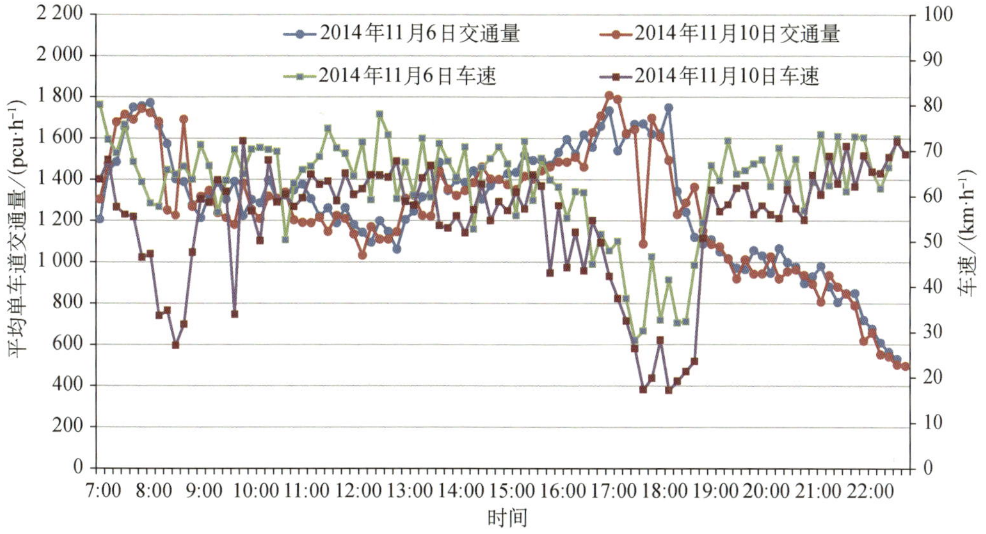

图 6-26　重庆市中心城区某路段单车道流量和速度时段分布

路阻函数的研究更加关心的是道路的客观条件和交通流量的大小。根据道路设计原则，分为高速路、快速路、主干路、次干路及支路 5 种类型。

路段上运行的流量具有时变特征，流量有大有小，选取能够满足不同状态流量变化的路段，便于函数标定。

(4) 分段流量延误函数标定。

拥堵时长与饱和度关系分析如图 6-27 所示。

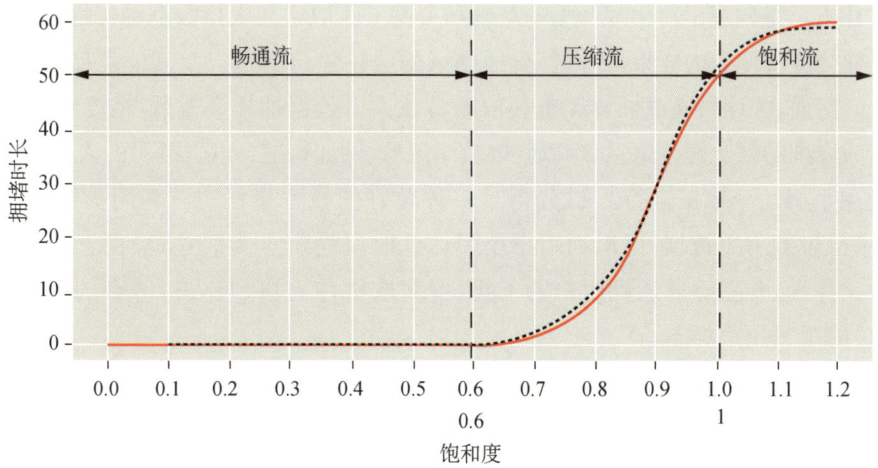

图 6-27　拥堵时长与饱和度的关系

① 当饱和度小于 0.6 时，拥堵时长为 0。

② 当饱和度大于 0.6 小于 1 时，拥堵时长随饱和度增大而快速上升。

③ 当饱和度大于 1 时，拥堵时长扩大到整个分析周期，并蔓延至下一时段。

从拥堵时长与饱和度的关系可以看出，BPR 函数中饱和度与出行时间单调递增的关系与现实中的交通运行不符，即当道路严重拥堵后，出行时间增长应更为迅速。

针对该问题对 BPR 函数模型进行改进，采用分段函数形式为

$$t=\begin{cases} t_0\left[1+\alpha^*\left(\dfrac{V}{C}\right)^{\beta}\right], & (v/c\leqslant 1) \\ t_0^*\left[1+\alpha^*\left(\dfrac{V}{C}\right)^{\beta^*\gamma}\right], & (v/c>1) \end{cases} \tag{6-1}$$

式中 t—— 车流通过路段的行驶时间；

t_0—— 车流通过路段的自由流量行驶时间；

V—— 道路交通流量；

C—— 道路通行能力；

α，β，γ—— 模型待定系数。

改进 BPR 函数需具有 BPR 函数的特点，结构简单，且易于求解，在饱和度大于 1 时，使行驶时间增长较流量增长更快，更能符合实际交通运行状态。

6.4 基于大数据的出行需求模型改进

6.4.1 交通小区人口细化

常住人口是构建出行生成模型的基础和关键。获取常住人口数据的传统方法是利用统计局社会经济调查的成果，根据各交通小区的居住建筑面积以及其他类型用地面积进行细分。然而，统计局通过抽样调查获取的常住人口数据抽样率偏低，精度有待提高，且缺乏较为详细的就业岗位信息，难以获取较小区域(例如街道、社区层面)的人口数据。

利用手机信令数据进行人口分析是一种较好的技术手段[4]。利用长期(1 个月以上)的手机位置历史数据，可识别用户夜间休息时段稳定点为居住地、白天工作时段稳定点为工作地，并去除非通勤用户的干扰，可获取常住人口(与人口普查的定义标准略有偏差)的手机用户样本。

1. 技术路线

根据“第六次全国人口普查”城镇人口、非城镇人口相对于各行政区现状统计人口的调整系数，补充完善缺失街道镇人口；进一步结合基于手机样本的行政区人口、1%的人口抽样调查统计人口，确定最终各行政区街道人口。交通小区人口细化技术路线，如图 6-28 所示。

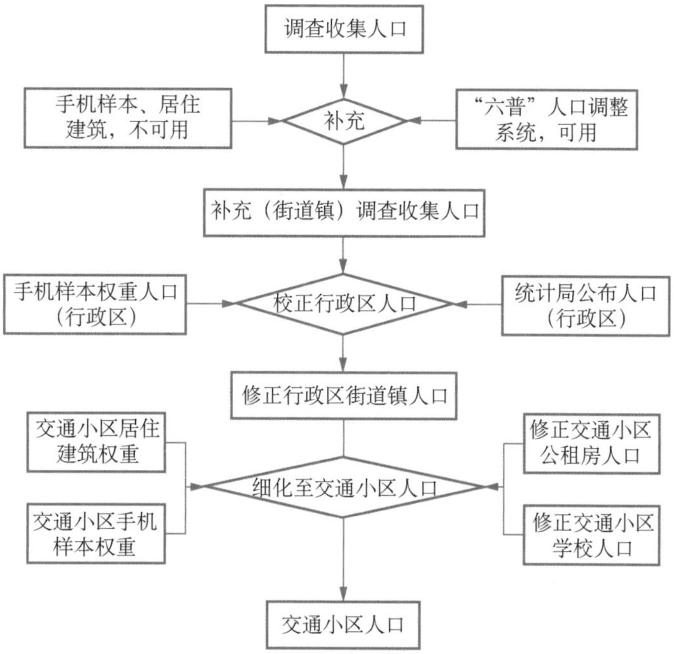

图 6-28　交通小区人口细化技术路线

2. 各行政区人口确定

采用统计常住人口数据和手机样本扩样常住人口数据，对收集常住人口数据进行校验修正（表 6-2）。重点以居民出行调查收集常住人口为主，其他情况以手机常住人口数据为主要参考依据。

表 6-2　重庆市中心城区各行政区常住人口校正

行政区	统计常住人口/万人	手机常住人口/万人	修正后常住人口/万人	与相近一组数据的偏差
渝中区	65.04	56.58	59.59	3%
大渡口区	33.04	34.75	34.75	5%
江北区	83.87	85.08	84.20	0%
沙坪坝区	111.20	118.19	112.15	1%
九龙坡区	116.01	136.54	136.54	15%
南岸区	84.01	92.04	85.94	2%
北碚区	76.09	54.14	59.52	9%
渝北区	150.35	153.74	156.42	2%
巴南区	96.37	85.92	88.31	3%
合计	815.98	815.98	817.42	—

6.4.2 出行分布修正

出行分布是指各交通分区之间的交换量，也是描述出行特征的重要指标。采用手机信令数据能够识别居民通勤出行的起讫点，分析得到居住人口的就业岗位分布或就业人口的居住地分布。基于手机信令数据本身的颗粒度，此方法更适用于较大区域或组团间的出行分布分析(图 6-29)。采用传统居民出行调查数据开展交通出行分布模型的标定，在模拟出行分布特征基础上，采用手机信令数据获取组团对外出行比例，再运用三维平衡技术进一步修正出行分布。

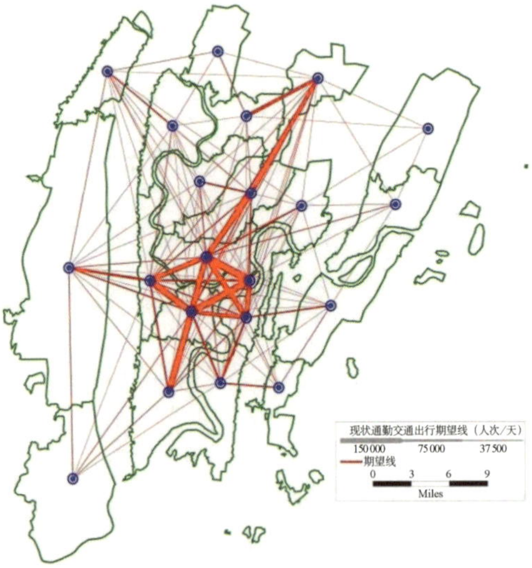

图 6-29 重庆市中心城区通勤交通出行期望线

三维平衡技术是在满足双约束重力模型的前提下，根据调查得到的出行 OD 矩阵估算实际 OD 矩阵。即在双约束重力模型基础上，引入区域调整系数，通过迭代计算，修正 OD 出行组合。一般形式为

$$
\begin{aligned}
& q_{ij}=u_i v_j P_i A_j f(R_{ij})\gamma_k,\ (i,\ j)\in S_k \\
& u_i=\left[\sum\nolimits_j v_j A_j f(R_{ij})\gamma_k\right]^{-1} \\
& v_j=\left[\sum\nolimits_i u_i P_i f(R_{ij})\gamma_k\right]^{-1} \\
& \gamma_k=Q^k\left[\sum\nolimits_{i,\ j} u_i v_j P_i A_j f(R_{ij})\delta_{i,\ j}^k\right]^{-1} \\
& i,\ j=1,\ 2,\ \cdots,\ n;\ \delta_{i,\ j}^k=\begin{cases}1,\ (i,\ j)\in S_k \\ 0,\ (i,\ j)\notin S_k\end{cases}
\end{aligned}
\tag{6-2}
$$

式中 q_{ij}—— 从小区 i 至小区 j 的出行量；

R_{ij}—— 从小区 i 至小区 j 的出行阻抗；

P_i——i 小区的出行产生量；

A_j——j 小区的出行吸引量；

$f(R_{ij})$——阻抗函数。

对比调查数据、二维平衡和三维平衡数据，重庆市中心城区根据家、工作出行(HBW)的全日机动化平均出行距离分别为 10.3 km，16.0 km 和 11.3 km(图 6-30 和图 6-31)。

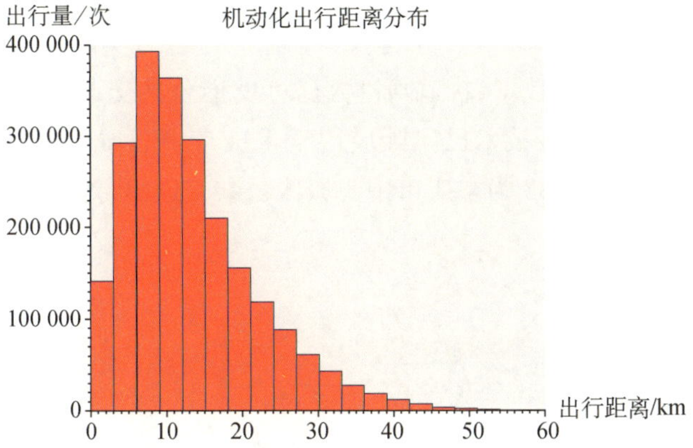

图 6-30 二维平衡拟合得出的 HBW 机动化出行距离分布

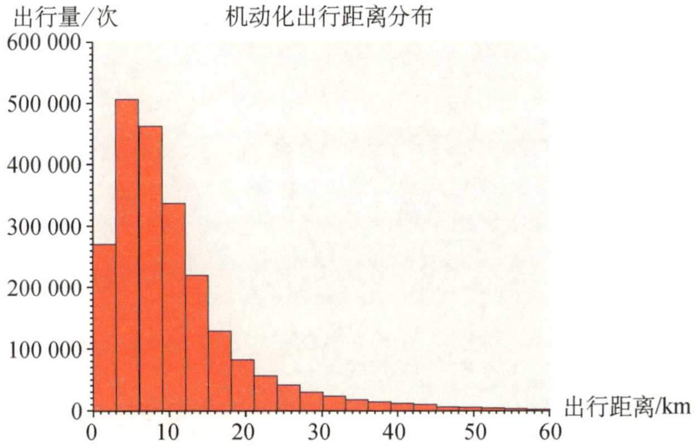

图 6-31 三维平衡拟合得出的 HBW 出行距离分布图

6.4.3 公共交通出行需求分析

公共交通出行 OD 矩阵是进行公共交通出行需求分析的重要依据。传统公共交通出行 OD 矩阵是在居民出行调查的基础上，采用“四阶段”模型进行出行方式划分。另外一种获得公共交通出行 OD 矩阵的方法是采用小票法，对全体公共汽车线网的上、下车站进行抽样调查，推出线网的车站间 OD 矩阵和公共汽车出行需求。该调查耗时耗力、调查样本少，且数据精度偏低。

轨道交通的闸机数据记录了乘客出行的上、下车站，公交 IC 卡数据并未记录乘客的上、下车站点。通过与公交车辆 GPS 数据的匹配计算，可以得到乘客的上车站点，再通过相应的理论分析,可推导得到乘客的下车站点,进而得到公交出行 OD 矩阵[5]。结合公交 IC 卡数据,假设乘客单日全部出行是一个以起讫点为连接点的完整环状出行链,则可以认为乘客前一次出行的终点是下一次出行的起点,乘客当日最后一次出行的终点是第一次出行的起点。通过以上方法,可充分利用公交 IC 卡和 GPS 数据、轨道闸机数据,得到公共交通出行需求 OD 矩阵,减少了传统方法的人工调查费用,并提高了抽样率和数据精度。

基于公交 IC 卡和 GPS 数据、轨道闸机数据可反推公共交通出行需求 OD 矩阵、构建公共交通出行需求模型,该技术已实际应用于重庆市中心城区公共交通网络优化项目等公交规划项目中,图 6-32 为重庆市中心城区公共交通出行流量分配结果的示意。

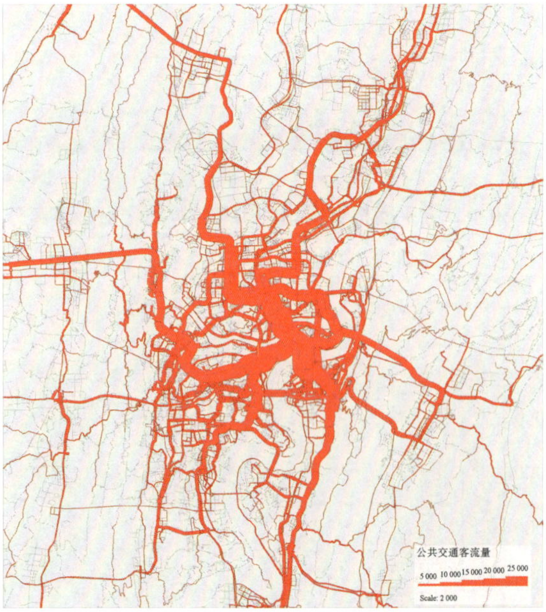

图 6-32　重庆市中心城区公共交通出行流量分配示意图

本章参考文献

[1] 易汉文. 出行预测方法从出行模型到行为模型的变革[J]. 城市交通,2007,5(1):72-79,24.

[2] 陈必壮,张天然. 中国城市交通调查与模型现状及发展趋势[J]. 城市交通,2015,13(5):73-79,95.

[3] 温旭丽,吴忞,曹蕊. 几种典型路阻函数的特性比较及参数选择研究[J]. 公路交通科技(应用技术版),2014(2):205-208.

[4] 冉斌. 手机数据在交通调查和交通规划中的应用[J]. 城市交通,2013,11(1):72-81,32.

[5] 吴祥国. 基于公交 IC 卡和 GPS 数据的居民公交出行 OD 矩阵推导与应用[D]. 济南:山东大学,2011.

7 基于大数据的综合应用实践

本章以具体项目为案例，重点介绍了重庆市在交通大数据辅助城乡规划、交通规划、交通优化评估、交通管理、交通政策研究以及引导公众出行等方面的实践和探索。

7.1 大数据辅助城乡规划编制

7.1.1 大数据辅助城镇体系规划编制

利用手机信令、高速公路卡口等数据可以辅助识别现状城镇网络结构、城市一体化发展区域、城镇人口迁徙等特征，为规划编制提供依据。本节以《重庆市城镇体系规划(2020—2035)》中的两个基础研究专题为例，介绍大数据如何辅助城镇体系规划编制。

1. 识别中心城区一体化发展区

1）中心城区与区县城的联系

（1）人流联系。

采集重庆市三家手机运营商用户在中心城区与周边区县的出行情况，统计单日内用户从中心城区去到周边区县，或者从周边区县进入中心城区的次数，作为中心城区与区县间单日的人流联系的绝对量，根据人流联系程度划分层级，如图 7-1 和图 7-2 所示。

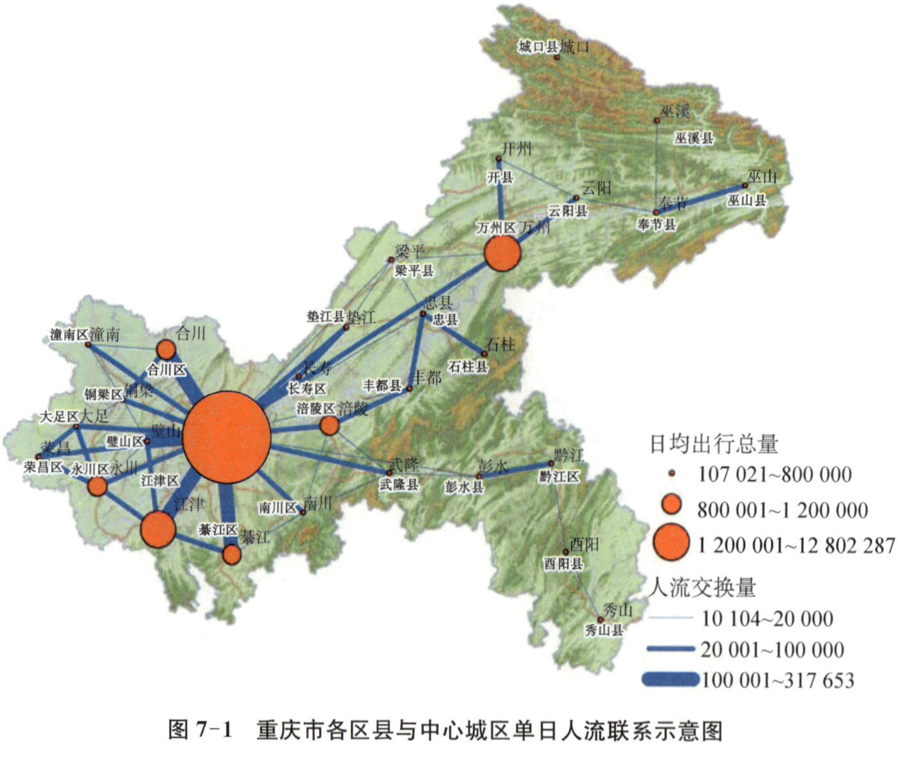

图 7-1 重庆市各区县与中心城区单日人流联系示意图

研究可知，重庆市中心城区与江津的人流联系最为紧密，江津与中心城区单日交换人流量达 32 万人次，远高于排名第二的璧山，这主要与重庆市的地形和行政边界有关，江津

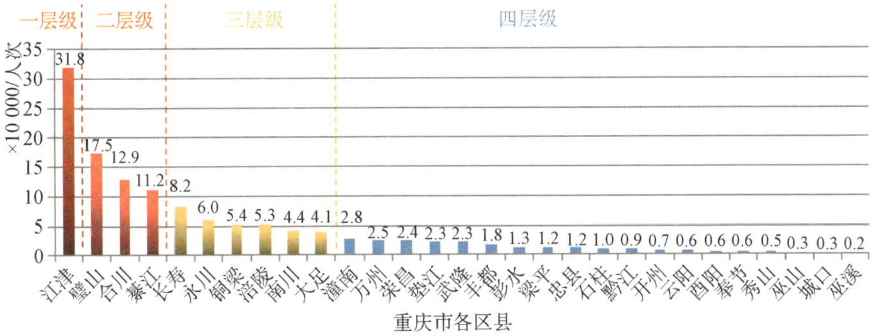

图 7-2　重庆市各区县与中心城区单日人流联系情况

的双福街道、鼎山街道与中心城区九龙坡区的走马镇、巴福镇和西彭镇接壤，江津的珞璜镇与中心城区巴南区接壤。虽各自属于不同的行政区，但从地理单元上看则属于同一个槽谷，不受穿山跨江的制约，因此相互联系比较便捷，人口、产业关联性较大。另外，中心城区与相邻的璧山、合川、綦江之间人流联系量也很大，为 11.2 万～17.5 万。

(2) 车流联系。

采集 2019 年 11 月某日重庆市各高速公路收费站车辆进出站的刷卡数据，以中心城区与周边区县间单日高速公路车流联系量作为评价指标，分析计费车辆在各收费站的出行 OD 情况。与手机信令数据分析特征类似，中心城区与江津、合川的车流联系最密切，与相邻的綦江、南川、大足和璧山之间车流联系也比较频繁。其中，中心城区与江津的车流量约为 5 万辆/日，与合川的量约为 4 万辆/日。如图 7-3 和图 7-4 所示。

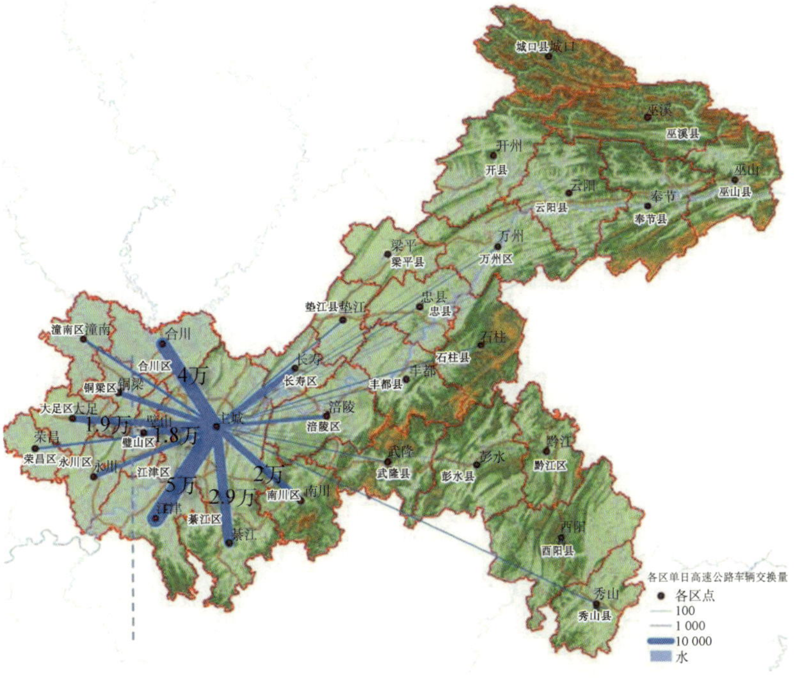

图 7-3　重庆市周边区县与中心城区单日车流联系示意图

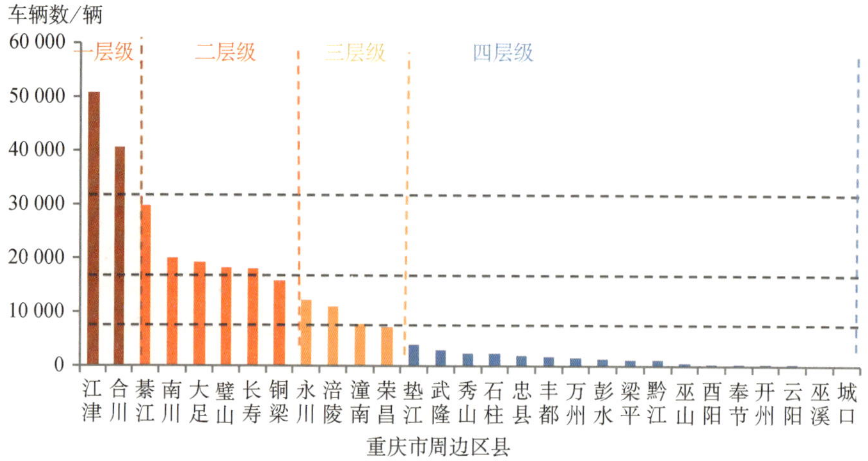

图 7-4　重庆市周边区县与中心城区单日车流联系情况

根据重庆市中心城区与周边区县的人流联系和车流联系特征，将中心城区与各区县的联系强度综合划分为 4 个等级，如表 7-1 所示。

表 7-1　　中心城区与区县联系强度综合分级

等级	区　县
第一等级(1)	江津区
第二等级(4)	合川区、綦江区、璧山区、长寿区
第三等级(5)	南川区、大足区、铜梁区、涪陵区、永川区
第四等级	其他 20 个区县

其中，江津区是与中心城区联系最为紧密的区，是唯一一个第一等级的城区；合川区、綦江区、璧山区、长寿区是与中心城区联系比较密切的第二等级城区；第三等级包括南川区、大足区、铜梁区、涪陵区、永川区 5 个区；市域内的其他 20 个区县则属于第四等级。

2) 周边区县对中心城区依存度

按照重庆市三家手机运营商用户在中心城区与周边区县的出行情况，统计单日各区县出发去中心城区的联系量占区县对外联系总量的比例，以此作为区县对中心城区的依存度指标，占比越大，说明该区县对中心城区的依存度越高，也越依附于中心城区的发展。

研究表明，周边区县对中心城区的依存度体现了明显的距离优势，离中心城区近的区县对中心城区依存度高，江津、合川、璧山、綦江、长寿、南川明显高于其他区县，依存度为 0.47～0.75(图 7-5)。然而，城口县是特例，其距离中心城区最远，但对中心城区依存度为 0.36，相对较高。中心城区是城口县的主要外出目的地(图 7-6)，这种情况可能与城口县耕地面积小、外出务工人口比例高和总人口数量不大等因素有关。

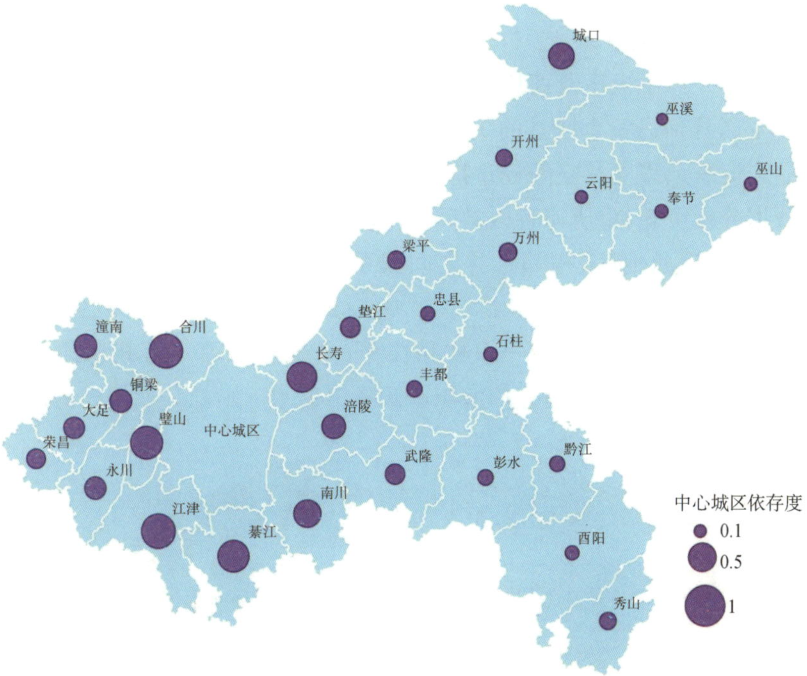

图 7-5　重庆市周边区县对中心城区的依存度情况

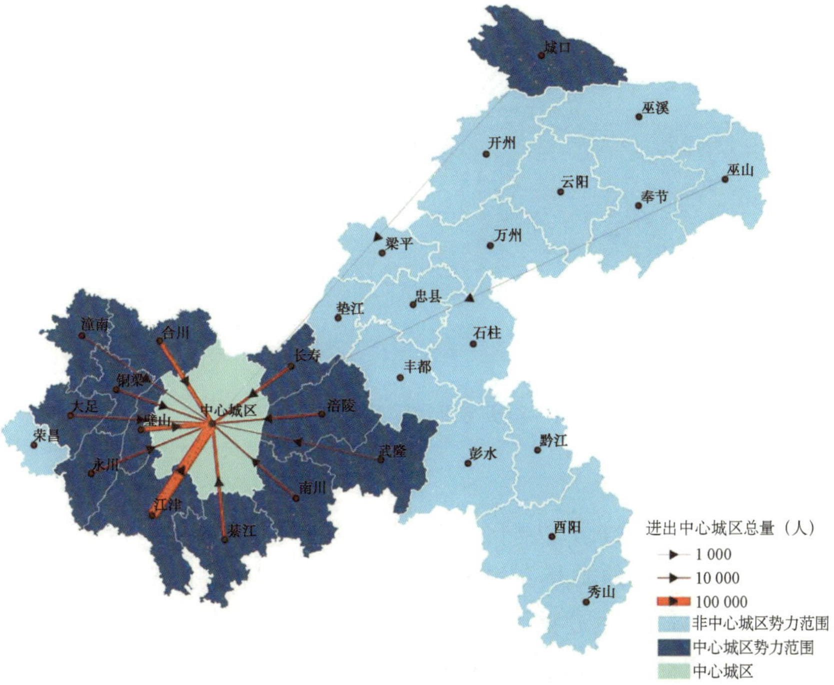

图 7-6　以重庆市中心城区作为第一外出目的地的区县分布

2. 识别城镇网络结构

1）周边区县间人流联系

采集重庆市三家手机运营商用户在除中心城区以外的区县间出行情况，统计单日内用户从一个区县到另一个区县的次数，作为跨区县间单日的人流联系的绝对量，进而衡量各区县人流联系程度及空间分布特征。

通过数据分析可知，重庆市各区县间的空间结构可分为两种形态（图 7-7）。中心城区以西，即传统的渝西地区，相邻区县之间联系比较紧密，呈网络化城镇结构特征（潼南—大足、大足—璧山、璧山—合川除外）。中心城区往东，城镇之间联系呈带状：第一条带是沿长江两岸的涪陵—丰都—石柱和长寿—垫江—梁平—万州—开州—云阳—奉节—巫山；第二条带是沿渝湘高速的南川—武隆—彭水—黔江—酉阳—秀山。

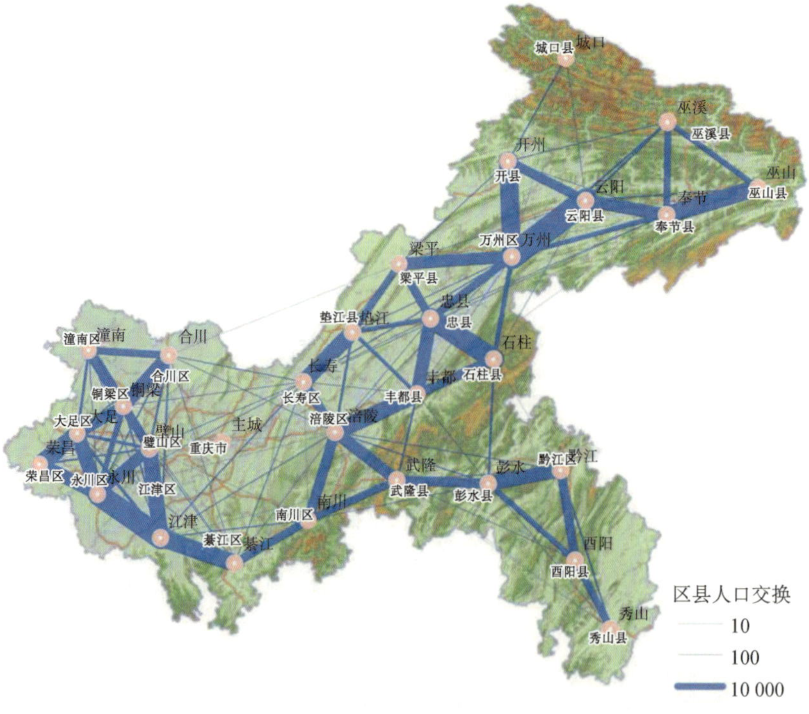

图 7-7　重庆市周边区县间单日人流联系

2）周边区县对外吸引强度

根据三大运营商用户数据，以各区县吸引外部其他区县的到达人流量作为评价指标，衡量各区县吸引外部人流的能力。分析发现，江津在各区县吸引外部人流的能力最强，吸引量在 21 万（人次/日），且远超吸引人流量排在第二位的璧山（12.5 万/日）。渝西其他各区县间吸引外部人流的能力大致相当，均在 8 万人次/日左右，没有明显的区域中心优势。万州是渝东北地区的人流吸引中心，单日吸引外部人流 7.5 万人次，从吸引能力上看，与

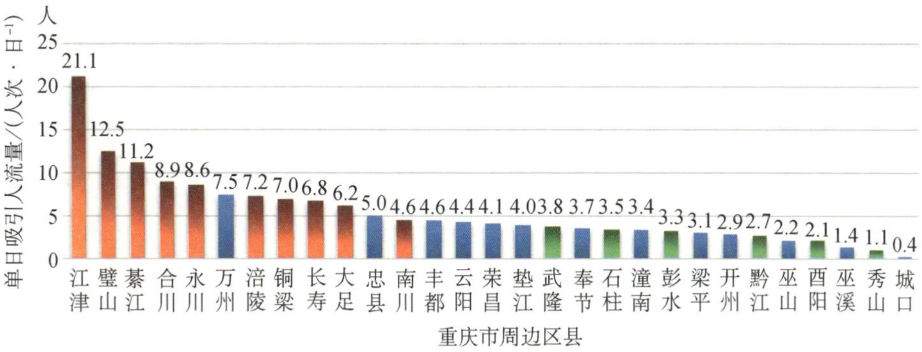

图 7-8 重庆市各区县单日吸引人流量

规划定位的区域中心城市职能基本相符，发挥了一定的区域中心城市职能(图 7-8)。

3）各区域中心腹地及辐射范围划分

根据各区县对中心城区依存度的分析和各区县联系特征分析结果可知，主城都市区合川、璧山、江津、綦江、南川、长寿、大足、潼南和永川主要依附中心城区的整体发展，涪陵、丰都和武隆则在区域上联系密切。三峡库区城镇群中的万州、开州和云阳加上梁平，现状发育良好。武陵山区城镇群中的黔江、彭水、秀山和酉阳在区域上抱团发展，忠县和石柱也抱团发展。

中心城区在市域内网络吸引流向的等级上具有绝对的优势，是重庆市城镇体系等级结构中的第一等级城区；万州、涪陵和永川的排名靠前，可以列入第二等级城区，此外，虽然江津的人流交换量、对周边区县的吸引量及中心性在 29 个区县中排名第一，但江津主要还是依附主城的发展，不是区域的中心。黔江属于第三等级的区域中心。

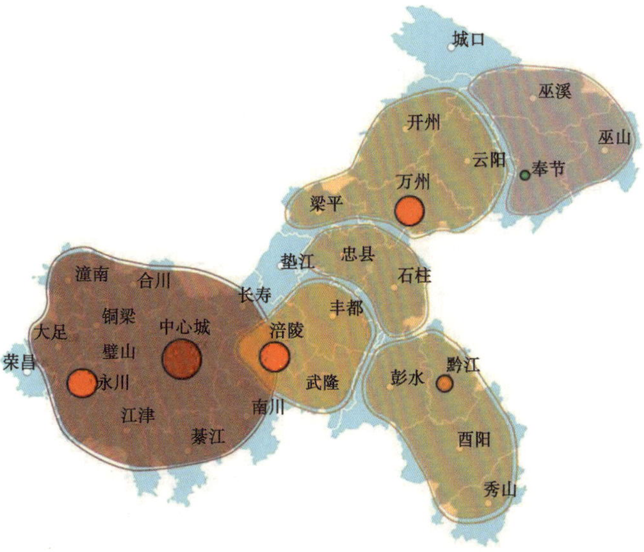

图 7-9 重庆市各区域中心城市等级示意图

3. 结论与意义

城市的规模等级和网络结构是城镇体系特征研究中的重要内容，以往的研究往往依据人口和用地规模等静态指标，忽略城市在区域流空间中的功能、地位和作用，很难准确把握城市之间各种要素的互动关系，因此，在城镇网络结构规划中主要通过经验判断来进行。本节以人流出行联系反映城市之间的相互作用，分析现状城镇体系的特征，识别实际的区域中心及区县间的相互关系。

研究表明，利用手机信令数据，通过出行人流量、联系强度和依存度等指标，能够较好地表现出现状城镇体系特征，该研究方法及量化指标对城镇体系规划有较好的基础支撑作用。

7.1.2 大数据辅助城市综合交通规划编制

1. 大数据辅助城市综合交通规划实施评估

按照国家规范要求，城市综合交通规划编制需要对已有规划的实施情况进行评估，并作为后续规划编制依据。以往在评估规划的实施情况时，主要依赖人工调查，调查范围有限且工作量大。现在借助交通大数据可以实现更大抽样率、更广覆盖面、更多维度的数据采样及评估。评估重点包括规划实施后城市空间布局调整、居民出行特征、交通系统运行状况等与规划预期的关系比较。交通大数据可以从以下方面提供支持。

(1) 城市空间布局。充分利用交通大数据分析区域间联系强度、职住分布以及通勤/非通勤等特征指标。

(2) 居民出行特征。利用交通大数据可获得城市出行需求、出行联系(OD)、出行方式和出行特征等主要指标。

(3) 交通系统运行状况。利用交通大数据可较好地掌握城市交通各子系统(道路交通、地面公交、轨道交通、停车系统和步行系统)的交通运行状况。

上述应用场景已在本节作过详细介绍，在此不再赘述。

2. 大数据辅助客运交通枢纽规划

为准确掌握重庆市中心城区现状对外客运枢纽的客流情况，加强中心城区客运枢纽规划建设，同时为规划建设方案提供数据支撑。利用大数据分析手段，开展了重庆江北国际机场、铁路重庆北站和公路汽车北站等的客流分析研究。

在基于手机信令的对外客运枢纽客流分析过程中，需解决的主要问题就是如何识别枢纽客流与周边区域其他客流。

解决步骤包括：第一，通过各类枢纽所对应的基站定位，初步筛选手机信令数据，该数据涵盖了枢纽客流数据以及周边其他人群的数据；第二，通过拉长手机信令的追踪时间进一步识别枢纽客流。其中，对于航空客流，在机场对应基站会出现开机、关机行为，并追踪其前向或后向 24 h 的信令是否在重庆出现，识别其是否为航空的到/发客流；对于铁路客流，对应铁路枢纽基站，并沿着铁路通道识别是否为铁路的到/发客流；对于公路客流，对应公路枢纽基站，并沿着公路通道识别是否为公路的到/发客流。

以下分别介绍重庆市各类枢纽的客流情况。

(1) 重庆江北国际机场客流分布。

分析表明，重庆江北国际机场现状客流分布中，中心城区占 65.4%，其他区县占 19.8%，市域以外占 14.8%(图 7-10)。

(a) 区县客流来源　　(b) 主城新区客流去向

图 7-10　重庆市江北国际机场客流分布示意

(2) 铁路重庆北站客流分布。

分析表明，重庆北站现状客流分布中，中心城区占比 59.4%，主城新区占比 40.6%(图 7-11)。

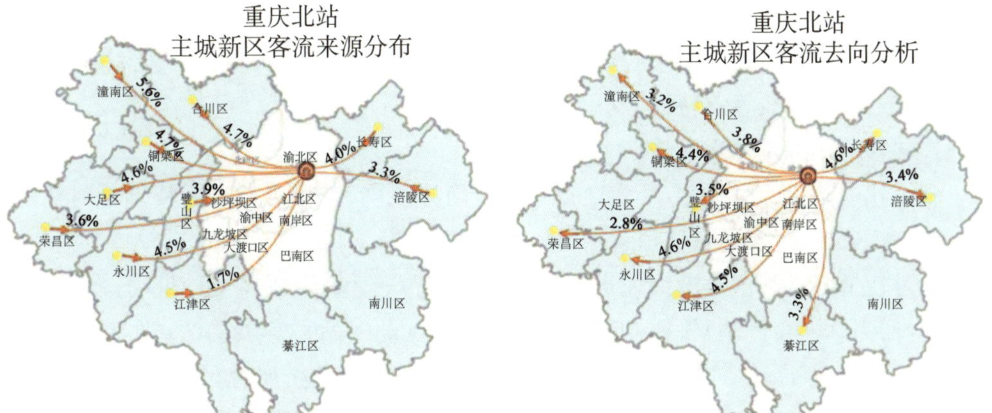

(a) 客流来源　　(b) 客流去向

图 7-11　铁路重庆北站主城新区客流分布示意

（3）公路汽车北站客流分布。

分析表明，中心城区为汽车北站客流的主要来源，占比 59.6%，其他区域 40.4%（表 7-2）。

表 7-2　汽车北站客流分布表

汽车北站到达客流去向分布			汽车北站离开客流来源分布		
区域	客流人次（抽样）	客流比例	区域	客流人次（抽样）	客流比例
渝北区	351	24.09%	渝北区	580	31.97%
沙坪坝区	101	6.93%	江北区	191	10.53%
南岸区	90	6.18%	沙坪坝区	175	9.65%
江北区	87	5.97%	南岸区	135	7.44%
渝中区	76	5.22%	渝中区	126	6.95%
九龙坡区	75	5.15%	九龙坡区	124	6.84%
万州区	64	4.39%	巴南区	67	3.69%
合川区	46	3.16%	万州区	37	2.04%
奉节县	44	3.02%	双桥区	36	1.98%

3. 结论与意义

通过量化对外客运枢纽的客流分布情况，可比较准确地掌握各对外客运枢纽的实际客流服务腹地，对比分析实际情况与规划愿景之间的差异，为各对外客运枢纽规划定位的优化调整提供支撑，并为交通配套设施的完善提供思路。

7.1.3 大数据辅助轨道交通线网规划编制

为了更好地编制重庆市中心城区的轨道交通线网规划，我们利用交通大数据开展了轨道交通线网沿线客流特征分析。

1. 现状轨道客流 OD 分析

利用轨道闸机、手机信令等大数据对既有轨道线网客流进行评估，特别是对轨道出行 OD 进行分析，了解既有轨道线网可能存在的问题。

通过轨道闸机数据对巴南龙洲湾片区（鱼洞站—学堂湾站）轨道 OD 分布、渝北两路片区（回兴站—碧津站）轨道 OD 分布、北碚片区（北碚站—龙凤溪站）轨道 OD 分布、南岸茶园片区（茶园站—刘家坪站）轨道 OD 分布等进行分析研究，得到各片区轨道客流 OD 情况，从侧面体现了城市各片区的发展状况以及相互联系的关系。下面以巴南龙洲湾片区（鱼洞站—学堂湾站）轨道 OD 分析为例（表 7-3、图 7-12）。

（1）龙洲湾片区位于城市核心区的外围，客流出行目的地主要为南坪、观音桥和大杨石等片区，以中长距离为主，约占总出行量的 50.0%，其中至南坪片区出行占 20.7%。

(2) 龙洲湾片区客流具有一定超长距离直达出行需求(到渝北汽博、两路片区),约占5.2%,说明城市向北发展需求较为强烈。

表7-3　　　　巴南龙洲湾片区轨道OD分布

出行方向	人次	比例	出行方向	人次	比例
南坪	5 363	20.69%	冉家坝	634	2.45%
观音桥	3 469	13.38%	汽博	628	2.42%
大杨石	2 619	10.10%	西永	304	1.17%
龙洲湾内部	2 265	8.74%	北碚	238	0.92%
八公里以南	1 861	7.18%	礼嘉	206	0.79%
大渡口	1 825	7.04%	江北城	109	0.42%
渝中	1 771	6.83%	蔡家	80	0.31%
两路口	1 535	5.92%	茶园	76	0.29%
重庆北站	1 310	5.05%	悦来	33	0.13%
沙坪坝	868	3.35%	上新街	8	0.03%
两路	721	2.78%	合计	25 923	100%

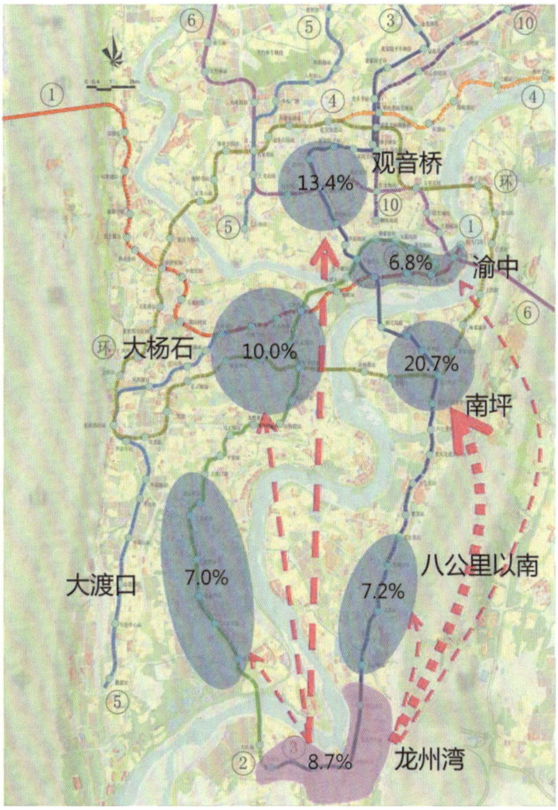

图7-12　巴南龙洲湾片区轨道客流OD分布

根据轨道闸机数据分析可知，现状重庆市中心城区轨道长距离出行量较大，为提高出行效率，在中心城区轨道线网规划修编中，针对性地提出了轨道快线的规划方案（图 7-13），满足中心城区各片区间的快速联系，以及外围地区快捷进入中心城区各重要功能区的出行需求。

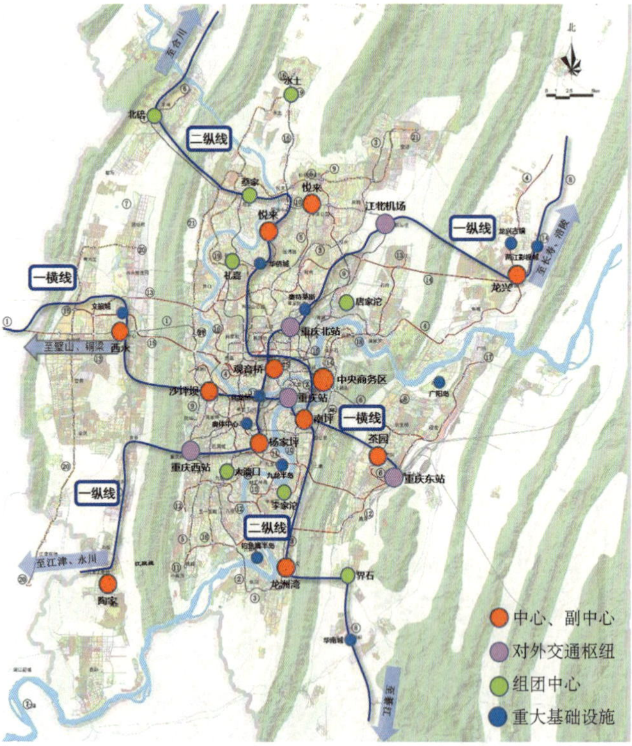

图 7-13　重庆市中心城区轨道快线规划示意图

2. 结论及意义

轨道闸机、手机信令等大数据的应用，从定量的角度可以更为准确地描述现状轨道线网客流状况，直观地了解每条轨道线路的总体客流、各轨道站点的乘降量、线网客流 OD 分布和线路线网平均乘距等轨道客流特征，对分析研判线网构架、提升现有线网的运输效益和提出线网优化方案等都具有较好的指导作用。

7.1.4　大数据辅助片区交通综合改善

随着城市交通拥堵的加剧，识别片区现状并预测未来交通面临的问题，提出改善目标与思路，制定包括对外交通衔接、交通组织、路网、公共交通、人行交通、停车以及交通管理与控制等方面的改善方案，已成为当前城市交通治理的重要工作。下面以“沙坪坝商圈综合交通改善规划”和“渝北龙溪片区交通改善规划”为例，介绍大数据如何辅助片区交通的综合改善。

1. 沙坪坝商圈综合交通改善规划

2017 年年初，在沙坪坝高铁枢纽即将建成投用，且沙坪坝场商圈将提档升级的时候，该项目开展了规划研究工作，重点是应对商圈现状交通拥堵情况及未来交通变化，针对商圈周边道路交通开展研究。

(1) 现状需求分析。

利用手机信令数据分析商圈人口聚集情况（图 7-14、图 7-15）：沙坪坝商圈总体人口分布较为均匀，白天（06：00—21：00）人口与夜间（21：00—次日 6：00）人口大致相等，其中，三峡广场所在分区 1 的白天人口多于夜间人口。

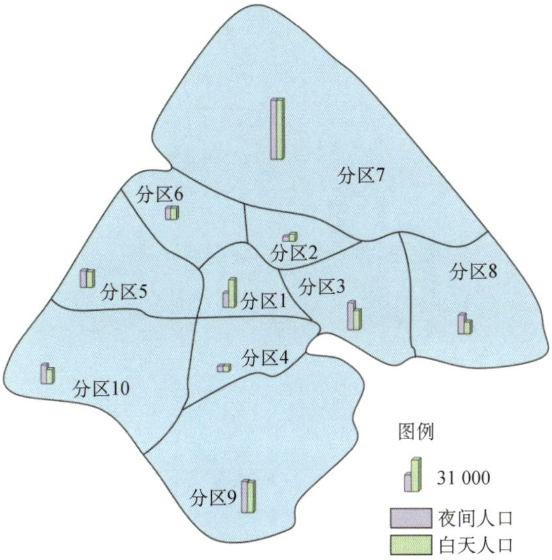

图 7-14 沙坪坝商圈各分区白天与夜间人口分布对比

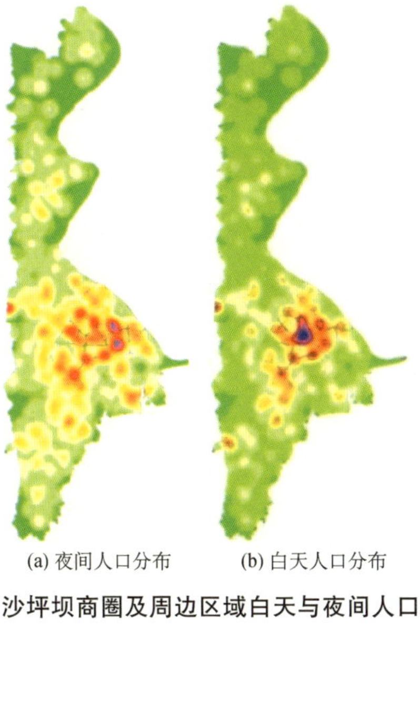

(a) 夜间人口分布　(b) 白天人口分布

图 7-15 沙坪坝商圈及周边区域白天与夜间人口分布强度

利用手机信令数据分析沙坪坝商圈通勤通学需求(图 7-16):沙坪坝商圈约 75%的人通勤、通学在区域内部,约有 10%的人通勤、通学在沙坪坝组团范围内,与组团外区域的通勤、通学的人口约占 15%。外来与外出通勤人口比例为 2∶3。通勤、通学人口主要来自观音桥、大杨石与西永等区域,主要去向为观音桥、大杨石、渝中以及人和等地。

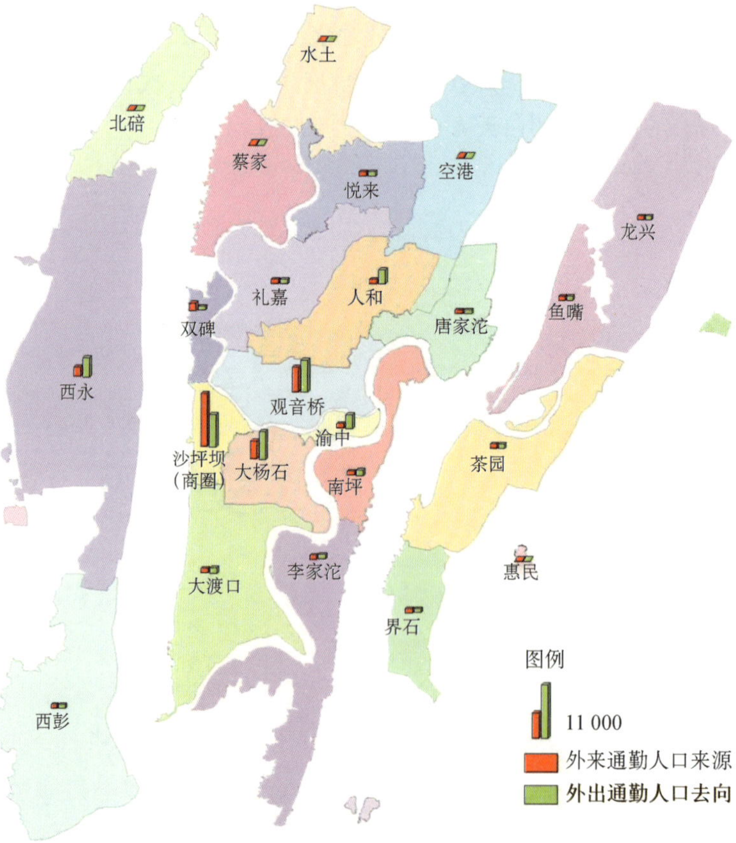

图 7-16　沙坪坝商圈通勤人口分布

(2) 通道流量构成分析。

通过 RFID 数据获取车辆 OD,分析沙坪坝商圈既有通道的流量构成情况(到发交通和过境交通)。如图 7-17 所示,根据 RFID 检测点位,定义车辆 O 点或 D 点在商圈中,另一点位在商圈外的交通为到发交通,定义车辆的 O 点和 D 点均在商圈以外且车辆轨迹通过商圈的交通流则为过境交通。

分析表明,沙坪坝商圈过境交通占比较大且在路网上分布不均。早高峰时段进出沙坪坝商圈的交通量为 3.2 万辆/h,其中过境交通量为 1.8 万辆/h,过境交通量的占比 56%。从交通流在路网上的分布来看,早高峰时段石门大桥、石小路和凤天大道的过境交通量较大,均超过 5 000 辆/h。

(a) 商圈RFID点位分布情况　　(b) 商圈交通流量分布情况

图 7-17　沙坪坝商圈过境交通分布示意

部分对外通道交通压力集中。分析发现石门大桥—石小路交通压力集中。从石门大桥穿过规划范围的交通流中，经石小路进入大杨石组团的交通流量占比为 33%，经天星桥正街和凤天路进入上新片区的交通流量占比为 17%。从石门大桥驶出规划范围的过境交通流中，经石小路进入石门大桥的交通流量最大，占总流量的 16%；其次为经凤天大道进入石门大桥的交通流，占总流量的 14%(图 7-18)。

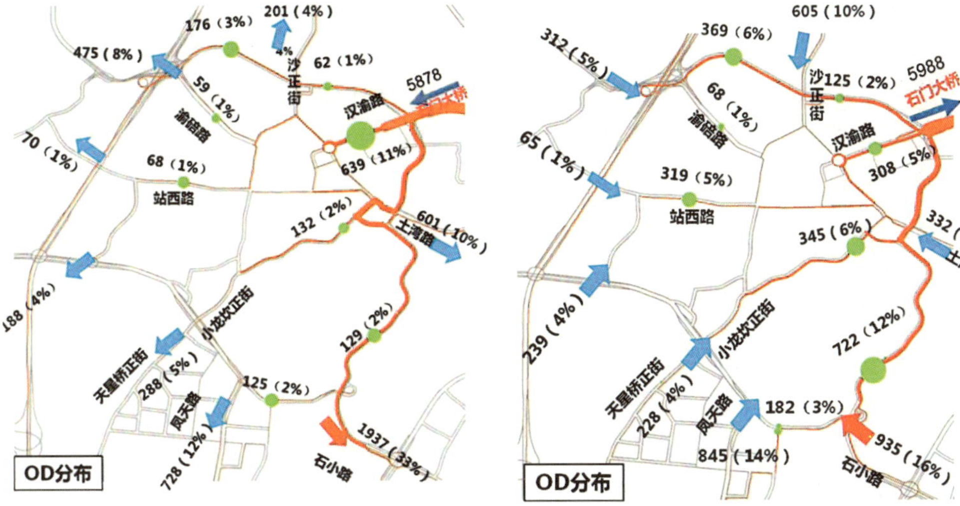

(a) 驶入　　(b) 驶出

图 7-18　由石门大桥驶入(驶出)过境交通流分布情况

沙坪坝商圈进入沙正街的交通流中，经过商圈环道进入沙正街的交通流量占为72%。从天星桥正街进入沙坪坝商圈的交通流中，有43%的交通流经过小龙坎正街，过境进入土湾路和石门大桥(图7-19)。

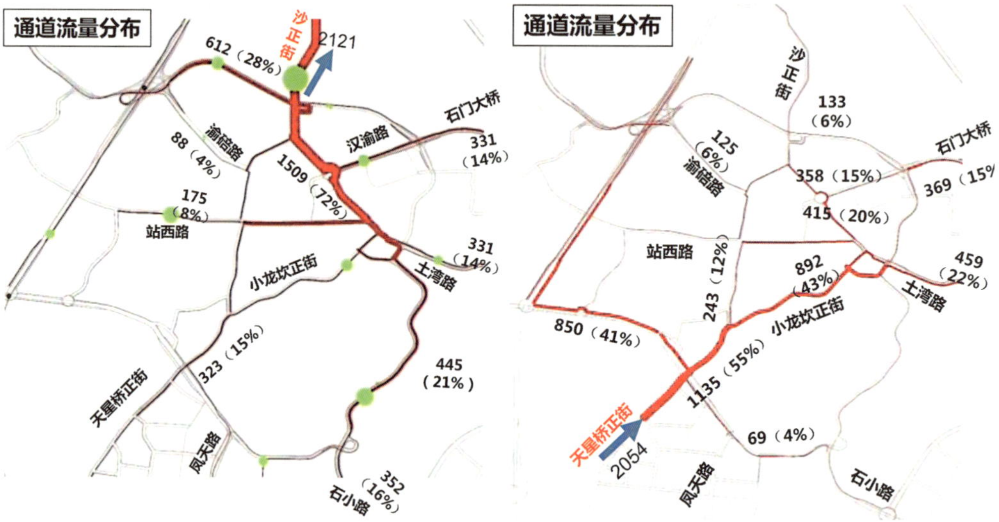

图7-19　过境交通对内部交通影响情况

通过上述分析，在沙坪坝商圈交通综合改善方案中，明确提出了构建片区分流通道、增加内部微循环、加大公交线路及运营力度和加快轨道交通建设等一系列措施，取得了较好的改善效果。

2. 渝北龙溪片区交通改善规划

龙溪片区是典型的城市老旧片区，自20世纪八九十年代起，陆续建设了大量开放式住宅街区和零星工厂，片区的零售业、餐饮业发达，市井化商业氛围浓厚。随着城市发展，龙溪片区面临生活品质低、公共服务设施缺乏、交通出行不便和停车供需矛盾突出等问题，逐步成为老龄人口、流动人口的聚集片区，片区商业价值、生活品质持续下降。2017年，渝北区启动龙溪片区城市更新规划，希望进一步改善片区交通系统，为片区城市品质提升创造条件。

(1) 现状需求分析。

根据手机信令数据分析，该片区交通出行总量中的82.6%来自内部，17.4%来自片区外部，且主要分布在临近片区。表明该片区作为老旧小区基本实现了职住平衡，对外吸引力相对较弱。

片区机动化交通出行也以内部为主，达到70.3%，对外占29.7%。但对外出行距离较长，以观音桥、人和和渝中等传统岗位集中片区为主。分析认为，该片区由于老龄化程度较高，所以对外出行比例较低，而由于流动人口多，其主要去向是提供较多低端服务岗位、密集工业岗位的地区(图7-20)。

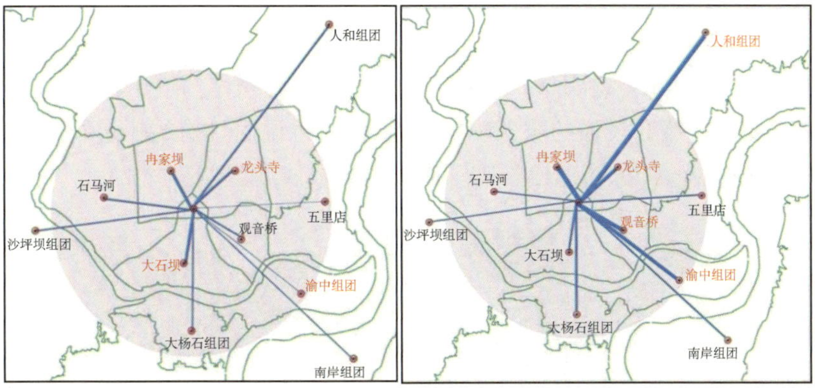

图 7-20　现状龙溪片区到达与出发交通期望线示意图

(2) 通道流量构成分析。

根据片区周边的 FRID 数据分析得知,周边 3 条干路的过境交通比例在 85%以上,该数据进一步说明片区为 3 条干道围合的"交通孤岛"(图 7-21、表 7-4)。

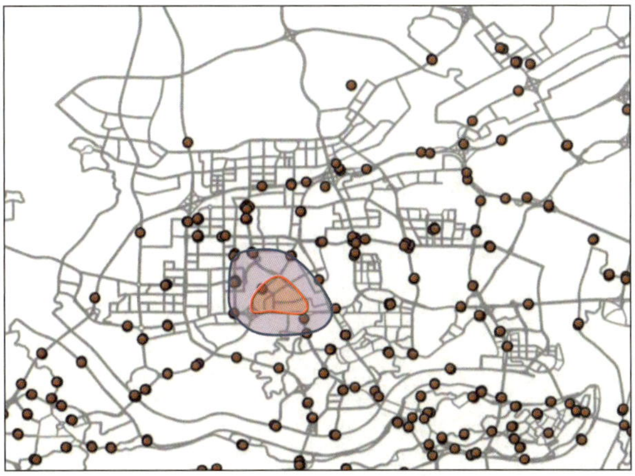

图 7-21　片区周边 FRID 点位分布

表 7-4　　研究范围 3 条干路车流构成分析

道路名称	道路等级	红线宽度/m	车道数	流量/(pcu·h^{-1})	饱和度	过境交通比例
红石路	快速路	44	双 6	6 848	0.85	87.20%
龙华大道	快速路	44	双 6	6 271	0.77	86.10%
松牌路	主干路	54	双 6	5 081	0.81	87.70%

(3) 轨道服务分析。

通过手机信令数据分析,重庆市轨道交通 6 号线花卉园站基本覆盖研究片区,同时也吸引了东南方向大石坝片区的远距离公交接驳。而龙溪片区中心区的东北部、西南部仍有部分居民选择重庆市轨道交通 3 号线嘉州站和红旗河沟站出行，接驳距离超过 1 km，甚至达到 1.5 km。说明重庆市轨道交通 3 号线嘉州站与红旗河沟站虽然离龙溪片区相对较远，但仍然有较强的服务辐射能力，同时也说明目前的轨道线网构架和车站覆盖仍有改进的空间，部分轨道出行需求尚未得到较好满足(图 7-22)。

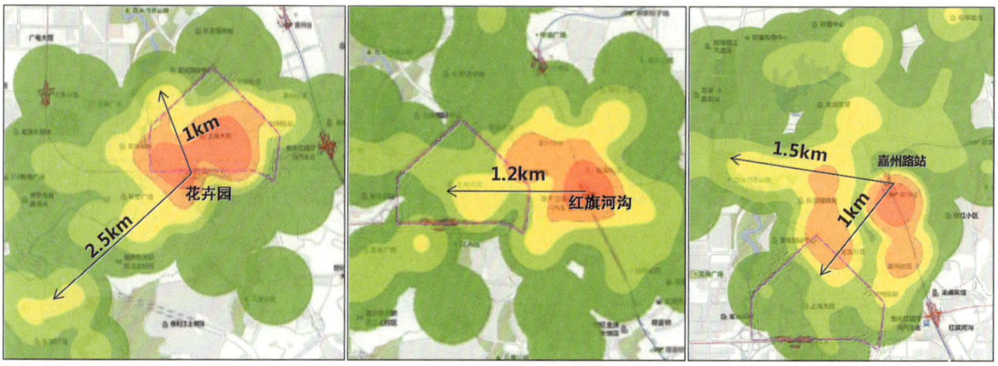

图 7-22　龙溪片区 3 个轨道站点服务范围分析

图 7-23　龙溪片区晚高峰道路交通拥堵状况示意

(4) 道路运行分析。

利用 RFID 数据和出租车 GPS 数据，分析片区道路运行情况。分析结果显示，龙溪片区外围干路全日车速为 40～50 km/h，高峰时段车速低于 15 km/h、流量介于 5 000～7 000 pcu/h。松桥路、武陵路和金龙路等内部次干路全日运行速度低，基本在 15 km/h 左右，高峰小时双向流量仅 400～600 pcu/h。

调查发现，由于片区内部道路存在大量路内停车和占道经营等现象，道路通行能力低且效率损失较大，表现为流量少、车速低。片区晚高峰道路交通拥堵状况示意如图 7-23 所示。片区晚高峰主要道路车速示意图，见图 7-24。

3. 结论及意义

(1) 通过较为准确的大数据分析，为片区交通综合改善方案提供了直接的证据和明确的方向，避免了一些不必要的争议。

(2) 交通大数据样本量大、抽样率高、即时性强，在进行小范围交通分析时优势明显。数据分析一方面为定性分析判断提供了佐证，另一方面也引导分析者发现新的特

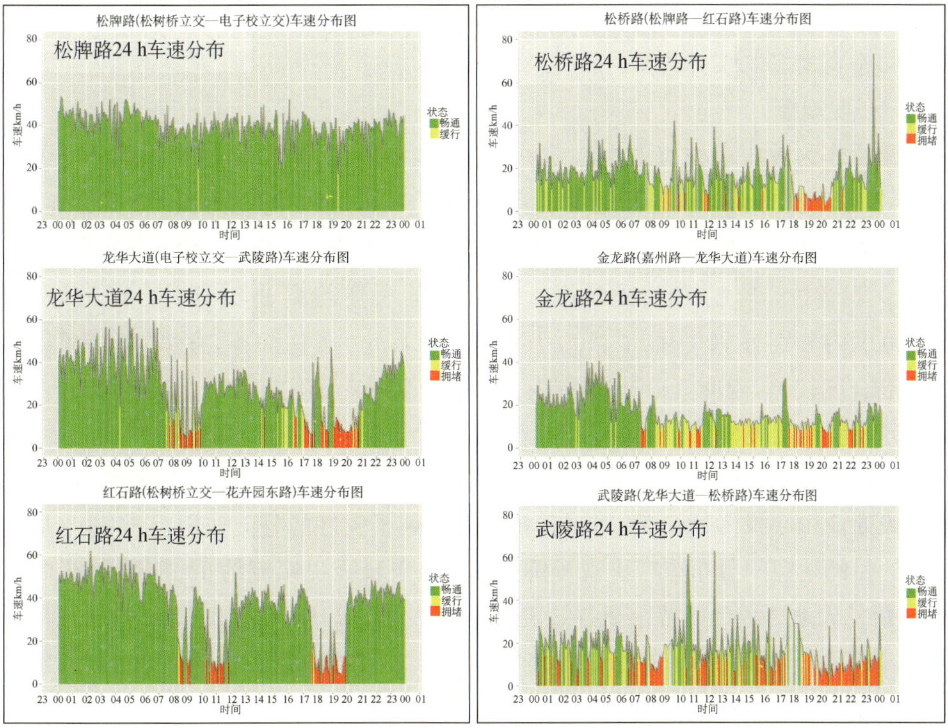

图 7-24　龙溪片区晚高峰主要道路车速示意图

征和问题。

(3) 运用 RFID 数据掌握机动车 OD 数据及车流量构成情况，可直接指导路网结构的优化和调整，准确性较高。

(4) 由于手机基站覆盖范围为 200～800 m，手机信令数据的颗粒度相对较大，对于分析小尺度的交通小区人流活动特征存在一定误差。总体而言，手机信令数据在中宏观尺度下开展交通分析研究更具优势。

7.2 大数据辅助交通评估优化

通过持续动态的多源数据融合分析，开展交通监测评估，及时发现问题，剖析成因，并反馈给规划、建设与管理，可较好地支持交通的动态优化调整。

近年，重庆市中心城区的人口重心向北部区域转移，为了满足人口快速增长带来的居民购物消费需求增长，北部区域陆续建成了一批新的次级商业中心，以分流观音桥商圈的压力。目前，嘉州新光天地、宜家-奥特莱斯以及爱琴海购物广场等新兴商圈发育情况如何，是否实现了规划目标？我们可以通过手机信令、车载 RFID、轨道公交 IC 卡和出租车 GPS 等交通大数据的融合分析一探究竟。

7.2.1 中心城区4个典型商圈客流特征分析

1. 4个商圈客流吸引特征

(1) 开发规模。

观音桥作为重庆市城市副中心，商业建筑体量最大，集中商业面积约 200 万 m^2。2017 年 8 月开业的嘉州新光天地距观音桥约 1.6 km，集中商业面积约 37 万 m^2，是北部第二大商业中心。宜家-奥特莱斯、爱琴海购物广场集中商业面积分别为 22 万 m^2、3 万 m^2。观音桥、新光天地、爱琴海 3 个商圈的居住与商业功能混合度较好，商圈 800 m 范围内分别有 720 万 m^2、400 万 m^2、300 万 m^2 居住面积，宜家-奥特莱斯与居住功能混合度较差，商圈 800 m 范围内仅有 160 万 m^2 居住面积。

(2) 吸引客流规模。

观音桥商圈是重庆市北部地区最大的商圈，吸引客流的规模远大于其他 3 个商圈，新的次级商业中心投入使用后，对观音桥商圈起到了较好的分流作用，北部地区居民购物逛街的目的地空间分布更广。观音桥商圈周末单日吸引客流约 19.8 万人，爱琴海约 2 万人，新光天地、宜家-奥特莱斯各约 1.8 万人。对比 2014 年与 2018 年的居民出行调查数据，冉家坝—新南路沿线(新光天地、华融购物广场和龙湖源著)、黄泥塝(紫荆广场)、爱琴海购物广场与华辰财富广场(两路)等成为新的购物目的地，宜家-奥特莱斯客流集中度也进一步提升，如图 7-25 所示。

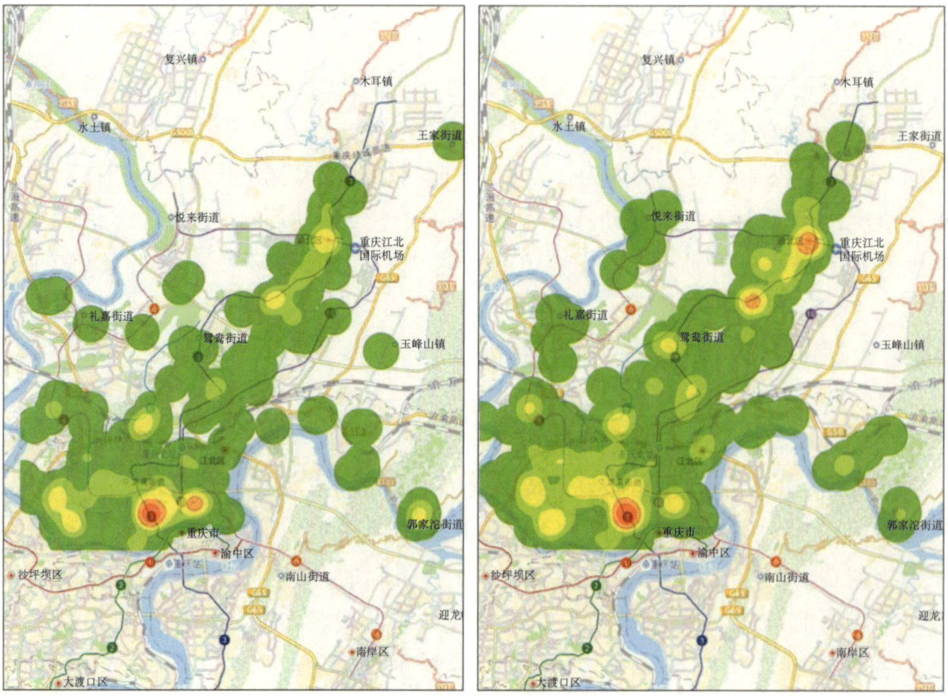

图 7-25 重庆市北部地区居民购物逛街目的地分布(左图为 2014 年，右图为 2018 年)

(3) 吸引客流构成。

观音桥作为市级商业中心，对外地游客的吸引力更高，其他 3 个商业中心本地化服务程度更高。观音桥商圈吸引的客流中，29％为短驻人口（在中心城停留天数小于或等于 18 d），71％为长驻人口（在中心城停留天数大于 18 d）。其他 3 个商圈的吸引的客流中，21％～24％为短驻人口，76％～79％为长驻人口。

(4) 吸引客流出行目的。

观音桥商圈综合性服务更强，在周末吸引的出行中，约 46％为购物消费出行，21％为通勤出行，33％为其他目的（接送、商务、探亲访友和上学等）出行。新光天地、爱琴海、宜家-奥特莱斯周末吸引的出行中，购物消费出行占比更高，特别是宜家-奥特莱斯，购物消费出行占比达到 68％，通勤出行占比低于 20％（图 7-26）。

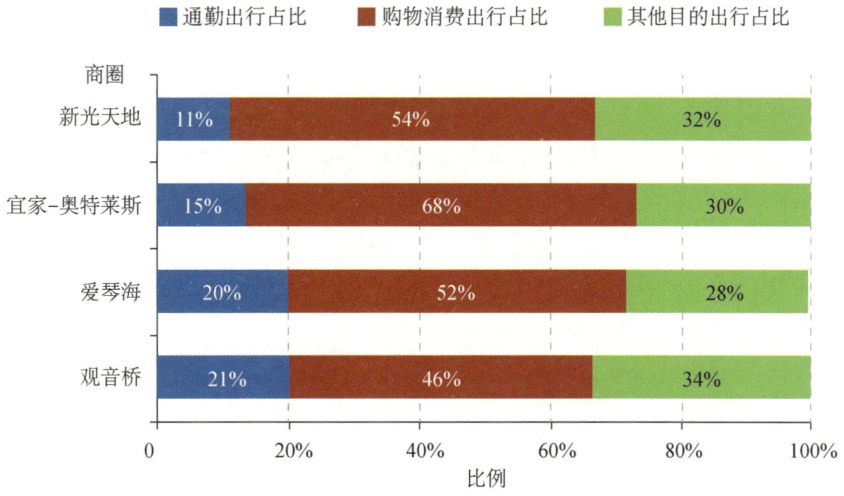

图 7-26 四个商圈吸引客流出行目的构成

(5) 吸引客流来源。

观音桥商圈、新光天地和爱琴海吸引客流的平均距离（空间直线距离）为 5.1～5.3 km。观音桥商圈吸引力强，客流来源分布聚集区覆盖了中心城区的全部建成区。新光天地、爱琴海虽然吸引客流平均距离与观音桥大体相当，距离大于 8 km 的客流占比甚至超过观音桥，但客流来源分布聚集区仍主要分布在北部区域。其中，新光天地主要服务人和以及内环以内的北部区域，爱琴海主要服务内环以外的人和、鸳鸯与回兴。宜家-奥特莱斯客流吸引范围非常广，平均距离最长，达到 7 km，约 75％的客流距离超过 4 km，38％的客流出行距离超过 8 km，远高于其他商圈。这与其品牌直销、工厂直销的功能定位有比较直接的关系，如图 7-27—图 7-30 所示。

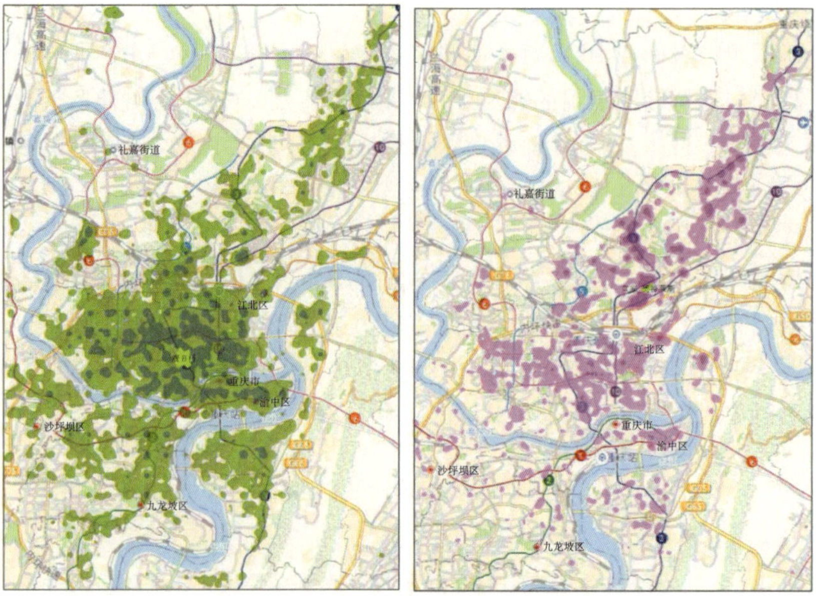

图 7-27　商圈客流吸引范围(左:观音桥,右:宜家-奥特莱斯)

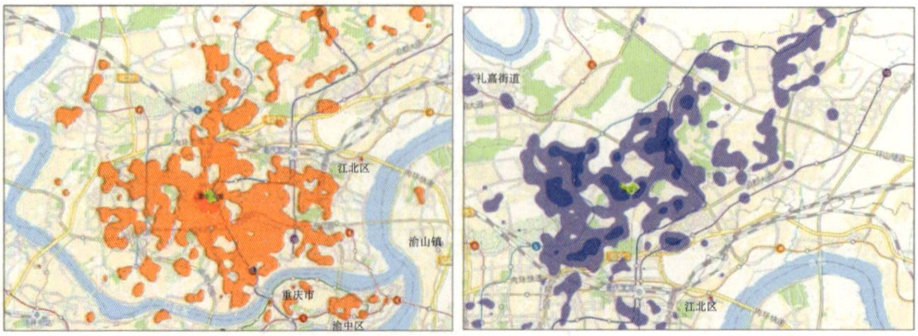

图 7-28　商圈客流吸引范围(左:新光天地,右:爱琴海)

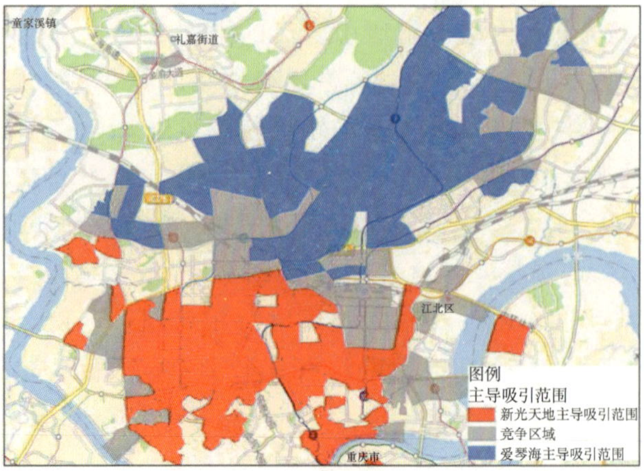

图 7-29　新光天地、爱琴海主导吸引范围

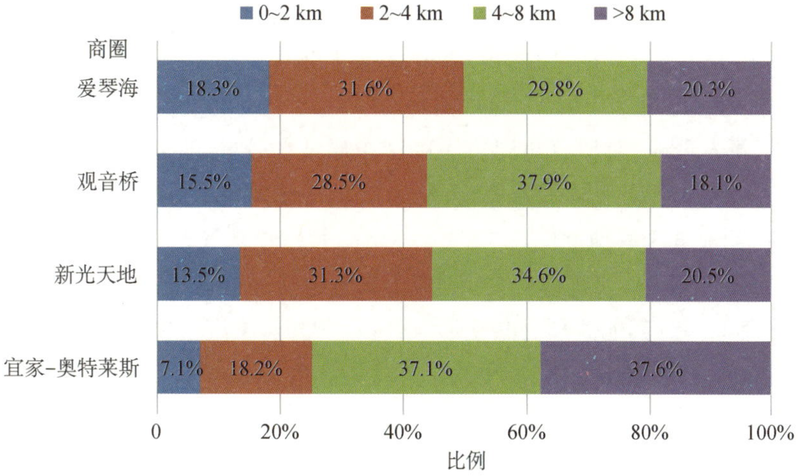

图 7-30　四个商圈吸引客流的空间距离分布

（6）客流到达和停留时长。

各商圈客流到达时间有明显差异。白天时段，观音桥客流分布比较均衡，无明显高峰，新光天地客流到达高峰为上午 11:00—13:00，爱琴海客流到达高峰为 10:00—12:00。夜晚时段，观音桥、新光天地、爱琴海客流到达高峰为 19:00—20:00。宜家-奥特莱斯无夜高峰，白天客流到达时间分布呈双峰形态，上午 10:00—11:00、下午 2:00—3:00 为客流到达高峰，如图 7-31 所示。

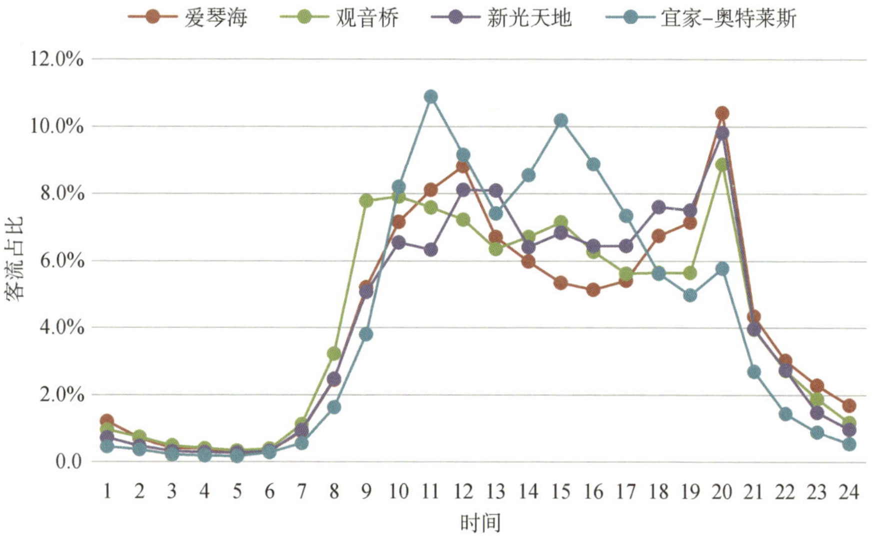

图 7-31　四个商圈不同时段到达客流占比

观音桥商圈客流停留时长大于其他商圈。观音桥客流平均停留时长 2.6 h，停留 0～2 h 的客流占比 46%。其他几个商圈客流平均停留时长为 2.3～2.4 h，相比观音桥商圈少 10～15 min，停留 0～2 h 的客流占比超过 50%。

(7) 客流到达方式。

观音桥、新光天地、爱琴海与周边居民区布局结合较好，有超过 30%的客流采用步行方式到达。宜家-奥特莱斯的服务范围大，客流主要采用机动化方式到达，步行方式占比仅 15%，明显低于其他商圈。

机动化出行客流中，观音桥公共交通方式(轨道交通或者公交)占比最高，达 61%，小汽车比例为 32%。其他商圈公共交通方式占比偏低，小汽车出行比例偏高。其中，新光天地公共交通方式占比达 48%，小汽车方式占比为 43%，宜家-奥特莱斯公共交通方式占比是 52%，小汽车方式占比达 39%，如图 7-32 所示。

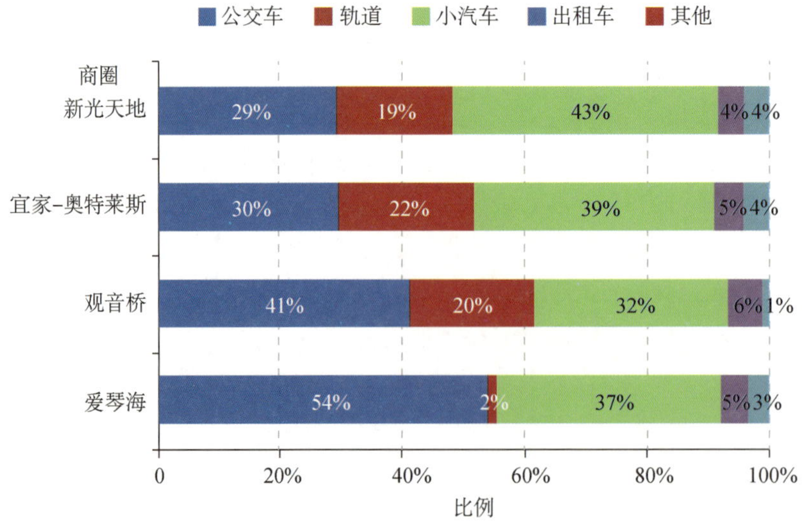

图 7-32 四个商圈到达客流出行方式结构

2. 结论及启示

(1) 重庆市中心城区人口重心北移，北部地区人口快速聚集，未来居民商业购物消费需求仍将进一步增长。根据三家运营商手机信令的分析结果，2018 年，内环以北的北部区域吸收了 47%的中心区内环以内迁出人口，31%的远郊区县迁入人口，中心城区内环以内人口仍将进一步向外疏解。

(2) 宜家-奥特莱斯、爱琴海和新光天地等新开通的次级商业中心运营良好，满足了周边居民的购物和消费(餐饮)等需求，对观音桥商圈起到了较好的分流效果，缓解了观音桥商圈的压力。在下一阶段，应进一步加快次级商业中心的规划建设。

(3) 通过对既有商业中心的运营效果分析，新的商业中心选址宜与居住区紧密结合布置，融入居民 15 min 生活圈。一方面，商业中心在步行可达范围内可满足更多的居民消费需求;另一方面,附近大量的居住功能也为商圈带来了足够的客流和商业活力。

(4) 目前,城市公共交通(特别是轨道交通)对新商业中心的发展引领水平不够,新商圈对小汽车出行方式的依赖度偏高,值得关注。部分新的商圈轨道交通建设缺失、建设时序滞后、轨道交通站与商业中心布局结合不好,通过提供充足的停车位和优惠的停车收费来吸引小汽车客流,导致小汽车出行比例偏高。

7.2.2 中心城区主要景区假期客流分析

利用手机信令数据、公交 IC 卡数据、轨道交通闸机数据、出租车运营数据以及车载 RFID 数据等,对十一长假及正常工作日期间,重庆市中心城区朝天门、洪崖洞、解放碑、磁器口及歌乐山烈士陵园 5 个主要景区的客流需求及公共交通运行情况进行分析,用于发现问题,辅助优化提升。

1. 评估分析

(1) 客流规模。

5 个景区十一长假单日聚集人流总量(含就业和居住人口,下同)约 40 万人次,其中外地客流(重庆市域以外客流,下同)约 21 万人次,外地客流占比 50.3%。工作日期间单日人流总量约 14.5 万人次,其中外地客流约 6.1 万人次,外地客流占比 41.7%,如表 7-5 所示。

表 7-5 各景区吸引人流规模 (单位:万人次)

景区名称	十一长假期间		工作日	
	单日人流总量	外地人流量	单日人流总量	外地人流量
解放碑	14.6	6.4	5.2	1.7
洪崖洞	12.3	6.3	3.9	1.6
朝天门	4.2	2	1.5	0.5
磁器口	7.6	5.1	2.9	1.7
歌乐山烈士陵园	1.7	1.1	1	0.6
总量	40.4	20.9	14.5	6.1

(2) 客流特征。

如图 7-33 所示,十一长假期间,洪崖洞、解放碑及朝天门景区人流主要以夜间旅游观光为主。夜间时段(19:00—23:00)进出景区的游客数约占全天游客总数的 1/2,其中洪崖洞夜间游客比例最高,占全天客流总数的 50.2%,朝天门景区夜间游客占比 47.0%。

磁器口及歌乐山烈士陵园景区人流主要以白天旅游观光为主。白天时段(9:00—18:00)进出景区的人数占全天总人数的 83%。

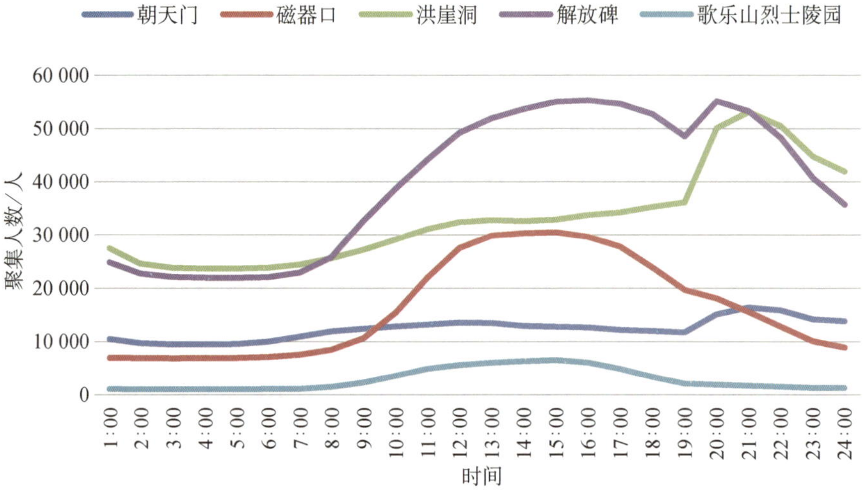

图 7-33　十一长假单日各景区聚集人数时变图

工作日通勤客流与观光客流叠加。洪崖洞、解放碑景区进入客流和离开客流均呈现出双高峰特征。8:00—9:00、19:00—20:00 为进入高峰,18:00—19:00、21:00—22:00 为离开高峰。磁器口景区的进入客流也存在双高峰,分别出现在 10:00—11:00 和 19:00—20:00,离开高峰稳定在 13:00—16:00。朝天门、歌乐山烈士陵园景区工作日客流进出特征与十一假期基本一致。

(3) 客流去向分布。

表 7-6 为各景区主要离开时段客流去向分布。解放碑景区客流离开时段,主要流向为南岸区、渝中区及江北区,与两路口、朝天门和江北嘴等区域联系紧密。洪崖洞景区客流主要流向为渝中区、江北区及渝北区,与两路口、观音桥和重庆北站等区域联系紧密。

朝天门景区客流主要流向为渝中区、南岸区及江北区,与解放碑、观音桥和南滨路联系紧密。

磁器口景区客流主要流向为沙坪坝区、渝中区及江北区,与三峡广场、洪崖洞以及解放碑联系紧密。

歌乐山烈士陵园景区客流主要流向为沙坪坝区、渝中区及江北区。

表 7-6　各景区主要离开时段游客去向分布

区域	渝中	南岸	江北	渝北	九龙坡	沙坪坝	巴南	北碚	大渡口
朝天门	37.50%	21.90%	15.20%	10.40%	6.00%	6.00%	2.00%	0.70%	0.50%
洪崖洞	20.60%	19.00%	19.60%	19.60%	7.80%	9.00%	2.20%	1.20%	1.00%
解放碑	19.70%	25.40%	17.00%	14.40%	9.40%	7.90%	3.70%	0.90%	1.60%
磁器口	29.80%	5.70%	12.40%	7.20%	5.10%	37.60%	0.80%	0.80%	0.50%
歌乐山	17.50%	3.00%	7.70%	5.10%	3.60%	59.40%	0.80%	0.70%	0.30%

(4) 公共交通运行。

与景区相关的轨道交通站点包括临江门(重庆轨道交通 2 号线)、较场口站(重庆轨道交通 1 号线、重庆轨道交通 2 号线)、小什字(重庆轨道交通 1 号线、重庆轨道交通 6 号线)、大剧院站(重庆轨道交通 6 号线)、磁器口(重庆轨道交通 1 号线),开收班时间分别集中在 6:30 和 22:00—23:00,与景区离开客流高峰错位,公共交通运能严重不足,景区游客滞留现象突出。

如表 7-7 所示,从各景区地面公交线路运行情况监测来看,部分景区公交线路数较少,无法完全覆盖客流主要去向,公交线路在 20:00 后发班量普遍下降,收班时间集中在 23:00。十一期间发班量低于工作日,景区的进出客流远多于工作日,且难以通过地面公交进行有效疏解。

表 7-7　　　　　　　　各景区地面公交运行情况

景区名称	公交线路数	十一期间		工作日	
		单日发班量/班	收班时间	单日发班量/班	收班时间
解放碑	29	5 449	23:00	6 891	23:00
洪崖洞	14	2 472	23:00	2 954	23:00
朝天门	3	219	23:30	277	23:00
磁器口	8	1 509	23:00	1 825	23:00
歌乐山烈士陵园	3	608	22:00	738	22:00

(5) 出租车运行。

根据出租车运行监测数据,在 19:00—24:00 的游客聚集高峰时段,空载的出租车主要分布在重要商圈及交通枢纽周边,景点周边空载出租车分布较少(图 7-34)。景区周边长时间的交通拥堵使得出租车运营时间成本大幅增长,司机不愿驶入景区载客,出租车“进不来”现象突出,导致景区打车难问题严重。

其中,洪崖洞周边日均驶入的空载出租车为 2 154 辆,19:00—24:00 客流高峰时段驶入的空载出租车仅为 163 辆,占比 7.6%。朝天门、磁器口景区全天驶入的空载出租车数量日均约 1 000 辆,朝天门景区在 19:00—24:00 客流高峰时段驶入的空载出租车仅为 174 辆。磁器口景区 15:00—16:00 的离场高峰时段,空载出租车保持在 100 辆/h 的水平。如图 7-35 所示。

2. 结论及启示

(1) 景区客流到发高度集中。洪崖洞及朝天门景区以夜间旅游为主,磁器口及歌乐山烈士陵园景区以白天旅游为主,解放碑景区呈现下午及夜间两个旅游客流高峰。

(2) 公共交通运力未根据客流需求的变化进行优化和调整,十一假期运能严重不足,客流离开高峰时段的游客滞留现象突出。现状公共交通网络与游客出行的主要方向之间匹配度不高,难以为游客提供高质量的出行服务。

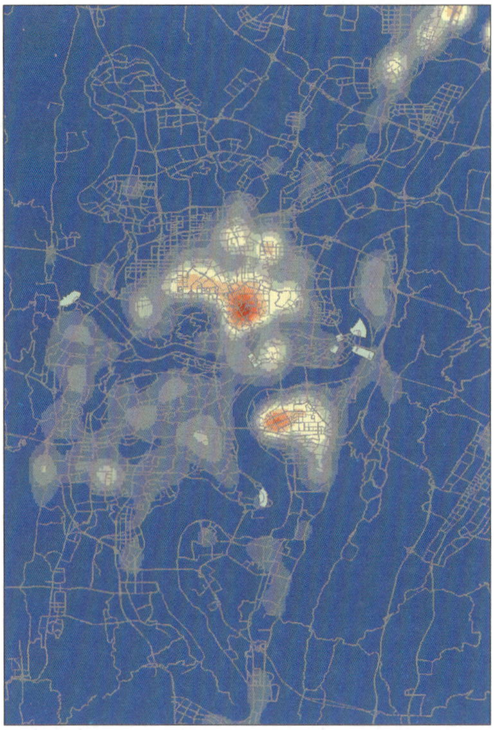

图 7-34　重庆市中心城区 22:00 空载出租车分布示意

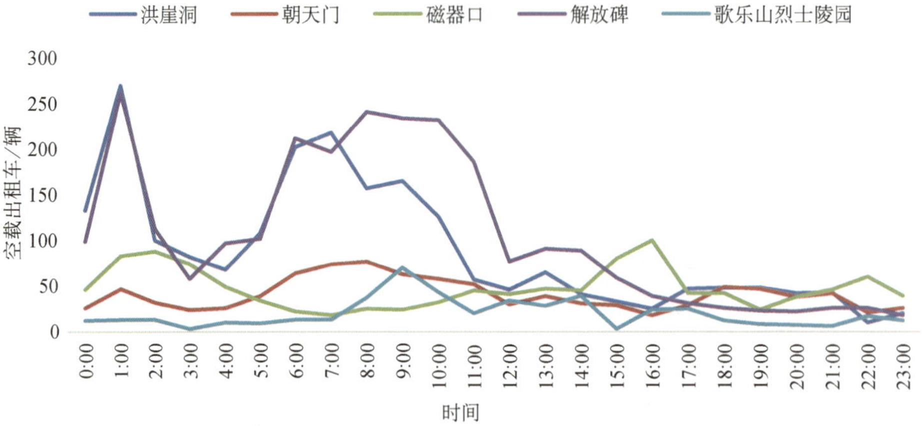

图 7-35　重庆市各景区周边全天空载出租车数量分布

（3）十一假期景区周边路网严重拥堵，呈现出拥堵发生时间早、持续时间长和结束时间晚等特点，制约了出租车、公交车的高效运营。

（4）客流关联度较高的景区间缺乏便捷的客运交通组织方式，“一站式”旅游服务水平不高。

7.2.3 中心城区大型医院客流分析

2016 年下半年，重庆市政府提出了“优化城市公共服务设施空间布局”“开展城乡规划实施评估及城市运行动态监测”的工作要求。在本书中，笔者利用手机信令数据与问卷调查相结合的方式，对中心城区的重庆医科大学附属第一医院、第三军医大学大坪医院、重庆医科大学附属儿童医院、礼嘉儿童医院（儿童医院的分院）以及金山医院等几家大型三甲医院，进行了客流来源及出行特征综合分析。

1. 医院客流分析

借助手机信令分析模型，识别出在几大医院停留的人群，通过多日出行规律（一天出现/多天出现/一直出现），识别出门诊人员/住院人员/工作人员，同时获得工作/就医用户来源空间分布，通过长时间分析发现总结用户量的变化规律（图 7-36—图 7-38）。

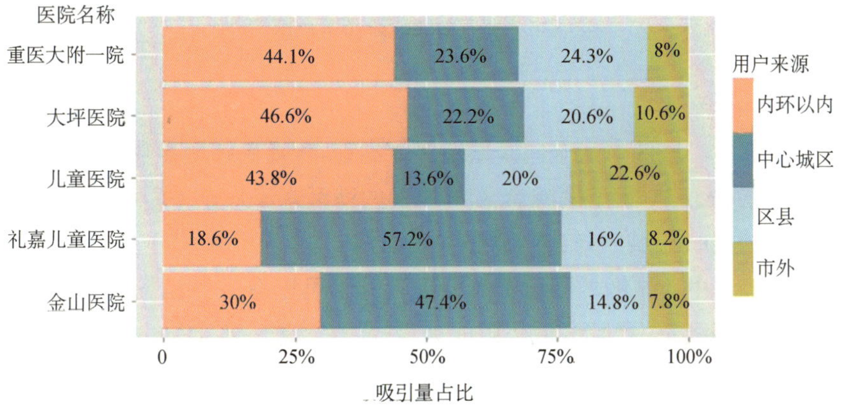

图 7-36　几大医院就诊用户来源分布（一周数据）

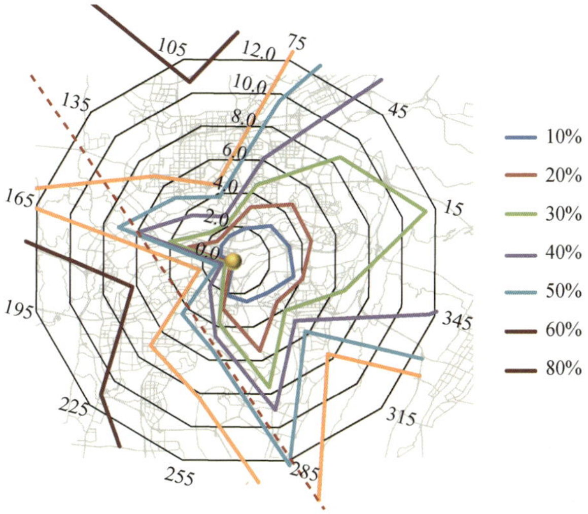

图 7-37　某大型医院用户来源空间距离和比例分布

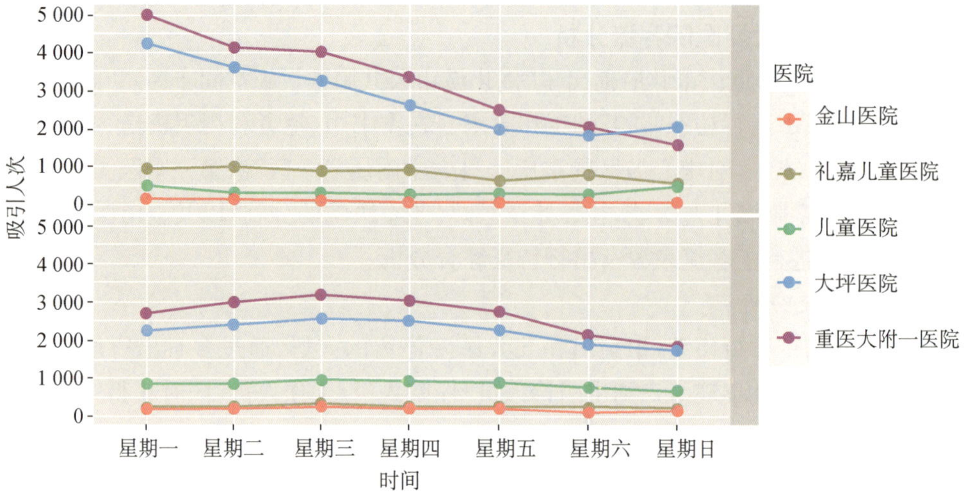

图 7-38　某大型医院就诊用户量周变

2. 结论与启示

(1) 重庆市中心城区作为全国区域性医疗高地，优质医疗资源服务对象遍及全市各区县以及邻近省份，部分大型医院有 30%以上的就医客流来自中心城区以外，大量外来就医人口需要进入核心城区，给本就拥堵的核心城区交通带来了更大压力。

(2) 在重庆市中心城区外围设置大型医院分院可以有效分流核心城区医院的就诊压力。目前，部分医院的分院区域辐射能力较弱，还需进一步加强分院的优质医疗资源配置。以礼嘉儿童医院为例，其主要服务江北、渝北和北碚区域，分担了约 1/4 的市儿童医院本部就诊量，有效减轻了本部医院的就诊压力。但与此同时，礼嘉儿童医院区域辐射力依然较低，其主城以外客流占比仅为 24%，远低于本部的 43%。

(3) 通过大数据对医院、学校和车站等重要人流集散点客流特征分析，可以为核心区的非核心功能疏解，并为外围区域功能的完善提供有力的支撑，意义重大。

7.2.4 新冠肺炎疫情期间的交通运行分析

依托交通综合信息平台，对新冠肺炎疫情期间的重庆市中心城区交通运行情况进行持续监测分析(2020 年 1 月 23 日至 2020 年 5 月 9 日)，记录、总结新冠肺炎疫情期间中心城区的交通需求、运行变化等特征，供政府和相关机构参考。

1. 疫情期间交通特征

(1) 2020 年 1 月 24 日启动一级响应后，重庆市中心城区日均机动化出行量迅速降至上一年同期居民出行量的 15%，跌至 150 万人次以下。从 2 月 24 日开始，出行量呈阶梯式稳步增长(图 7-39)，其中，3 月 16 日(一级响应调整为二级响应后的第一个周一)、3 月 30 日(二级响应调整为三级响应后的第一个周一)有较大增幅，增长量为 40 万人次左右。分析末期(5 月 9 日)日均出行总量达 880 万人次，已恢复至上一年同期居民出行量的 87.2%。

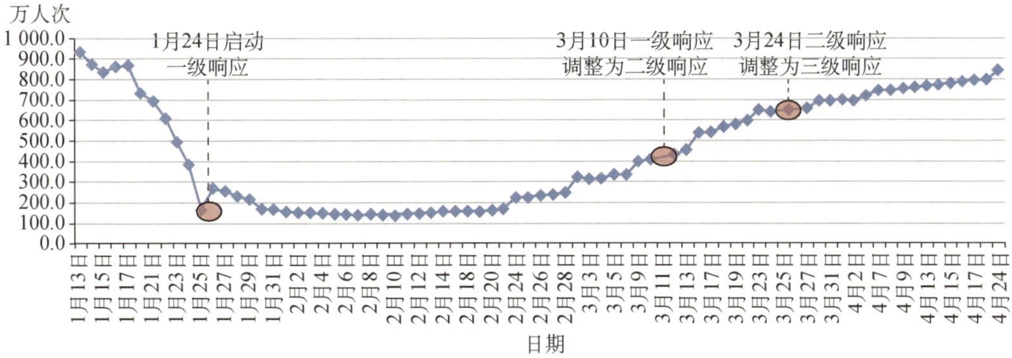

图 7-39　疫情期间中心城区机动化出行量变化

(2) 2020 年 3 月 4 日以前，重庆市中心城区路网总体处于畅通状态，干路网高峰小时平均车速均大于 30 km/h，其中内环以内车速大于 25 km/h。3 月 13 日开始，内环以内路网开始整体进入拥堵状态，内环以内车速降至 23.4 km/h，之后持续加剧(图 7-40)。3 月 25 日开始，中心城区和内环以内车速分别降至 22.0 km/h 和 17.4 km/h，低于去年同期 22.9 km/h、19.7 km/h 的车速值，拥堵程度超过去年同期水平。

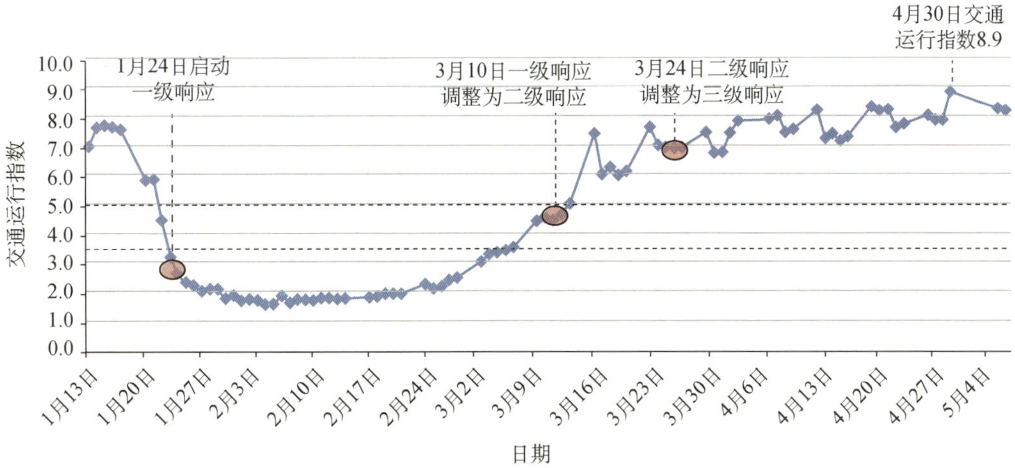

图 7-40　疫情期间内环以内交通运行指数变化

(3) 疫情期间，小汽车是主要出行方式，使用量恢复最快。公共交通客流量相对上一年同期大幅下降，从 2020 年 3 月 10 日开始缓慢增长。复工复产首日(2020 年 2 月 10 日)，小汽车分担率达到 80%，其日均出行量约为 120 万人次，占上一年同期的 40%左右；公共交通分担率仅为 20%左右，公交日均客流量约为 36 万人次，占上一年同期的 5%左右。3 月 10 日之后，公共交通运力投放全面恢复至正常水平，客流增速加快。分析末期小汽车出行量与上一年同期持平，公交日均客流量达 607.6 万人次，占上一年同期的 80%左右。

2. 分析期末交通特征

(1) 出行时空分布。

早晚高峰时段的小汽车出行量已经高于上一年同期,19:00 以后,出行量低于上一年同期,其他时段基本持平(图 7-41)。内环以外区域机动化出行量的恢复程度高于内环以内区域。早高峰小时的中心城区汽车使用量 35.9 万辆,同比增加 3.1 万辆;21:00 以后的汽车使用量减少,同比减少 3.0 万辆;白天平峰时段的汽车使用量基本持平。内环以外的组团出行量已经达到上一年同期的 85%以上,部分区域甚至超过上一年同期;内环以内的各组团出行量仅为上一年同期的 70%~85%。

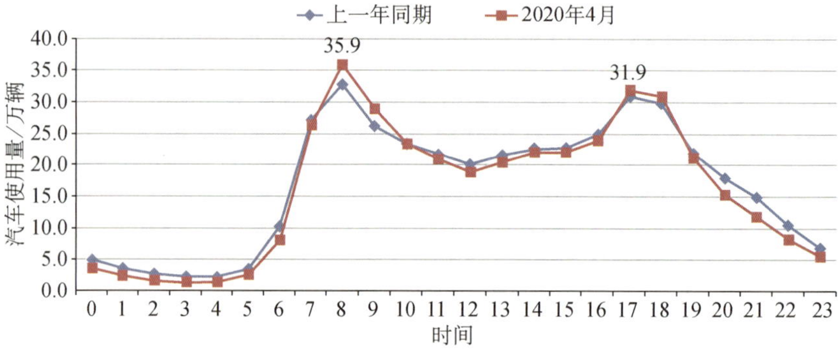

图 7-41 分析期末中心城区汽车使用量 24 小时分布

(2) 出行方式。

交通出行方式结构发生明显改变,个体机动化方式分担率大幅提升,公共交通分担率明显下降。个体机动化(含小汽车、网约车和摩托车等)分担率 41.5%,同比上升 6.2%。轨道分担率 17.6%,同比下降 0.4%。公共汽车分担率 33.9%,同比下降 6.6%。出租车等其他出行方式分担率 7.0%,同比上升 0.8%。

(3) 道路运行。

2020 年高峰时段运行状态比上一年同期更差,拥堵时间更长,部分穿山隧道和跨江桥梁的高峰小时流量高于上一年同期。重庆市中心城区干路网高峰小时车速 21.1 km/h,相比上一年同期 22.9 km/h 车速下降明显。内环以内早高峰时段拥堵时长达到 210 min,较上一年同期增加 60 min,早高峰拥堵时段延续至 10:30。双碑隧道、大学城隧道、渝澳大桥、千厮门大桥和石门大桥等高峰小时流量较上一年同期增长 5%~10%。

3. 启示及建议

(1) 分析疫情期间的交通运行情况发现,内环及以内高峰小时汽车使用量超过 25 万辆时,路网车速会急剧下降。2020 年 3 月 20 日,使用量达到 24 万辆时,车速为 19.6 km/h。3 月 30 日,使用量达到 25 万辆,车速为 17.6 km/h。4 月 7 日,使用量达到 26 万辆,车速为 16.3 km/h。按此趋势测算,当汽车使用量在 24 万~25 万辆时,使用量每增加 1 万辆,车速降低 1.0 km/h。当汽车使用量在 25 万~26 万辆时,使用量每增加 1 万辆，车速降低 2.3 km/h，车速下降速度加剧。

(2) 需要构建有韧性的城市交通系统，保障城市交通对于自然及社会灾害的抵抗力和适应性。在继续加快推进以轨道交通为引领的城市交通系统建设的同时，需要重视在应急状态下道路所发挥的重要作用，重视步行系统建设，增加小型公交汽车，加强城市交通系统的韧性功能建设，提高应急保障能力和整体运输效率。

(3) 应尽快重塑公共交通信心。分析末期时的小汽车使用量已处于高位，随着大学生返校、非通勤出行释放以及城市流动人口的增加，未来出行压力将继续加大，道路拥堵情况将会持续恶化。当前在防范疫情的前提下，应努力提高公共交通吸引力，提升公共交通客流，优化出行结构，降低城市交通情况恶化的风险。

7.2.5 快速路四横线交通改善研究

快速路四横线，西起绕城高速走马立交，自西向东经过中梁山隧道、鹅公岩大桥与真武山隧道，东接绕城高速惠民立交，全长 50.1 km，是重庆市中心城区中部东西贯通的唯一快速通道，交通流量大且增长迅速，部分路段及节点已产生较严重的拥堵现象，缓解该通道拥堵情况已显得十分迫切。

1. 利用 RFID 数据分析断面车流构成

采用 RFID 数据、现状调查数据及交通模型模拟数据 3 种数据，详细分析各路段和节点的流量、车速和车辆 OD，掌握现状四横线道路功能和交通流特征。如图 7-42、图 7-43 所示，以及表 7-8、表 7-9 所列。

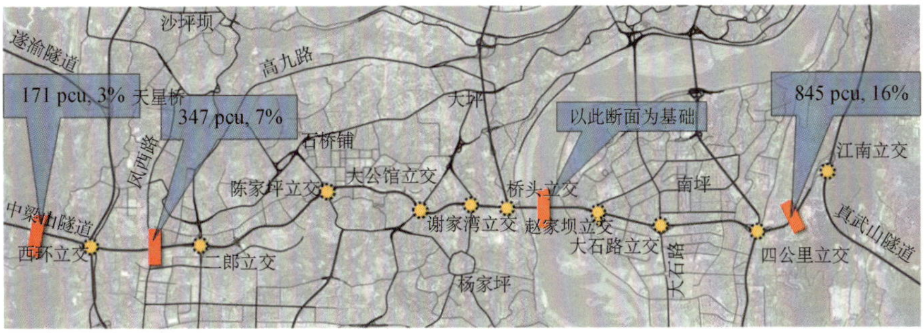

图 7-42 鹅公岩大桥断面车流 OD 分析

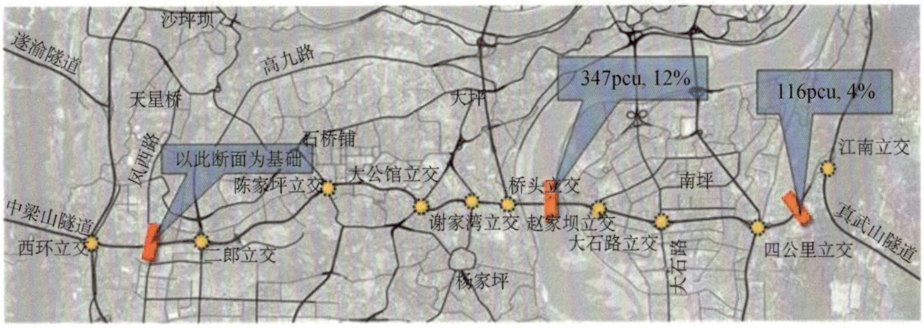

图 7-43 二郎立交西侧断面车流 OD 分析

表 7-8　　鹅公岩大桥断面车流 OD 数据

路段方向	车辆数	所占比例
鹅公岩大桥由西向东的车辆总数	5 463	
鹅公岩大桥由西向东通过四公里立交的车辆总数	845	16%
鹅公岩大桥由西向东通过二郎立交西侧进来的车辆总数	347	7%
鹅公岩大桥由西向东通过中梁山隧道进来的车辆总数	171	3%
鹅公岩大桥由东向西的车辆总数	4 410	
鹅公岩大桥由东向西通过四公里立交东侧进来的车辆总数	590	13%
鹅公岩大桥由东向西通过二郎立交的车辆总数	309	7%
鹅公岩大桥由东向西通过中梁山隧道的车辆总数	132	3%

表 7-9　　二郎立交西侧断面车流 OD 数据

路段方向	车辆数	所占比例
二郎立交西侧向东的车辆总数	3 078	
二郎立交西侧向东通过鹅公岩大桥的车辆总数	347	12%
二郎立交西侧向东通过四公里立交的车辆总数	116	4%
四公里立交(原收费站断面)向西的车辆总数	2 914	
四公里立交(原收费站断面)向西通过鹅公岩大桥车辆总数	590	17%
四公里立交(原收费站断面)向西通过二郎立交西侧车辆总数	101	3%

(1) 通过鹅公岩大桥进入二郎立交以西的流量仅占 7%,再进入中梁山隧道的流量仅占 3%。

(2) 通过鹅公岩大桥断面进入四公里立交以东的流量占 16%。

(3) 二郎立交西—四公里立交贯通交通量所占比重仅 4%。

2. 通过模型分析断面 OD 构成及需求总量

(1) 四横线主要承担的是相邻组团或片区之间中短距离的交通联系功能,而东西向贯通的流量所占比例较小,例如通过鹅公岩大桥断面进入中梁山隧道断面的车辆,只占鹅公岩大桥总流量的 5%左右(图 7-44)。实施改造以后,通过鹅公岩大桥断面进入中梁山隧道断面的车辆,仍只占鹅公岩大桥总流量的 6%左右(图 7-45)。

(2) 预测未来全线流量仍将快速增长,尤其是鹅公岩大桥和中梁山隧道流量分别会达到 12 000 pcu/h 和 8 600 pcu/h(图 7-46)。四横线改造迫在眉睫,主要节点全面改造势在必行。

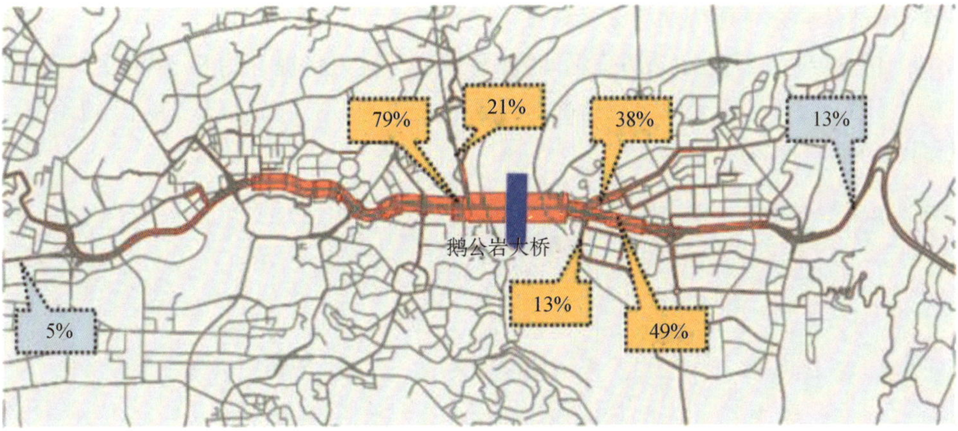

图 7-44 鹅公岩大桥断面车流 OD 分布

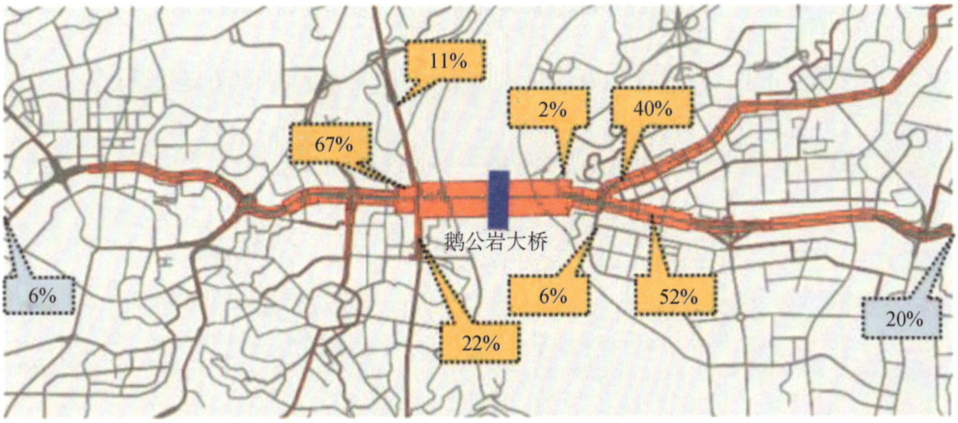

图 7-45 改造后鹅公岩大桥断面车流 OD 分布

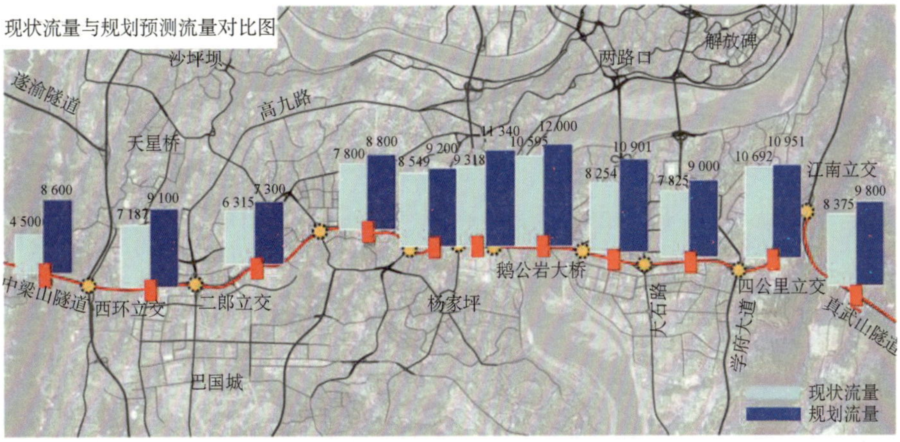

图 7-46 四横线现状流量与规划流量对比图

3. 通过仿真分析评估改善方案效果

（1）仿真分析。实施改造方案后，道路整体通行能力将提升约 25%，平均车速提高约 20%。鹅公岩桥头立交段运行情况将得到明显改善（图 7-47），车速提升约 40%，桥梁断面通行能力提高约 22%。

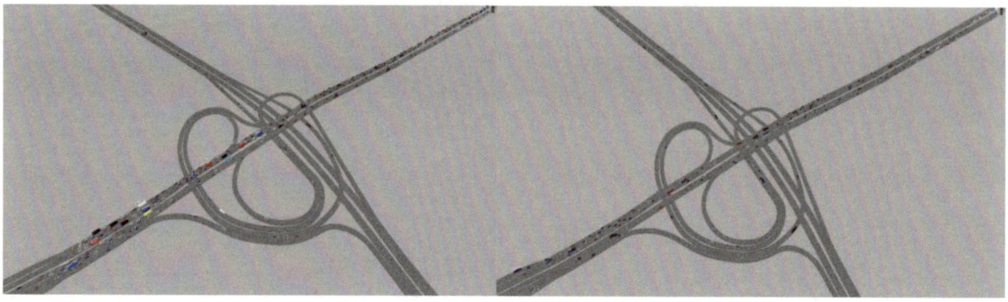

图 7-47　鹅公岩桥头立交段运行情况（左为改善前，右为改善后）

（2）监测数据表明，四横线拓宽改造实施后，高峰期车速得到明显提升（图 7-48）。

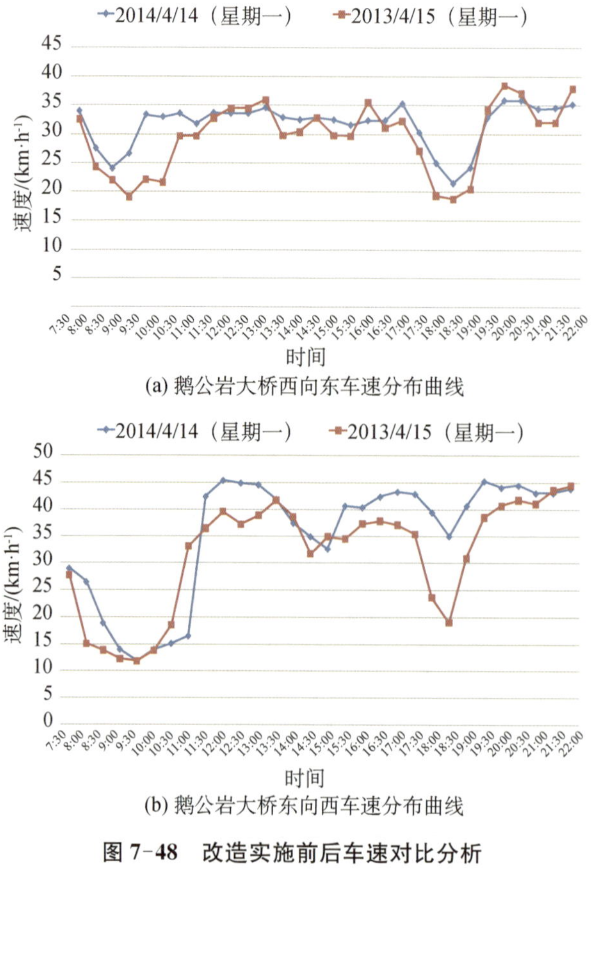

图 7-48　改造实施前后车速对比分析

4. 结论及启示

(1) 利用车辆 GPS 和 RFID 数据进行现状流量和车速分析，运用交通模型来分析道路功能和流量构成，运用 VISSIM 仿真技术进行方案比选和评价，综合三种技术手段为改善思路和方案选择提供了有力支撑。

(2) 通过分析可知，四横线主要承担的是相邻组团或片区之间中短距离交通转换功能，而东西向贯通的交通流量所占比例较小。这一重要结论指导了四横线的改善思路，即可采取分段、分期的方式进行，改善方案做到了近期与远期的较好结合。

(3) 通过大数据分析，可较好地避免传统经验的错误判断。通过详实的数据分析发现，快速路四横线主要承担的是相邻组团之间的中短距离交通联系功能，而不是通常认为的以承担长距离过境功能为主，这对组团城市交通规划和快速路改善提供了重要经验。

7.3 大数据辅助交通管理

交通大数据以“持续动态监测”与“效果评估”为抓手，深度参与到交通管理工作中。

7.3.1 交通运行监测报告编制与发布

通过定期编制和发布重庆市中心城区交通运行报告，及时掌握需求变化、交通运行变化和道路拥堵变化等，用以支持相关交通管理部门日常业务。目前，已经形成涵盖年报、月报、周报等不同频率的报告编制和发布机制(图 7-49)，其中《重庆市中心城区交通发展年度报告》《重庆市中心城区交通运行分析报告》自 2007 年开始编制，已经持续编制了 14 年。2014 年以来又开始编制《重庆中心城区“缓堵保畅”月度报告》《重庆中心城区“缓堵保畅”监测周报》。如图 7-50 所示。

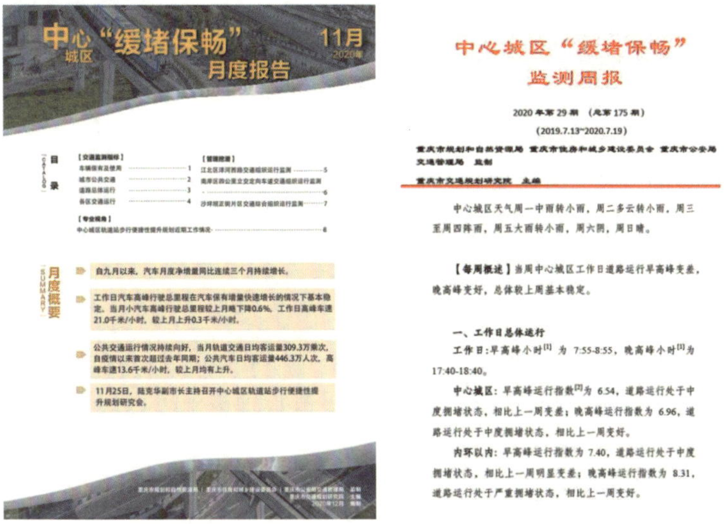

图 7-49 重庆中心城区“缓堵保畅”月报、周报

图 7-50　重庆中心城区交通运行分析年报和交通发展报告

7.3.2　车道管控措施效果评估

2016 年 11 月至 2017 年 2 月重庆市交管局先后对袁家岗立交、五红路五红支路、李家花园隧道、经纬大道虎头岩立交桥头、黄花园大桥南桥头、经纬大道芳草地立交桥头和四公里立交部分进口道实施了车道管控措施，并利用交通大数据对该类管理措施开展效果评估。

1. 以袁家岗立交为例的评估过程

2016 年 11 月 1 日，谢家湾正街、大公馆立交往袁家岗方向实施了车道管理措施。谢家湾正街（谢家湾立交→袁家岗立交）、长江二路（大公馆立交→袁家岗立交）拥堵程度明显缓解，早高峰车速由 9 km/h 上升至 26 km/h，晚高峰车速由 17 km/h 上升至 30 km/h。拥堵时长显著缩短，全日拥堵时长分别缩短了 180 min 和 130 min，降低至 15 min 和 30 min。

实施车道管理后，袁家岗立交周边道路拥堵时长变化如图 7-51 所示。车道管理措施实施前后，谢家湾正街车速日变化如图 7-52 所示，长江二路车速日变化如图 7-53 所示。

2. 评估结论

对比多个路段的车道管控措施效果得出以下结论。

（1）在流量接近瓶颈断面通行能力时，车道管理措施可以有效缩短拥堵时长。

（2）在流量未达到瓶颈断面通行能力时，车道管理措施可以缓解甚至消除拥堵，有效缩短拥堵时长。

（3）在实施车道管理措施之前，需要综合考虑对相邻道路的影响。

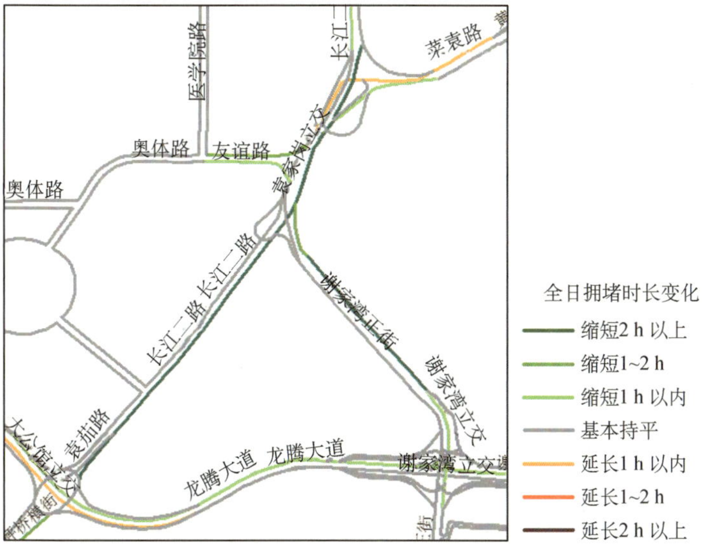

图 7-51　实施车道管理后，袁家岗立交周边道路拥堵时长变化

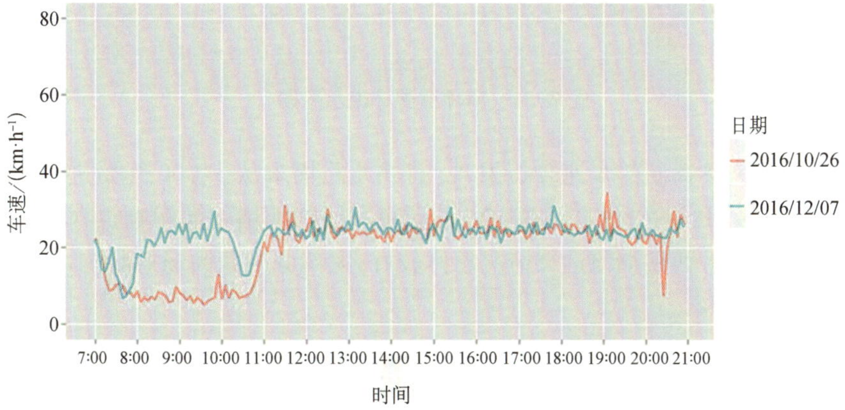

图 7-52　车道管理措施实施前后，谢家湾正街车速日变图

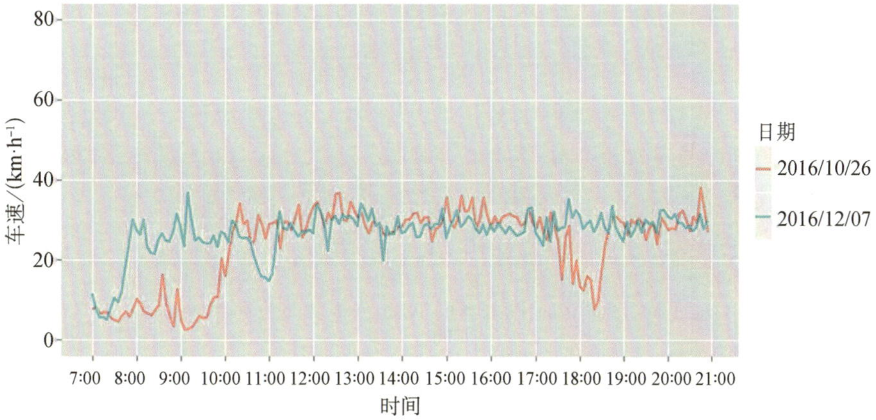

图 7-53　车道管理措施实施前后，长江二路车速日变图

7.3.3 南坪商圈周末拥堵分析

利用车载 RFID、出租车 GPS 和公交车 GPS 等交通大数据对区域交通拥堵进行分析,可支持交通管理措施优化完善。下面以南坪东路→南坪西路→万寿路通道为例(图 7-54),利用交通大数据逐段分析路段拥堵特征。

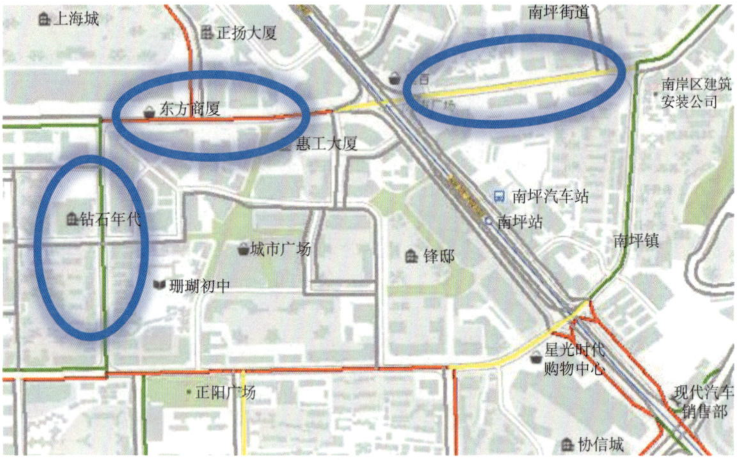

图 7-54 南坪商圈环道示意图

通过对周末南坪商圈的车速分析发现:南坪西路周末从 14:00 开始进入常态拥堵状态,一直持续到 21:30 左右。而南坪东路受南坪西路拥堵倒灌影响也存在一定拥堵现象。万寿路因南坪西路拥堵运行情况总体较好,大部分时间为畅通状态,车速分布如图 7-55、图 7-56 所示。

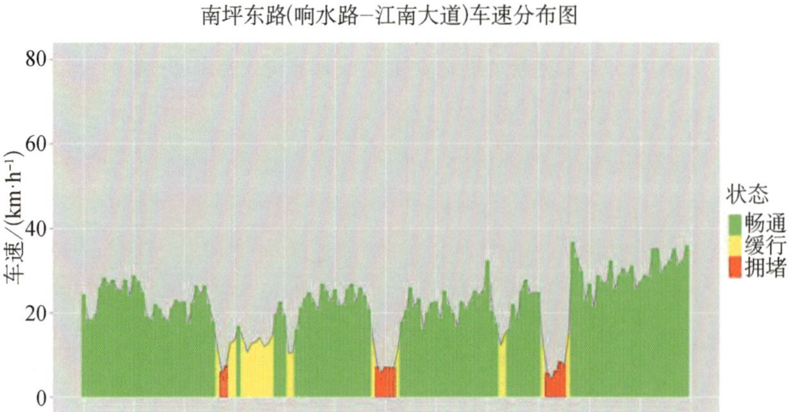

图 7-55 南坪东路(响水路—江南大道)车速分布图

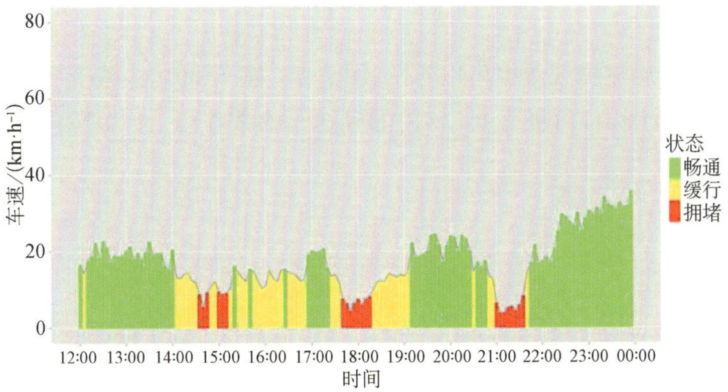

图 7-56 南坪西路(南坪东路—万寿路)车速分布图

7.3.4 四公里立交改善研究[1,2]

利用视频数据开展交通改善研究，也是交通大数据应用的一个重要内容。本案例通过对四公里立交多车道短距交织区进行无人机视频拍摄(图 7-57)，提取车辆轨迹、速度、流量及密度等交通特征数据，进行交通仿真和通行能力建模，为四公里立交交通运行管控提供决策支撑(表 7-10)。

图 7-57 四公里立交无人机视频截图

表 7-10 四公里立交交织区视频采集表

拍摄时间	视频编号	时长	交通状态
2019. 3. 12 (8:30—10:00)	1	0:14:04	拥堵
	2	0:14:22	拥堵
	3	0:13:22	拥堵
	4	0:13:03	拥堵
2019. 3. 12 (18:30—19:30)	5	0:10:21	畅通
	6	0:09:23	畅通
	7	0:09:12	畅通

1. 交通流特性分析

(1) 流量分析。

从提取出的交通流视频数据可以看出(图 7-58、图 7-59),主线上 5 s 内的到达车辆数分布在[3, 10]范围内,而匝道上 5 s 内的到达车辆数在[1, 4]范围内,说明主线到达率明显高于匝道。

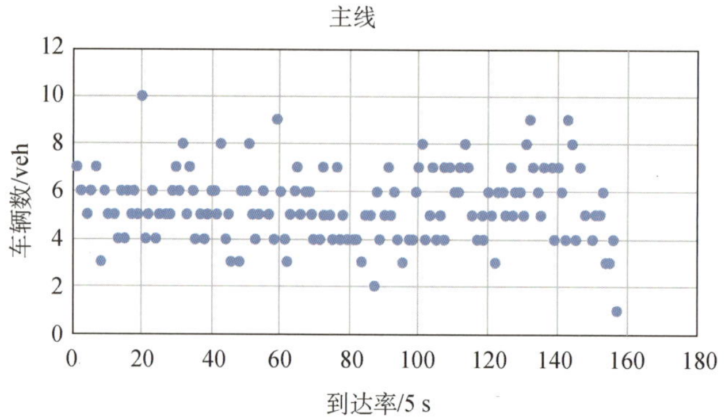

图 7-58 主线 5 s 内到达车辆数

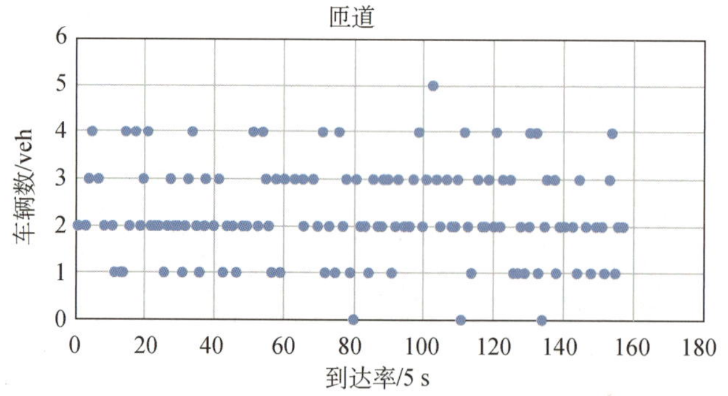

图 7-59 匝道 5 s 内到达车辆数

(2) 密度分析。

将主线、匝道、交织区以及分流段按构造划分为 5 个不同的区域,如图 7-60 所示,经人工处理得出每个区域上的车辆密度,结果如图 7-61 所示。根据车辆密度统计结果可看出,区域 4 车辆密度最高,分布在 80~120 pcu/km/lane 之间,区域 5 最低,车辆密度分布在 0~40 pcu/km/lane 之间;区域 3, 1, 2 的车辆密度由高到低居于最高、最低之间。说明主线汇出匝道车辆相对较少,而匝道汇入主线车辆相对较多。

(3) 速度分析。

统计交织区车辆速度,可以直观看出交织区各个位置的速度分布情况,如图 7-62 所示。

图 7-60　车辆密度分析区域划分

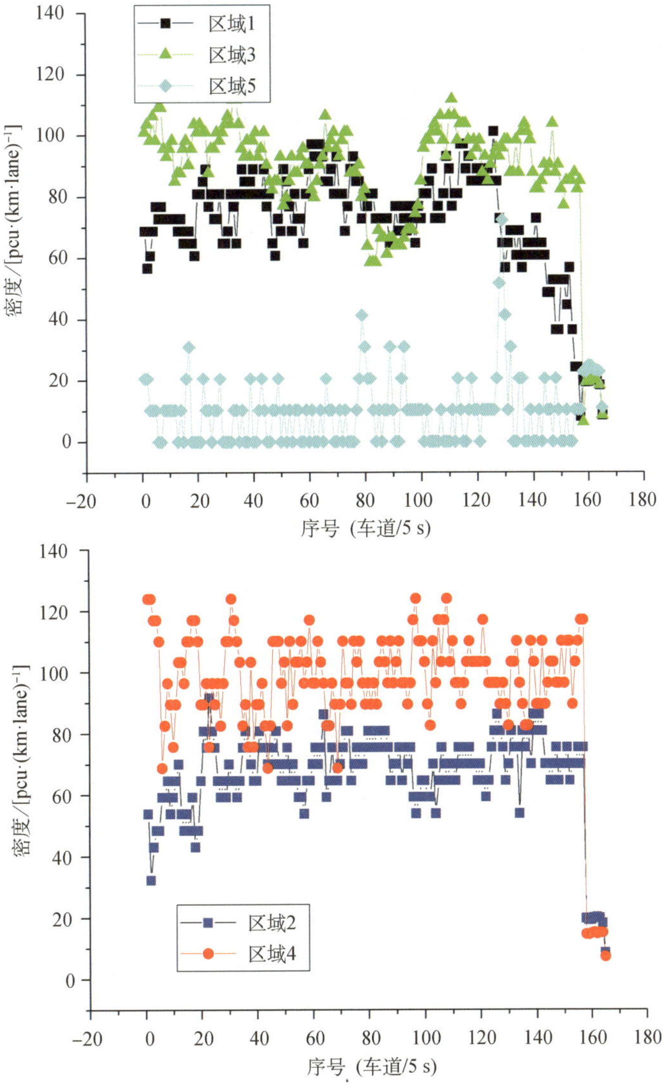

图 7-61　各区域车辆密度

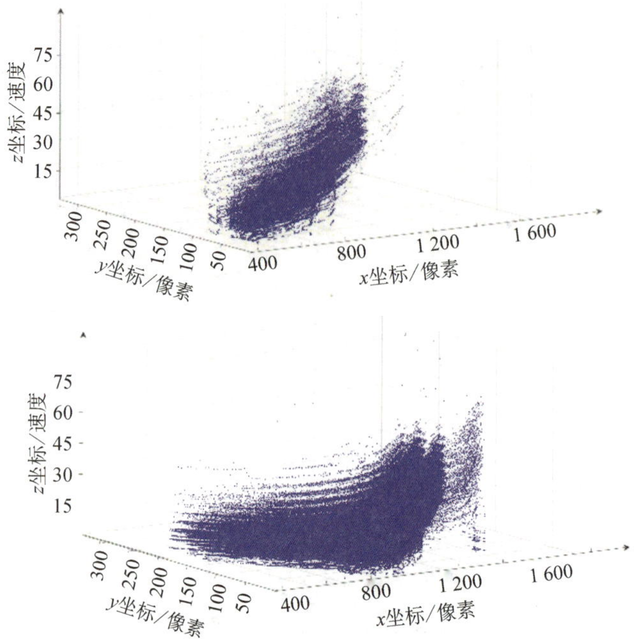

图 7-62　车速分布三维示意图

① 在上游交织影响区路段范围，即 x 坐标[1, 500]，车速分布在 0～30 km/h。

② 在交织区范围，即 x 坐标[500, 1 000]，车速主要集中在 15 km/h 左右，车辆行驶缓慢，说明汇入交织区开始出现瓶颈现象。

③ 在下游交织影响区路段范围，即 x 坐标[1 000, 2 000]，车流状态逐渐趋于畅通，车速也随之提高，分布在 15～60 km/h 范围内。

从车辆速度分布情况来看，下游交织影响区＞上游交织影响区≈交织区，交织区及合流区运行速度整体较低，说明在复杂交织区瓶颈现象严重，较难满足交通需求。

(4) 车头间距分析。

从提取的车前间距数据分析看来，在交织区范围内，复杂交织区车辆车头间距处于 0～1 m 约占 25%、1～2 m 约占 40%、2～3 m 约占 20%，车头间距集中分布在［1, 3］之间，如图 7-63 所示。说明车辆分布紧凑，交通流呈缓慢行驶状态，同时可以看出在复杂交织区跟车行为较危险。

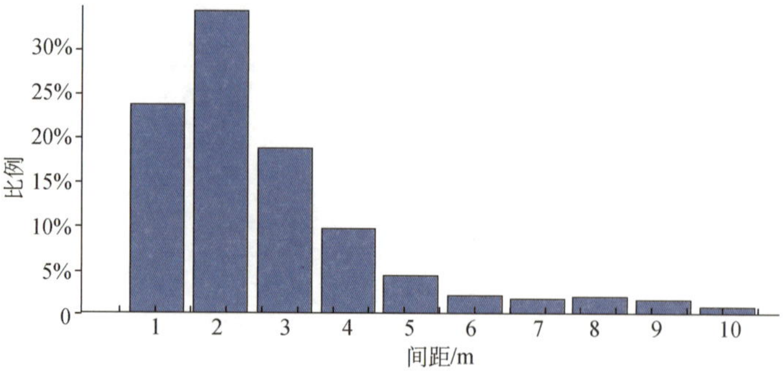

图 7-63　车前间距提取结果

(5) 加速度分析。

根据统计结果得出，加速度主要在±0.5 m/s² 之间浮动(图 7-64)，其中约 50%分布在[0，1]m/s²，45%分布在[−1，0]m/s²，5%分布在其他加速度范围区间。说明在交织区路段，车辆可能处于走走停停的拥堵或缓行状态。此外，还有部分车辆出现加速急减速等异常行为。

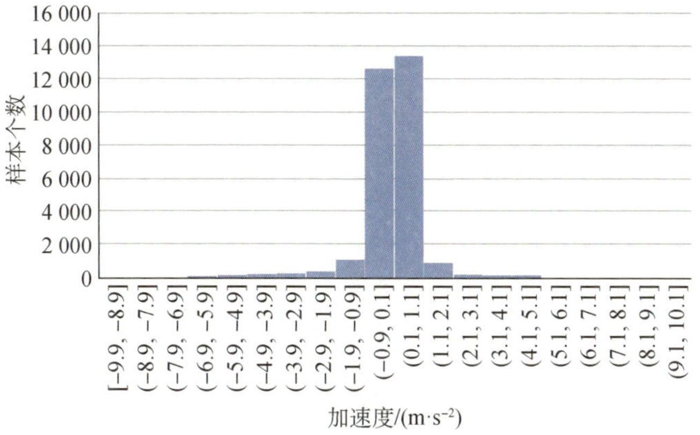

(a) 加速度分布曲线

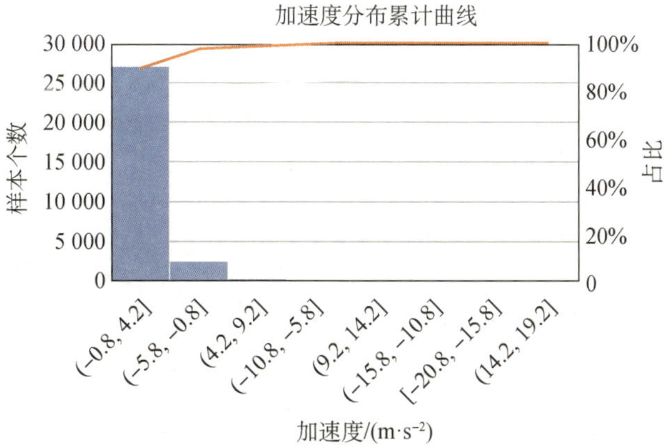

(b) 加速度频率累计分布

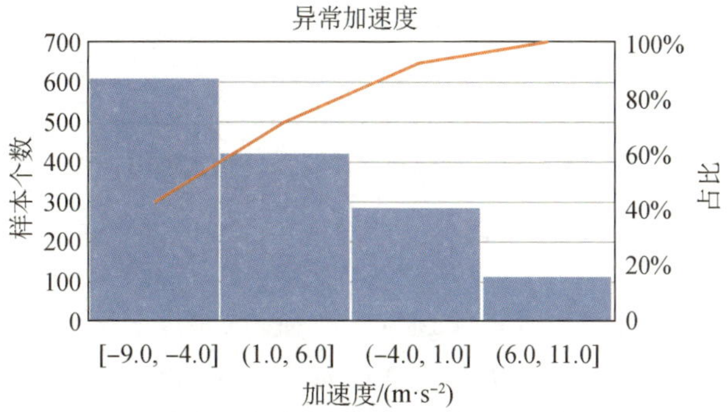

(c) 急加、急减速行为产生的异常加速度

图 7-64　加速度提取结果

在交通流运行特性方面，与常规交织区相比，多车道短交织区车辆加速度离散度大，且集中分布在一个较小的范围值内。交织区速度变化差值大、交织区及其影响范围运行速度低，通行能力及服务水平等级较低。在高交织流量比的情况下，交织区瓶颈现象更为突出，拥堵问题更加严重。

2. 通行能力优化建模

交织区微观交通仿真模型构建和标定流程如图 7-65 所示，VISSIM 建模效果见图 7-66。

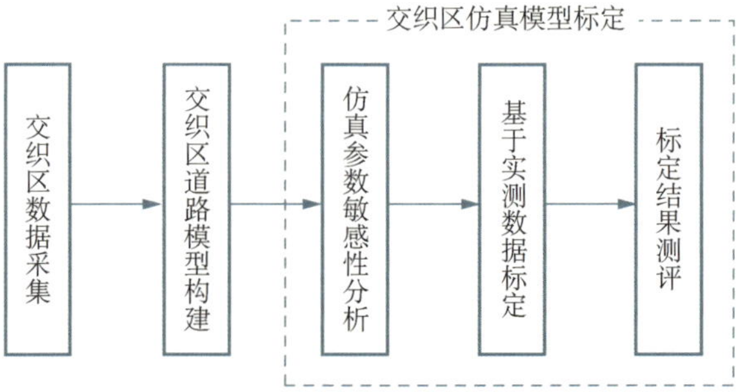

图 7-65　交织区仿真模型构建和标定流程图

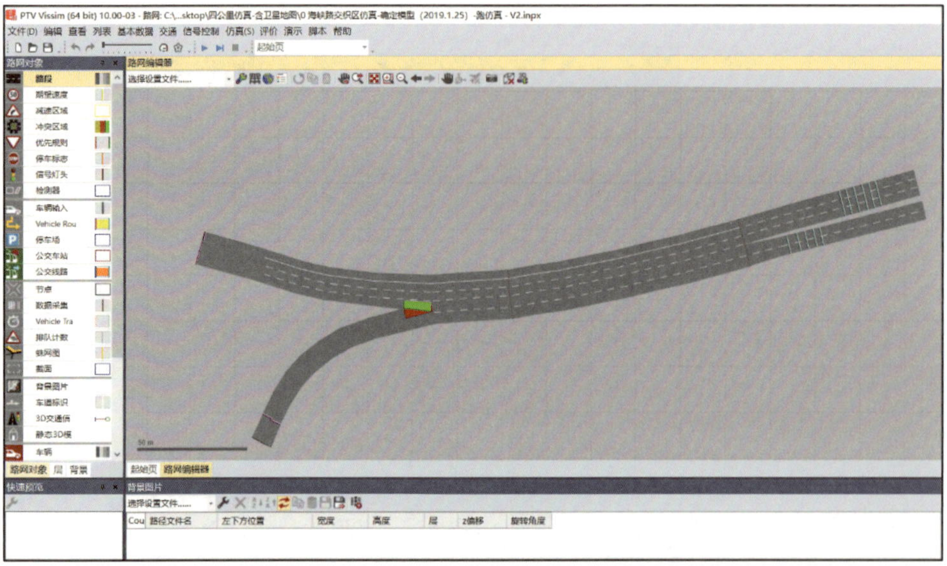

图 7-66　四公里交织区道路仿真模型

3. 结论及建议

本节基于四公里立交无人机视频提取了车流量、密度、速度、车头间距和加速度等交通参数，并分区域、分主线匝道进行交通流特性分析，阐释了短距交织区交通运行特征。在此基础上，通过微观交通仿真、参数标定与参数优化等步骤，提出了山地城市干道交织区通行能力计算优化模型，为四公里立交交通运行评价、多车道汇入控制等提供了详实的基础数据，同时对交通控制方案优化以及立交优化改造发挥了重要的决策支持作用。

7.4 大数据辅助交通政策研究

7.4.1 限行政策研究

2018 年 4—10 月期间，由于嘉陵江大桥的施工，重庆市中心城区开展了“一禁三限”的尝试，嘉陵江大桥施工禁止社会车辆通行，渝澳大桥、嘉华大桥和黄花园大桥工作日针对社会车辆实施尾号限行。限行前、限行期间和限行解除后的数据表明，“一禁三限”政策有效地缓解了整个内环以内的道路拥堵压力，同时有助于小汽车出行转向公共交通出行。因此，在“一禁三限”政策实施取得不错效果后，重庆市政府拟推出更加全面的限行措施，用以改善交通拥堵的问题，倡导公共交通出行，因而需利用交通大数据开展了管控方案研究。

1. 管控空间对象研究

(1) 切入点分析。

从长期持续的交通运行监测发现，跨江桥梁和穿山隧道是重庆市中心城区交通网络的最大瓶颈，桥、隧拥堵影响范围广，经常造成区域性拥堵，因此应以桥梁和隧道作为缓解拥堵的切入点。

(2) 功能分析。

利用流量、流向分析，评估桥梁和隧道所承接的交通功能(图 7-67)。以高家花园大桥和大学城隧道为例。

高家花园大桥作为重庆市中心城区交通的骨架，是中心城区南北向交通主动脉，承接了大量的过境交通和对外交通，其中去往内环以外的车流量占比 62.9%。

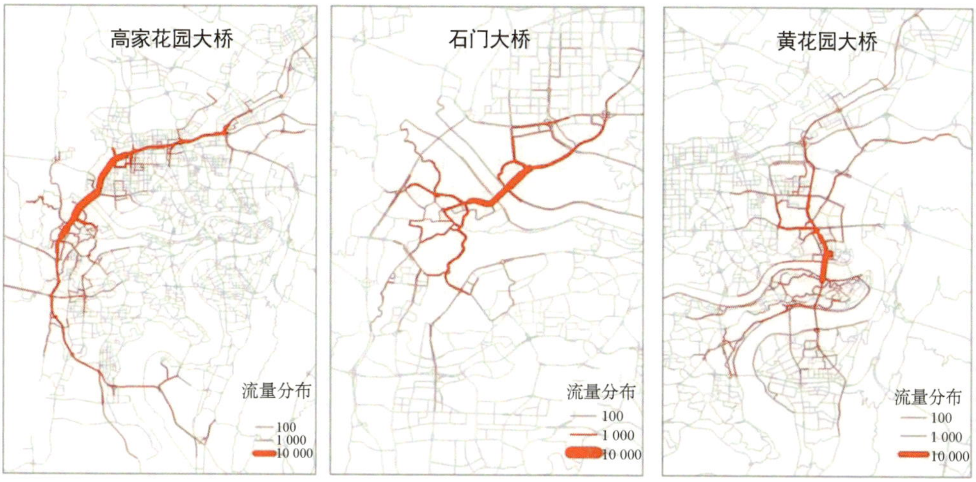

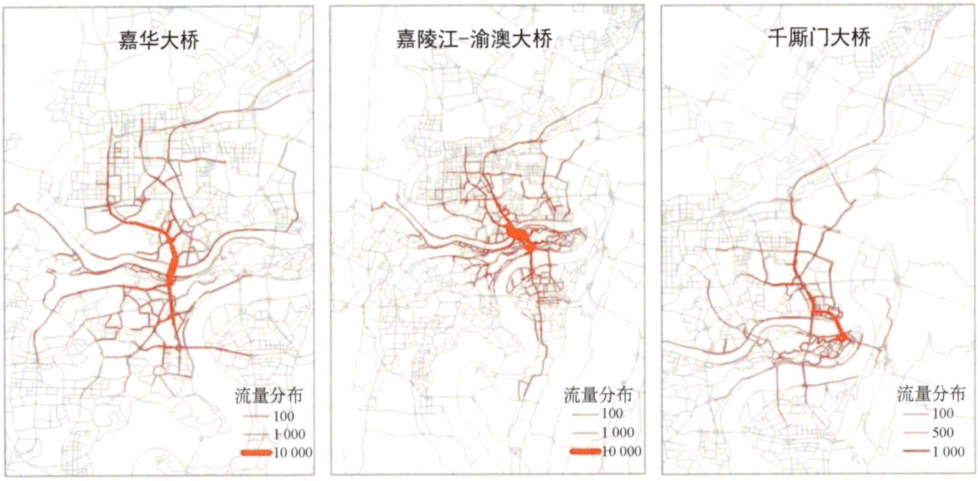

图 7-67　跨嘉陵江主要桥梁的小汽车出行流向图

大学城隧道主要服务于中梁山两侧城市用地之间的交通联系(图 7-68),占比 70%～74%,承担的进出城交通流量占比 26%～30%。在穿大学城隧道车流中,68%的车辆为通勤车辆。

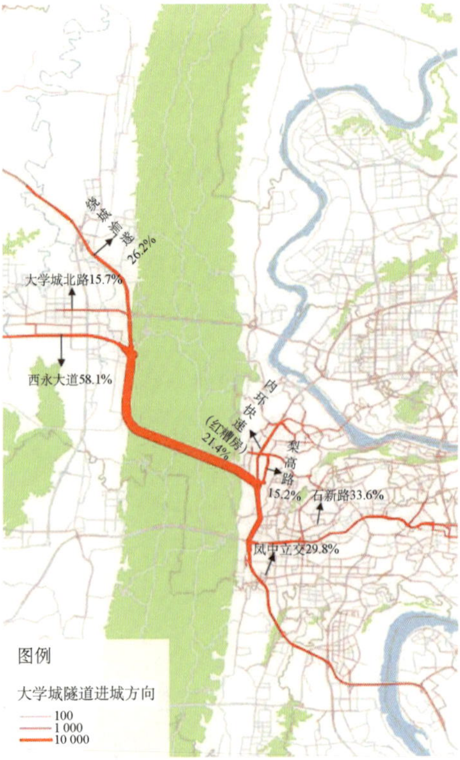

图 7-68　大学城隧道流量流向分析

(3) 关联性分析。

利用车辆长期出行轨迹监测,分析通道的可替代性。跨长江与跨嘉陵江的出行关联性强,横跨长江的长江大桥、菜园坝大桥和东水门大桥的总流量中有 34.1%的出行会同时跨嘉陵江(图 7-69)。因此,管控跨一条江的桥梁会有效抑制跨另一条江桥梁的出行需求。

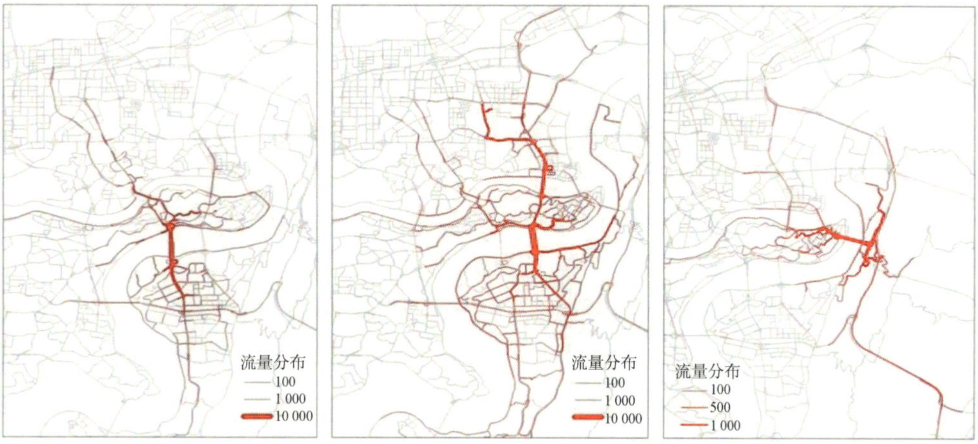

(a) 菜园坝大桥　(b) 长江大桥　(c) 东水门大桥

图 7-69　跨长江桥梁的小汽车出行流向分布图

基于现状车流运行轨迹,根据相互影响程度,跨江桥梁可以分为若干组,同一组内的桥梁互为替代路径,便于车流相互转移,分别是:①{高家花园大桥、石门大桥};②{嘉华大桥、嘉陵江大桥、渝澳大桥、黄花园大桥、东水门大桥};③{朝天门大桥、大佛寺大桥};④{长江大桥及复线桥、菜园坝大桥、东水门大桥};⑤{鹅公岩大桥}。

(4) 公共交通可替代性分析。

限行的前提是有可替代的公共交通出行方案。利用大数据可分析限行通道的公共交通可替代能力,以穿中梁山隧道限行为例。

利用手机信令数据得到穿中梁山隧道的交通出行 OD 对,利用批量导航工具可以得到每个 OD 对分别采用小汽车和公共交通的出行时间,从而量化公共交通的可替代情况。如表 7-11 所示,假设将 1.5 倍小汽车时耗或出行时间小于 45 min 作为可替代的

表 7-11　西永跨中梁山出行的公共交通可替代情况

西永跨中梁山出行	占比
无公交可坐的情况	7.32%
无公交可坐的或公交出行时间在开车的 2 倍以上的情况	57.19%
时间在 45 min 内或公交出行时间在开车 1.5 倍以内的情况	21.32%
时间在 45 min 内或公交出行时间在开车 2 倍以内的情况	41.81%

上限，则仅有 21.3%的人可以使用公共交通替代小汽车出行。不能使用公共交通替代小汽车方式的出行 OD 分布见图 7-70。

图 7-70　不能使用公共交通替代小汽车方式的出行 OD

2. 管控时段研究

(1) 拥堵时段分析。

管控的目的是缓解交通拥堵、引导公共交通出行。因此管控时段应与拥堵时段相吻合。

内环以内的拥堵主要集中于早晚高峰的交通时段，包括 7:00—10:00，17:00—19:30，车速均在 25 km/h 以下(图 7-71)。因此，把交通需求管控的着眼点放在早晚高峰时段，可以有效地改善内环以内的运行状态，引导通勤出行转移至公共交通方式。还可以进一步分析每座桥梁和隧道的拥堵时段，如表 7-12 所示。

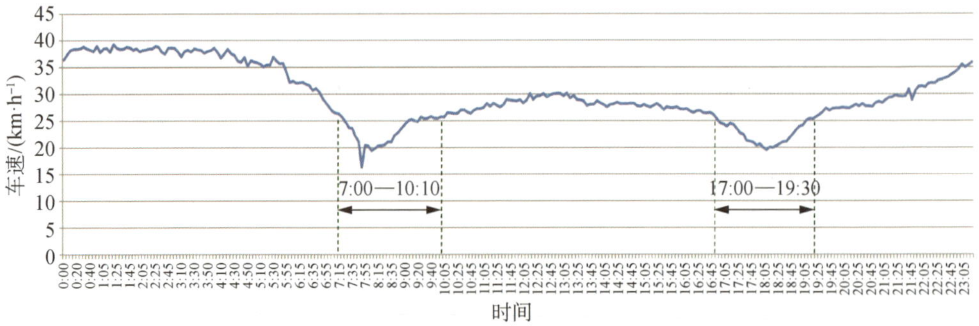

图 7-71　内环以内区域的交通拥堵日变图

表 7-12　　桥梁的拥堵方向分布

桥梁	方向	主要拥堵时段
黄花园大桥	往渝中	8:00—9:00、11:00—12:00、15:00—21:00
	往江北	7:00—8:30、17:00—19:00
嘉华大桥	往渝中	8:00—10:00、13:00—20:00
	往江北	7:00—10:00、18:00—19:00
渝澳大桥	往渝中	7:00—10:00、15:00—16:00、17:00—21:00
嘉陵江大桥	往江北	不拥堵
千厮门大桥	往渝中	7:00—9:00、19:00—20:00
	往江北	18:00—19:00

(2) 通勤时段分析。

重庆市中心城区每天一半以上的交通出行是通勤出行，通勤出行有相对固定和集中的时段，便于制订管控方案，因此可重点关注通勤出行。

早晚高峰时段通勤出行占比在 58%～71%。其中，大部分单位或机构上班时间为 8:30—9:00，下班时间为 17:30—18:00，通勤出行的时间段集中。非通勤出行和外地车出行主要分布在白天平峰时段。综合考虑拥堵时段及通勤时段分布，以确定限行管控时段。

3. 管控力度研究

限行实施会带来小汽车出行向公交方式转移，综合评估公共交通富余能力及车辆保有情况(表 7-13)，确定管控力度。

表 7-13　　中心城区各尾号汽车保有量明细表

尾号	数量/辆	比例
0	151 505	11.0%
1	147 679	10.8%
2	148 700	10.8%
3	148 712	10.8%
4	34 905	2.5%
5	147 043	10.7%
6	152 397	11.1%
7	146 482	10.7%
8	149 014	10.9%
9	146 490	10.7%
合计	1 372 927	100%

4. 方案效果评估

(1) 出行需求及运行状态情况。

利用中心城区交通需求预测模型,对交通需求管控政策实施后的交通需求及运行状态进行预测评估。

方案实施后,全天的跨江出行共减少小汽车流量 3.2 万 pcu/日,其中高峰时段减少 0.8 万 pcu/h。内环以内的运行状态好转,早晚高峰平均车速从 22.5 km/h 提升至 24.1 km/h,上升 1.6 km/h。

(2) 汽车增长趋势。

"一禁三限"期间并没有出现大量的汽车增长情况。不管从需求管控对象还是从需求管控时段,当前尾号需求管控的力度相对较弱,因此预计早晚高峰的尾号需求管控在短期内不会导致汽车突增。

(3) 公交运行情况。

经测算,交通需求管控政策实施后,公交高峰时段客流将增加 0.9 万(人次/h),其中轨道客流增加 0.8 万(人次/h),地面公交客流增加 0.1 万(人次/h)。当前的公交服务水平能够满足小汽车客流的转移。

7.4.2 网约车识别与分析

利用 RFID 数据和卡口数据,对重庆市中心城区所有车辆的出行行为进行挖掘和分析,从而识别出机动车中的网约车,并研究分析其出行特征。

1. 网约车识别和使用特征分析

根据 RFID 和卡口数据可知,重庆市中心城区小汽车每天平均累计出行时长约 78 min,研究假设出行时间超过 3 h 的非营运轿车是网约车,则重庆市中心城区网约车每天出行的车辆数量约为 2.6 万辆,远超 1.3 万辆的出租车规模。

网约车出行特征主要表现在以下四个方面:

(1) 网约车使用强度远高于非网约车。

重庆市中心城区平均每天通过 RFID 检测到的轿车共 43.1 万辆,一天的车公里总数为 1 680 万 km 左右,平均每辆车的车公里数为 39.0 km。其中,2.6 万辆网约车的车公里数为 546 万 km,占车公里总数的 32%,39.2 万辆非网约车的车公里数为 1 134 万 km,占车公里总数的 68%。平均每辆网约车每天的公里数为 210 km,非网约车的公里数为 28.9 km,网约车是非网约车的 7.3 倍。

网约车以 6%的车辆规模贡献了 32%的车公里,因此网约车的运行对中心城区道路交通整体运行状态影响较大。

(2) 网约车的出行主要集中在白天。

重庆市中心城区小汽车的使用量呈现明显的早晚双高峰,早高峰出现在 8:00—9:00,晚高峰出现在 18:00—19:00(图 7-72)。网约车出行时间主要集中在 8:00—21:00,且出行量明显高于出租车，21:00 至第二天 8:00 时段，网约出行量明显低于出租车(图 7-73)。

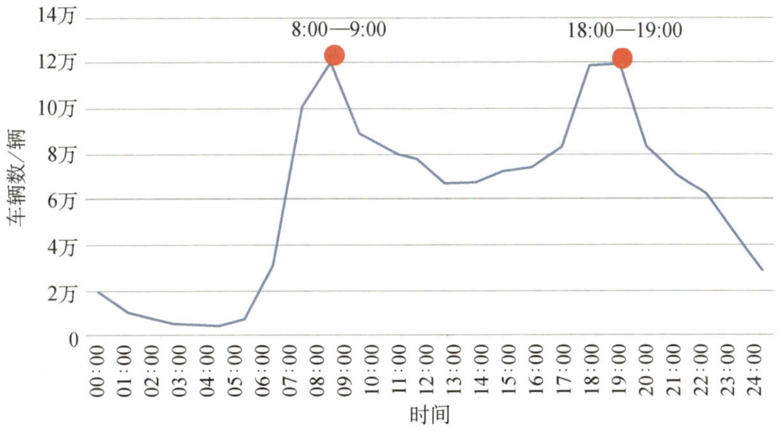

图 7-72 小汽车的出行时间分布

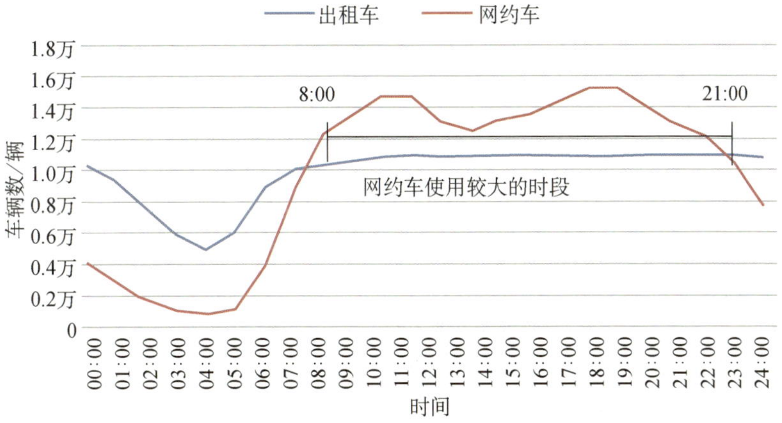

图 7-73 出租车和网约车的出行时间分布

(3) 网约车出行率明显低于出租车。

2.6 万辆网约车高峰时段出行量约 1.3 万辆，出行率只有 50%。而 1.3 万辆出租车中高峰时段出行量约 1.1 万辆，出行率高达 90%左右。2.6 万辆网约车每天每辆车平均行驶公里数为 210 km，1.3 万辆出租车每天每辆车平均公里数为 574.5 km，是网约车的 2.9 倍。这充分说明网约车的出行效率远高于出租车。

(4) 90%以上的网约车由全职司机驾驶。

分析发现，在 2.6 万辆网约车中，同时具有规律出行行为的车辆仅有 2 255 辆，我们判断这部分车辆为兼职网约车，只占网约车的 8.6%。其余约 2.4 万辆网约车驾驶员均为专职司机，其规模已远超出租车。

2. 网约车数量的变化趋势

从 2015 年年底至 2016 年 6 月份，重庆市中心城区网约车数量一直保持着强劲的增长势头，2016 年第一季度和第二季度的网约车增长率分别为 43%和 13%。至 2016 年 10 月，由于网约车相关管理规定的试运行和网约车平台对驾驶员奖励措施的调整，引起重庆市中心城区网约车数量有所回落，与 2015 年 12 月的数量基本持平(图 7-74)。

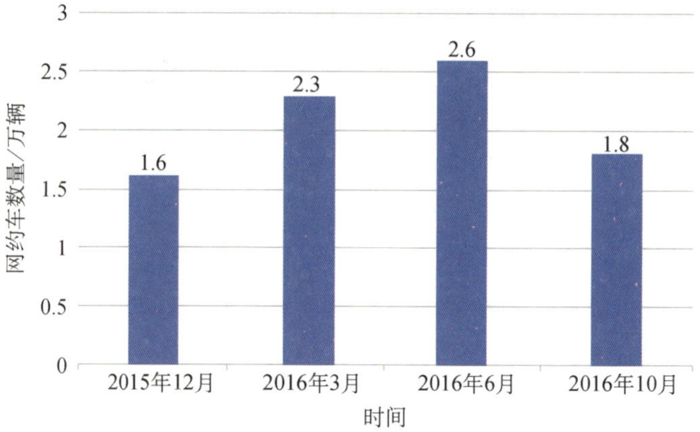

图 7-74　重庆市中心城区网约车数量变化趋势

3. 结论与启示

(1) 利用车辆 RFID 数据，获取车辆的出行行为指标，包括出行时长、出行距离和出行次数。基于车辆出行行为特征，可以挖掘和识别具有显著出行特征行为的车辆，如网约车和通勤车等。

(2) 通过对重庆市中心城区网约车的分析发现，网约车有以下四个特征：一是网约车使用强度远高于非网约车；二是网约车的出行主要集中在白天；三是网约车出行率明显低于出租车；四是 90%以上的网约车是全职司机驾驶。

7.4.3　近期道路建设计划研究

近期道路建设计划的编制需要充分了解交通发展现状，发现城市交通需求与城市道路建设匹配中存在的问题，结合交通运行与城市道路规划，合理制订设施建设时序，支撑城市发展。综合利用交通运行数据和模型测试等，可以使近期建设计划的编制工作更加科学、合理。下面将以典型的通道建设必要性分析为例介绍大数据应用情况。

渝蓉连接通道是穿中梁山、连接渝蓉高速的进出城通道。东起现状渝蓉高速，西至金州大道，含井口隧道和大竹林大桥。位于双碑隧道与二横线之间(图 7-75)。

利用交通大数据评估发现，应尽快启动渝蓉连接通道建设，理由如下：

(1) 需求增长。渝蓉高速流量快速增长，2019 年全日流量 4.0 万 pcu，同比增长 5.4%，稳步上升。

(2) 现状通道能力不足。双碑隧道双向 6 车道，高峰小时流量 8 000 pcu/h，已经饱和。大学城隧道持续饱和，中梁山隧道(含复线)流量同比增长 53.5%，全日拥堵时长在

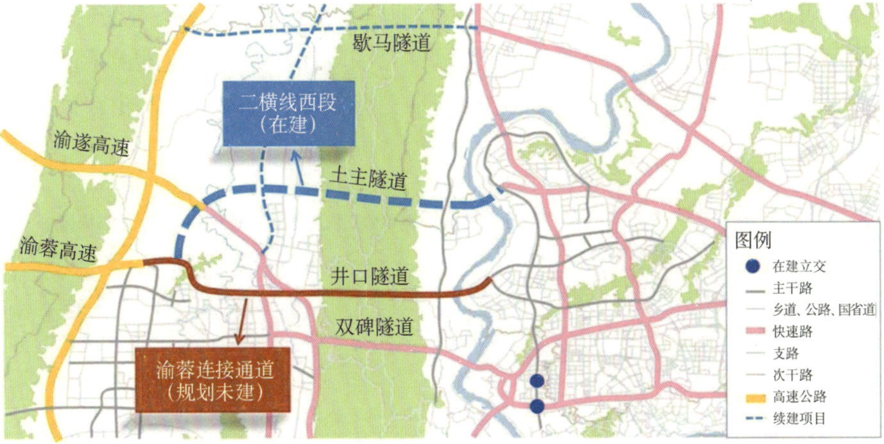

图 7-75 渝蓉连接通道区位示意图

2～4.5 h。

(3) 在建通道分流作用有限。在建的二横线西段接礼嘉,距离较远,无法有效缓解双碑隧道压力。华岩隧道开通后能分流部分中梁山隧道流量,但无法解决中梁山隧道能力不足的情况。

(4) 规划而未建的渝蓉连接通道实施后会取得良好的分流效果。通过综合交通模型预测,渝蓉高速连接通道开通后,将分流双碑隧道 20%～30%的流量(图 7-76)。

图 7-76 渝蓉高速连接通道建设后分流情况

7.5 大数据辅助公众出行服务

大数据辅助公众出行服务主要体现在两个方面:一是开展出行信息发布服务,包括重大假节日前的出行信息预测发布、每日交通拥堵预测预报等；二是对交通运行进行深入解读，引导市民更好地参与交通规划建设，并且引导市民选择绿色低碳的交通出行方式，促进城市交通的可持续发展。大数据辅助公众出行服务示例如图 7-77、图 7-78 所示。

图 7-77 “大数据看交通”公众宣传(联合重庆晨报)

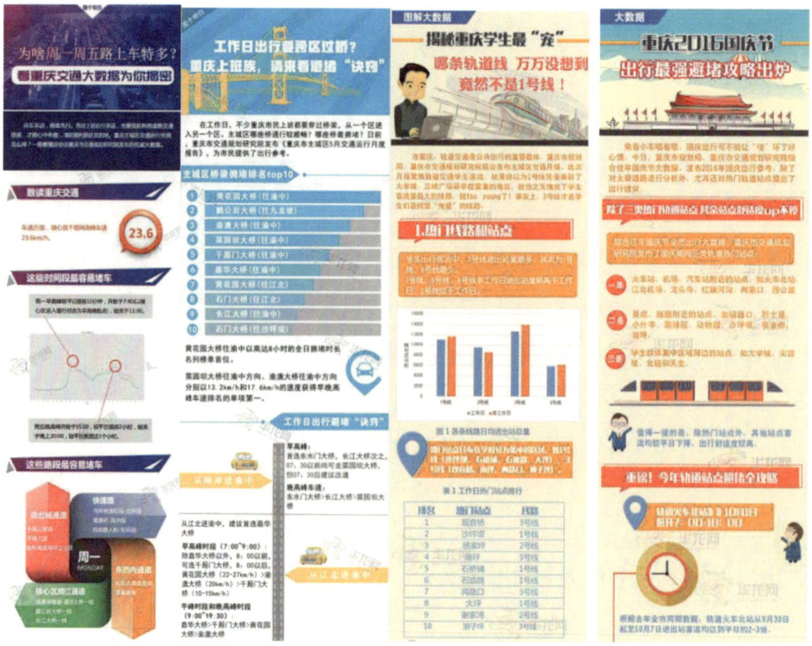

图 7-78 “大数据看交通”公众号(联合华龙网)

本章参考文献

[1] 李少博. 基于微观轨迹数据的山地城市干道复杂交织区车辆行驶行为研究[D]. 重庆:重庆交通大学,2019.

[2] 谢济铭. 考虑车辆行驶行为的山地城市干线复杂交织区交通流建模与分析[D]. 重庆:重庆交通大学,2020.

8 总结与展望

8.1 分析总结交通大数据应用现状及典型交通大数据特征

8.2 系统阐释交通大数据指标提取技术及数据平台框架

8.3 探索交通大数据对交通运行的监测及传统交通模型的改进

8.4 基于多种场景的交通大数据综合应用实践

8.5 研究展望

交通大数据分析为以人为本的城乡规划及交通规划提供了新视角和新工具，本书结合重庆市交通规划研究院近十年来在交通大数据领域的分析研究和应用实践，重点对交通大数据应用现状和发展趋势、典型交通大数据、交通大数据指标提取技术、交通大数据系统架构设计、基于大数据的综合交通模型改进，以及基于大数据的综合应用实践进行了介绍，以期为广大城乡规划、交通规划的专业技术人员以及大学的相关专业师生们提供有效参考与帮助。

8.1 分析总结交通大数据应用现状及典型交通大数据特征

交通大数据应用经历了小样本量的定点监测技术、车辆移动监测和个体出行信息提取、广域大样本交通大数据分析以及交通大数据多源融合分析四个发展阶段。根据数据获取方法和数据特征描述的不同，大数据形式各异。

1. 交通大数据应用现状

小样本量的定点监测技术阶段注意力放在定点监测器上，较好地弥补了传统问卷数据存在的质量低、实时动态性差等缺陷；车辆移动监测和个体出行信息提取技术阶段，研究者将重点放在道路交通数据的采集，包括车流量、行程时间和车辆行程车速等交通参数的获取；在广域大样本交通大数据分析阶段，研究者开始尝试将 IC 卡数据与其他多种数据进行融合使用来提升居民出行调查的准确性，以及基于手机信令数据和手机传感器数据的更准确、更大范围的居民出行信息提取；在交通大数据多源融合分析阶段，探索多源大数据相互融合的交通出行特征提取方法，能够较好地解决个体出行链信息不全面的缺陷，对获取交通信息的精确性、实时动态性、全面性有了较大提高。目前，交通大数据在应用过程中还主要存在三个方面的问题：一是大数据源头精度与共享开放有待提升；二是大数据应用实践效果需进一步验证；三是大数据背景下的交通理论分析方法尚需探索。

2. 典型交通大数据特征

目前，典型的交通大数据主要包括手机信令数据、手机终端定位数据、车辆 GPS 数据、道路预埋线圈/地磁/蓝牙检测数据、公交 IC 卡数据、轨道闸机数据、民航/铁路/公路客运售票数据、视频牌照识别数据、道路卡口数据、停车场收费记录数据、ETC 车辆检测数据、RFID 车辆检测数据、交通基础设施数据及运行视频监测数据以及互联网开放大数据等。这些典型交通大数据一般具有如下特征：需要和地理信息相结合，具有空间属性；数据结构较为稳定，后期批量处理较为方便；数据量大，对存储、处理能力要求高；需要对数据进行清洗、过滤和运算，才能转化为交通指标。

8.2 系统阐释交通大数据指标提取技术及数据平台框架

随着多样化、海量数据源的不断获取，相应的指标提取算法也不断迭代，这为深入观测交通运行状态、解决交通问题提供了便利。交通大数据系统平台作为整合处理海量、复杂、多样交通大数据的基础，虽然在不同应用场景下有所差异，但系统平台架构一般都包括总体框架、基础平台架构、数据仓库以及应用服务框架等内容。

1. 交通大数据指标提取技术

通过建立数据分析模型来提取交通大数据指标，根据数据类型、应用场景介绍了七种交通大数据指标提取技术：①基于手机信令的人口活动特征提取技术，包括停留识别模型、职住识别模型、居住地迁徙识别模型和人口空间离散化模型四个分析模型；②基于手机 GPS 的出行特征提取技术，包括原始轨迹识别、出行端点识别、交通方式换乘点识别和交通方式识别四个分析模型；③基于车辆 GPS 数据的车速提取技术，是基于大量的车辆 GPS 定位数据获取路段实时车速的一种方法；④基于轨道闸机数据的客流特征提取技术，构建了一个以非最短路、非固定客流分配比的多因子、多层次轨道路径模型，从而分析了研究轨道乘客的出行特征；⑤基于公交 IC 卡数据的客流特征提取技术，以此分析出城市公交乘客出行的一般规律和特征；⑥基于车辆 RFID 数据的车辆出行特征提取技术，构建了基于车辆 RFID 数据的出行 OD 切分算法、通勤 OD 识别算法、路网流量推算模型以及对各类型车辆行为进行画像；⑦基于视频图像的交通参数提取技术，运用视频图像处理技术对卡口视频和无人机视频检测的交通信息进行了深入分析。

2. 大数据平台框架

结合重庆市实际情况简要介绍了交通大数据平台总体架构以及交通大数据基础平台架构、数据仓库以及应用服务框架等内容。交通大数据平台总体架构以政务应用和信息服务为导向，实现了“七横三纵”的总体架构。交通大数据基础平台架构包括交通大数据计算框架和交通大数据存储管控框架。数据仓库及应用服务框架包括数据仓库、数据资源门户及目录、综合查询分析系统等内容。

8.3 探索交通大数据对交通运行的监测及传统交通模型的改进

依托大数据对城市交通运行状况开展动态监测，包括人口活动、车辆运行、道路运行、公共交通运行、非机动车系统、交通枢纽运营和货运物流等方面。在传统交通模型的基础上，结合多源大数据，对交通调查、交通网络模型以及出行需求模型等进行了有益的改进和探索。

1. 交通大数据对交通运行的监测

本书重点围绕重庆市域和中心城区开展交通运行监测。人口活动监测主要依托手机信令数据和相关模型，分析了人口空间分布、职住及通勤特征、出行联系、人口迁徙和人口活动规律等；车辆活动监测主要借助于视频卡口、车辆 RFID 和浮动车车速采集等数据，分析了在网车辆数量、车辆出行 OD、出行车辆轨迹和车辆使用特征等；道路运行监测主要包括车流量监测、车速监测、指数监测和拥堵监测等；公共交通运行监测主要包括公交分担率监测、地面公交运行监测、轨道客流监测和轨道拥挤监测等。

2. 传统交通模型的改进

借助交通大数据的多维度、连续追踪等优势，有效弥补了传统调查方式的不足，探索了基于 GIS 的居民出行调查、基于车载 RFID 和视频数据的交通流量调查以及基于车辆 GPS 数据的车速调查三种大数据调查方法。借助大数据对传统交通网络模型进行改进，包括公交线网构建和流量延误函数标定。借助大数据对出行需求模型进行改进，包括交通小区人口细化、出行分布修正和公共交通出行需求分析等。

8.4 基于多种场景的交通大数据综合应用实践

交通大数据为城乡规划、交通规划、交通优化评估、交通管理、交通政策研究以及引导公众出行等诸多方面提供了真实可靠的基础数据，结合重庆市真实的项目案例，介绍了在多种场景下的交通大数据综合应用实践案例。

在大数据辅助城乡规划编制方面，介绍了大数据辅助城镇体系规划编制、城市综合交通规划编制、轨道交通线网规划编制以及片区交通综合改善等案例；在大数据辅助交通评估优化方面，介绍了中心城区四个典型商圈客流特征分析、中心城区主要景区假期客流分析、中心城区大型医院客流分析、新冠疫情期间的交通运行分析，以及快速路四横线交通改善研究等项目；在大数据辅助交通管理方面，介绍了交通运行监测报告编制与发布、车道管控措施效果评估、南坪商圈周末拥堵分析、四公里立交改善研究等案例；在大数据辅助交通政策研究方面，介绍了中心城区车辆限行政策研究、网约车识别与分析研究、近期道路建设计划研究等案例；在大数据辅助公众出行服务方面，介绍了出行信息发布服务和引导市民参与交通建设等案例。

8.5 研究展望

作为国家基础性战略资源，交通大数据正处于蓬勃发展的重要阶段，对大数据的分析挖掘主要表现为对城市与交通系统的监测和指标提取，城市交通大数据也正逐步从片段数据分析走向连续监测，从单个项目的大数据应用走向大数据工程化的应用。未来，交通大数据分析应用还应从以下方面进一步提升。

(1) 加快制定一系列大数据分析行业标准(准则)。近年来，国务院、交通运输部等印发了一系列政策，提出“用数据说话、用数据决策、用数据管理和用数据创新的管理体制”,大数据社会治理逐步成为提升政府管理能力和管理模式的重要途径。制定行业大数据分析统一的规范与标准,保障数据分析结果的有效性、合理性和可比性,是推广、提升大数据应用效能的基础,为数据赋能交通提供坚实保障。

(2) 加强多源交通大数据的深度融合关键技术研究,推动大数据在交通领域的广泛应用。随着我国城市规模的扩张以及城市功能的融合发展,居民出行在时间、空间和模式上都变得更加复杂多样,宏观、单一维度的交通数据分析效果受到限制,无法进一步支撑城市交通发展需求。深入解析居民出行规律、准确把握交通出行特征成为突破桎梏的关键方向,唯有深度融合多源交通大数据,弥补不同数据间的应用缺陷,才能有效实现精细化、个体化交通特征识别。

(3) 促进传统以硬件为主的智能交通建设向以数据和服务为主的智慧交通转型升级。大数据、云计算、人工智能、区块链和5G通信网络等新一代信息技术正在深刻地改变着世界。交通领域的“人—车—路—环境”协同发展已成为可预见的趋势,在未来的城市与交通竞争中,掌控数据资源、对数据的深入感知和应用能力将是城市的核心竞争力,当前以硬件为主的智能交通建设必将向以数据和服务为主的智慧交通转型升级。

随着国家信息化战略和数字经济的持续推进,交通行业和城市政府对于交通大数据的认识将不断提升,大数据的应用将进一步提高政府部门科学决策和城市精细化管理的支撑能力。交通大数据大规模分析应用的黄金时代已经到来,并将朝着更加系统、全面、规范和科学化方向不断发展。